RAFA

MY STORY

拉法・納達爾回憶錄

Rafael Nadal
John Carlin

拉法・納達爾、約翰・卡林——著 楊玲萱——譯

目錄

推薦序　絕無僅有的存在　許乃仁　5
致謝辭　9
主要人物介紹　11

第一章　中央球場的寂靜　13
第二章　最佳拍檔　39
第三章　沒能成真的足球明星　73
第四章　蜂鳥　97
第五章　害怕勝利　133
第六章　「純粹的喜悅來襲」　167
第七章　精神勝於物質　197
第八章　失樂園　227
第九章　站上世界之巔　261

生涯亮點回顧　285

推薦序

絕無僅有的存在

體育主播　許乃仁

第一次親眼見到納達爾是在二〇〇三年溫布頓開打前的最後一個週末，那天全英俱樂部的球場依舊綠草如茵，來自世界各國的頂尖高手都把握機會在練習場上做最後的調整，各國的媒體也都駐足在練習場邊觀察選手的狀態。在一代草地之王山普拉斯（Pete Sampras）於前一年在紐約華麗的轉身之後，當時網壇彌漫著一股年輕世代群雄並起的氛圍。

而正當筆者在練習場上專注地看著選手的練習，此時從後方的入口走道引來了一陣騷動。只見一位長髮濃眉、眼眸深邃並有著地中海古銅膚色、同時渾身散發著一股狂野青春氣息的年輕小伙子在團隊和人群簇擁下走進練習場。這是剛滿十七歲的納達爾給筆者的第一印象。當時，納達爾的肌肉線條已經非常結實，看著他的練習揮拍，彷彿全身擁有無限的能量準備隨時要釋放爆發的姿態。

之後，納達爾於隔年的邁阿密以六比三、六比三擊敗世界第一的費德勒（Roger Federer）一戰成名。在那場起手式中，納達爾以出色的表現向世人證明他是貨真價實的網球未來。接著，納達爾更在二〇〇五年狂掃了十一座冠軍，包括以十九歲之齡首度參加法網便一舉奪下火槍手盃，正式開啟了屬於自己的傳奇。

有別於費德勒典雅的貴族氣質，納達爾渾身散發著屬於南歐的熱情與狂野的氣息。比賽中極致奔放的揮拍與野性的嘶吼聲，以及場上恣意揮灑的汗水，獨特的魅力完全點燃了觀眾的熱情。每一場納達爾的比賽總是充滿著高張力的激情，令人看得血脈賁張。

二十年來，除了場上輝煌的成就，納達爾無論在各方面都是網球有史以來的最佳表率之一。在漫長的職業生涯裡，他總是盡力將自己保持在最佳的狀態，同時在場上認真、毫無保留地努力去贏得每一分和每一場勝利；他總是積極地把握在場上的每分每秒，帶給全世界的球迷無數的經典和感動。鋼鐵般的意志力與強大的奮戰精神讓他成為網球史上絕無僅有的存在。

同時，無論再怎麼挫折沮喪，在場上納達爾從不摔拍或口出惡言；並且對對手充滿高度的敬意。納達爾從不因勝利而驕傲，也總是不吝於讚美對手。無論場上成就有多輝煌，納達爾永遠都是謙虛有禮地以誠待人、總是為他人設身著想。私底下的納達爾除了對運動的熱情與執著之外，更是愛家顧家的好男人，這完全歸功於從小良好的品格養成教育，讓納達爾無論做為一位選手或是個人，都為後輩樹立了最佳典範。

本書由納達爾與英國的資深運動記者兼好友約翰・卡林（John Carlin）共同完成。納達爾以第一人稱的自述方式，講述從小長大的經歷，包括從小在馬洛卡島的生活點滴，並透露了自己許多不為人知的、和場上形象極具反差的另一面以及一些有趣的小故事。另外，包括和自己的啟蒙教練、親叔叔托尼・納達爾（Toni Nadal）之間的互動和「愛恨情仇」，納達爾在書中都有很生動的描繪。

除了自身的成長故事之外，納達爾更難得地自我剖析比賽前中後的心路歷程。包括對於勝利的渴望，以及選手內心深處的恐懼。另外，納達爾也在書中透露比賽前的例行作息，包括自己喜歡在比賽前下廚，還有日常的飲食習慣，以及練習的整套流程。同時，對於比賽中的戰術心理，球技思路的分析，納達爾都毫不藏私的分享。

眾所皆知，納達爾整個職業生涯都在與傷勢共存；除此之外，對於一些重要戰役，像二〇〇八年的溫布頓與費德勒的那場經典的五盤決賽，這些納達爾在書中都有很巨細靡遺的完整描述。同時書中還附上了納達爾從小許多的珍貴照片。對於納達爾的球迷以及想要更加了解職業網球選手心理和作息的人，這是一本很真誠有趣的自傳，極具閱讀的價值，當然更值得推薦。

致謝辭

首先，我要感謝約翰·卡林，他讓本書的寫作過程充滿樂趣，也讓我深感榮幸。能夠和像卡林這樣的資深記者暨作家一起寫書，本身就是非常不得了的經驗。此外，在這個過程中，因為雙方密切合作，又一同前往杜哈和澳洲參加錦標賽，我漸漸認識了卡林，這讓我們的關係不只是合作進行計畫的夥伴，更成為了朋友。

當然，這本書之所以能夠問世，少不了許多其他人的支持。我要向我的父母、妹妹、祖父母、叔叔嬸嬸、姑姑姑丈、阿姨姨丈、舅舅舅媽，還有瑪麗亞·法蘭西斯卡（María Francisca），獻上最崇高的謝意和我滿滿的愛。我還要感謝我的團隊成員兼摯友：卡洛斯（Carlos）、狄丁（Titín）、瓊安·佛卡德（Joan Forcades）、班尼托（Benito）、土子（Tuts）、法蘭西斯（Francis）、安赫爾·魯易斯·科托羅（Ángel Ruiz Cotorro）、卡洛斯·莫亞（Carlos Moyá）、湯瑪·薩爾瓦（Toméu Salva），以及M·A·穆納爾（M. A. Munar）。

最後，還要特別感謝托尼（Toni），他是我的叔叔、我的教練，也是我的朋友。

——拉斐爾·納達爾

首先，我必須先感謝了不起的路易斯·畢努埃勒（Luis Viñuales），是他一手促成了本書的誕生，還要感謝賴瑞·柯許鮑（Larry Kirshbaum）讓計畫能順利推展。感謝我在海伯利安出版社（Hyperion）的編輯吉兒·許沃茲曼（Jill Schwartzman），她擁有過人的耐心和毅力。

我要特別感謝我的經紀人安·艾德斯坦（Anne Edelstein），她對我而言不只是個經紀人；還要感謝她的助理克利絲塔·英格伯森（Krista Ingebretson）——她的重要性遠大於職稱的意涵。同時，非常感謝阿蘭薩·馬丁尼茲（Arantxa Martinez），她的辛苦付出、建議，以及好脾氣，為本書的製作提供了相當大的幫助。

除此之外，我非常榮幸能和拉法·納達爾共同合作撰寫此書，也感謝他的家人、朋友，以及所有曾經為本書提供幫助的人，你們真的非常熱心、周到又和善。

——約翰·卡林

主要人物介紹

家人

拉斐爾・納達爾（Rafael Nadal）：網球選手
塞巴斯提安・納達爾（Sebastián Nadal）：父親
安娜瑪麗亞・帕雷拉（Ana María Parera）：母親
瑪麗貝・納達爾（Maribel Nadal）：妹妹
托尼・納達爾（Toni Nadal）：叔叔兼教練
拉斐爾・納達爾（Rafael Nadal）：叔叔
米格安赫爾・納達爾（Miguel Ángel Nadal）：叔叔，前職業足球選手
瑪麗蓮・納達爾（Marilén Nadal）：姑姑兼教母
老拉斐爾・納達爾（Don Rafael Nadal）：祖父
佩德羅・帕雷拉（Pedro Parera）：外公
胡安・帕雷拉（Juan Parera）：舅舅兼教父

團隊成員

卡洛斯・柯斯塔（Carlos Costa）：經紀人
拉斐爾・梅莫（狄丁）（Rafael Maymó〔“Titín”〕）：物理治療師
班尼托・佩雷茲・巴巴迪尤（Benito Pérez Barbadillo）：公關長
瓊安・佛卡德（Joan Forcades）：體能訓練師
法蘭西斯・羅伊格（Francis Roig）：第二教練
裘帝・羅伯特（土子）（Jordi Robert〔“Tuts”〕）：Nike聯絡人兼密友
安赫爾・魯易斯・科托羅（Ángel Ruiz Cotorro）：專任醫生
喬佛瑞・波爾塔（Jofre Porta）：納達爾年輕時的教練之一

朋友

瑪麗亞・法蘭西斯卡・佩雷羅（María Francisca Perelló）：女朋友
卡洛斯・莫亞（Carlos Moyá）：前世界第一的網球選手
湯瑪・薩爾瓦（Toméu Salva）：孩提時一起打網球的朋友
米格安赫爾・穆納爾（Miguel Ángel Munar）：納達爾交情最老的朋友

第一章

中央球場的寂靜

在溫布頓中央球場比賽時，讓人印象最深刻的，絕對是球場上的寂靜。在一片靜默中拍球，讓球在柔軟的草地上彈跳，接著，將球往上拋起，發球。揮拍擊球時，甚至還能聽見回音。而且，在之後的每一次回擊，也都會聽見回音。砰、砰，砰、砰。修剪整齊的草皮，悠久的歷史，古老的球場，身著白衣的選手，彬彬有禮的觀眾，以及神聖的傳統——放眼望去不見任何廣告看板——這種種都像泡泡紙一般，將你包裹起來，與外界隔絕。我很喜歡這種感覺。中央球場那股大教堂般的肅穆氣氛對我的比賽表現很有幫助，因為對我來說，在網球比賽中最困難的一點，就是讓腦海中的聲音安靜下來，將一切和比賽無關的思緒趕出腦袋，讓全身上下每一粒原子都能全神貫注在當前的這一分上。剛才失誤丟了分，忘掉它；出現有機會獲勝的念頭，扼殺它。

中央球場的寂靜，只有當一方漂亮得分——溫布頓的觀眾很清楚其中差異——後，才會被突然爆出的如雷聲響給打破：掌聲、歡呼聲、群眾高喊你的名字等。我雖然聽得到，但聲音卻彷彿來自遙遠的他方。我甚至會忘了場邊圍繞了一萬五千名觀眾，仔細盯著我和對手的一舉一動。雖然我當時因為全神貫注而沒有意識到這一點，但現在回想起來，在我生涯最重要的一場比賽，也就是二〇〇八年溫布頓決賽對上羅傑・費德勒（Roger Federer）時，全世界有上百萬人同時看著我比賽。

我從小就夢想，有一天能登上溫布頓的球場比賽。一直以來都擔任我教練的叔叔托尼，從小就灌輸我「溫布頓是各大賽事之首」的觀念。我十四歲的時候，就常常跟朋友提起這個夢想，說將來有一天，我一定會站上溫布頓的球場比賽，並且拿下勝利。不過截至目前為止，我兩次登上溫布頓的球場比賽，都只有輸球的份，而且兩次都是對上費德勒，分別是去年跟前年的溫布頓決賽。二〇〇六年輸球的感覺沒有那麼糟糕，當時我滿心歡喜且心存感激的踏上球場，想著我才剛滿二十歲就能表現得如此亮眼，一路打進溫布頓決賽。那一年，費德勒非常輕鬆地就擊敗了我，但要是我再更有自信一點，也許還不至於讓他贏得那麼輕鬆。然而，二〇〇七年那次比賽，我們一直打到第五盤才分出勝負，敗下陣來的結果將我徹底擊潰。我知道我可以表現得更好，我知道問題不是出在我能力不足，也不是我打得不好，而是我的腦袋辜負了我。比賽結束後我哭了，我在更衣室裡泣不成聲地哭了半個小時，完全停不下來。因為失望和自責，我的眼淚一直掉個不停。輸球當然會難過，但是更痛心的是看著自己平白讓機會從手中溜走。我修理自己的狠勁，大概和費德勒在場上痛宰我的力道相去不遠，我痛恨自己，因為我讓自己失望了。我的內心舉了白旗投降，我讓自己分了心，讓我的比賽策略變了調。我真蠢、真不應該。非常明顯地，這完全就是你在重要比賽時不應該有的行為！

我叔叔托尼是全世界最嚴厲的網球教練，也是全世界最不可能會安慰我的人，因為他就連我贏球的時候也會批評我。所以，我想我當時的狀況一定是糟糕得不得了，他才會改變自己一貫的作風，要我不要難過，告訴我未來還有更多機會到溫布頓比賽，還有更多機會打進溫布頓決賽。我跟他說他不懂，這可能是我這輩子最後一次站上這個舞台，最後一次有機會能贏得勝利。我非常非常清楚職業運動選手的生涯有多短暫，我無法原諒自己就這樣浪費了一生難得一次的大好機會。我知道，等到我的職業生涯結束後，我就再也開心不起來了，所以我想好好把握其中的每一分每一秒。生涯中的每個時刻都很重要──所以我總是非常努力地訓練──但是其中又有一些時刻比其他時刻更加重要，而我在二〇〇七年，就這樣錯失了一個無比重要的時刻。我錯過了一個可能再也無法重來的機會；只要這一局或那一局再多拿個兩三分，要是我再更專心一些，也許情況就會完全不同。網球比賽的勝負往往就在一線之間。我在最後一盤，也就是第五盤，以六比二輸給了費德勒，但要是我在四比二，或甚至在五比二落後的時候能保持冷靜，或是我能在這一盤一開始的時候，把握那四次破發的機會（而不是直接當機），或者，要是我能改變心態，把最後一盤當成第一盤來打的話，也許就能贏得勝利。

當時不管托尼怎麼做，都無法撫平我的傷痛。但是，他終究是對的，我又獲得了一次機會。短短一年後，我又站上了相同的舞台。我很確定我已經從十二個月前的失敗中汲取了教訓，無論這次會有什麼閃失，出錯的絕對不會是我的腦袋。我知道我的腦袋已經準備好了的徵兆，就是我堅定的信心，雖然我很緊張，但是我深深相信我會獲得勝利。

我們每次到溫布頓比賽時，都會租下位在全英俱樂部對面的一棟房子。比賽前一天晚上，我和家人、朋友、團隊成員一起聚在這裡吃晚餐，近在眼前的比賽成了禁忌的話題。我沒有特意禁止他們提起這個話題，但他們都很清楚，不管我嘴上說些什麼，腦中的一個角落都已經開始比劃起明天的比賽了，而這個角落從現在起，直到比賽開始，都只由我一人獨佔。那天晚上由我下廚，在溫布頓賽事進行的那兩週，我幾乎每天晚上都會下廚。我很喜歡煮飯，家人也覺得這樣很好，有別的事能讓我分心。那個晚上我烤了魚，配上蝦仁義大利麵。晚餐後，我跟兩個叔叔，托尼和拉斐爾，玩起了射飛鏢，感覺好像就只是平常在家的晚上，好像我們還在西班牙馬約卡島，我從小住到大的馬納科鎮上。我贏了。拉斐爾叔叔後來辯稱他是故意讓我贏的，讓我在決賽前能有好心情，但我才不相信呢。我把勝負看得非常重，不管什麼事情都一樣。對我來說，輸可不是什麼有趣的事。

十二點四十五分，我準時上床睡覺，但卻怎麼也睡不著。我翻來覆去，怎麼也無法不去想我們整個晚上避而不談的話題。我打開電視看電影，直到凌晨四點才昏沉睡去。但是早上九點我就醒了。要是能再多睡幾個小時應該會更好，但我覺得整個人神清氣爽，而總是陪在我身邊的物理治療師拉斐爾．梅莫（Rafael Maymó）也說，這沒什麼關係，因為我光靠興奮的情緒和腎上腺素就足以度過這一天，不管比賽要打多久都沒關係。

那天我吃了跟平常一樣的早餐，麥片、柳橙汁、牛奶巧克力飲——我從不喝咖啡——還有我最愛的家鄉味，灑了一點鹽巴和橄欖油的烤麵包。我從一睡醒就覺得心情非常好。網球比賽是這樣，你當天的心情都能成為決定一切的關鍵。每天早上起床，隨便一個普通的一天，有時候你會感覺心情開朗、身體強健，有時候你則覺得虛弱無力。而那天早上，我感覺到前所未有的專注、靈敏、充滿活力。

就這樣，在十點半時，我帶著相同的心情過了馬路，到鄰近中央球場的溫布頓第十七號球場，進行比賽前的最後練習。在開始擊球練習前，我一如既往地躺在長椅上，讓梅莫——我都暱稱他為狄丁（Titín）——幫我做膝蓋彎曲伸展、按摩腿部、肩膀，然後加強雙腳的按摩。（我的左腳是全身上下最脆弱的部位，是最常痛，也痛得最厲害的地方。）按摩的目的是要喚醒肌肉，避免受傷。通常在重要比賽前，我會做大概一小時的擊球練習當作熱身，但因為那天天空飄著雨，我只練習了二十五分鐘就走了。一如往常，練習一開始慢慢的，然後漸漸加快速度，直到我開始在場上奔跑，擊球強度也來到和比賽時差不多。那天早上訓練時，我比平常更緊張，但也比平常更專心。托尼和狄丁都在，還有我的經紀人，前職業網球選手卡洛斯．柯斯塔（Carlos

Costa），他也在場邊陪我熱身。我比平常安靜，每個人都比平常更沉默。沒有人開玩笑，也沒有人笑。當我們收拾離開時，光靠一個眼神我就知道，托尼對我的表現不甚滿意，他覺得我的擊球不夠俐落。他的眼神充滿責備——那個表情我看了一輩子——以及擔憂。他沒說錯，我當時確實沒有拿出最佳表現，但儘管他在我的網球生涯中扮演了至關重要的角色，我卻知道他所不知道，也永遠無法知道的一件事：體能上我處於最佳狀態，除了左腳腳底板還有點痛，得在上場前好好治療一下，在內心深處我有著堅不可摧的信念，相信我一定會獲勝。在網球比賽中，對上勢均力敵的宿敵，或是有機會擊敗的對手時，一切就取決於你是否能在關鍵時刻拿出好表現。冠軍選手表現得最好的時候，不是在錦標賽一開始的前幾輪，而是在準決賽及決賽對上最強的對手時。偉大的網球選手在大滿貫的決賽上，甚至能拿出比平常更優異的表現。我也有自己的恐懼——我不斷拼命控制自己緊張的情緒——但我擊退了那些思緒，唯一一個留在我腦海中的想法，就是我今天一定能應付自如，成功奪冠。

我的體能狀態很好，也很健康。一個月前的法國網球公開賽（French Open），我表現得非常好，還在決賽中擊敗了費德勒，而在溫布頓的草地球場上，我也已經打了幾輪很精彩的比賽。我們前兩次在溫布頓碰頭時，他都是最被看好的冠軍人選。雖然今年我還是覺得大家不看好我奪冠，但是和過去相比，其中有個小差異就是，我也不覺得費德勒是最有冠軍相的選手。我覺得兩個人的機會大概就是一半一半吧。

我還知道，比賽結束之後，我們兩個人在選球和擊球失誤的總數比較，也差不多會是一半一半。這就是網球比賽的特性，尤其是當比賽雙方像我和費德勒那麼瞭解對方的球路時，更是如此。你也許會以為，在揮擊了上百萬顆球之後，網球的基本擊球原理已經深埋在我體內，因此，每次揮拍都穩定地擊出又正又順且乾淨俐落的球，對我來說應該只是小事一樁。但完全不是這麼回事。這不只是因為你每天起床的身心狀態都有些許不同，更是因為每一球都大異其趣，每一球都很獨特。球被擊出之後，就會以無限多種不同的角度和速度朝你飛去；多帶一點上旋或倒旋，飛得比較平或是比較高等等。每一球之間的差別可能非常小、非常細微，但是同時，你的身體動作——肩膀、手肘、手腕、屁股、腳踝、膝蓋——在每一次擊球時也有各式各樣的變化。另外還有非常多其他的因素，像是天氣、地面、對手等。每一球來到你面前時的狀態都不一樣，這世上絕對沒有一模一樣的兩顆球這種事。因此，每一次準備揮拍擊球時，你都得在轉瞬之間判斷球的路徑和速度，然後在另一個轉瞬之間決定怎麼擊球？力道多大？回擊時，揮拍要瞄準球的什麼地方？就這樣不斷重複，一次又一次，每一局差不多都要重複五十次，每二十秒重複十五次，就這樣持續不斷，長達二、三、四個小時，同時，你還得不斷奔跑，繃緊神經。唯有當你達到完全協調、節奏順暢時，才會有好的手感，感覺你更有能力控制擊球的生理和心理技巧，讓你能一次又一次，用球拍正中央擊出乾淨俐落的球，能在扛住巨大心理壓力的同時，快速命中擊球目標。其中，我絕對深信不疑的是：你越努力訓練，你的手感也會越好。比起其他大多數的項目，網球是更看重心理能力的運動；越常能夠獲得這種手感的選手，就越能將自己和內心的恐懼，以及比賽中難以避免的士氣波動隔絕開來，並因此而能成為世界第一的選手。這就是我在費德勒之下屈居第二的那三年間，潛心靜氣為自己設定的目標。而我知道，只要今天贏得溫布頓冠軍，就離目標更近了一步。

當時還有另一個問題，就是比賽到底何時才會開始？我抬起頭，雖然看得到雲縫中的幾塊藍天，但天空基本上還是烏雲密佈，黑壓壓的雲在地平線那端虎視眈眈。距離表訂的比賽時間剩下三小時，但看情況很有可能會延後，或是被迫中斷。我要自己不要擔心那個，這次比賽，我要保持腦袋清醒、專注，不管發生什麼事都一樣，絕對不能分心。我絕對不允許自己像二〇〇七年時一樣，敗在專注力。

我們大概十一點半的時候離開第十七號球場，來到更衣室；這個是全英俱樂部保留給頭號種子選手使用的更衣室。更衣室不大，大概就四分之一個網球場大小，但是因為悠久的傳統而顯得莊嚴宏偉。包括牆上的木頭鑲板與代表著溫布頓的綠色和紫色裝飾、鋪了地毯的地板，以及知道過去許多偉大的選手——拉沃（Laver）、博格（Borg）、馬克安諾（McEnroe）、康諾斯（Connors）、山普拉斯（Sampras）——都曾立足於此的事實。這裡通常都蠻熱鬧的，但既然現在錦標賽中只剩下我們兩個選手爭奪冠軍了，更衣室裡只有我一個人，費德勒還沒出現。我沖了個澡，換了衣服，然後走上樓到選手餐廳吃午餐。同樣地，四周異常地安靜，但我覺得很好。我更加沉浸在自己的世界，將自己與外界隔絕，更專注在我每次比賽前都有的，不容更動的流程，這套流程會一直持續到比賽開打前。我吃了平常比賽前一貫會吃的餐點：義大利麵拌橄欖油和鹽巴，不放任何醬料，避免任何可能導致消化不良的食物，然後一塊簡單烹調的魚排，飲料只有一杯開水。托尼和狄丁坐在一旁陪我吃飯。托尼一臉擔憂，但那也不是什麼新鮮事。狄丁則很平靜，他是最常和我待在一起的人，而他總是心平氣和的。同樣地，我們幾乎沒有說話。我想托尼大概抱怨了幾句關於天氣的事，但我什麼也沒說。就算不是在比賽期間，我也比較傾向多聽少說。

到了一點鐘，離表訂的比賽時間只剩一小時，我們回到了更衣室。網球比賽有個很不尋常的一點，那就是，就算是世界級的大型錦標賽，你還是得和對手共享一間更衣室。我吃完午餐回到更衣室時，費德勒已經到了，坐在木頭長椅上，他習慣的老位子。因為我們都已經習慣了，所以沒有什麼尷尬的氣氛。至少我沒有感覺。再過一下下，我們就會使出渾身解數，在本年度最重要的賽事中，拼盡全力試圖擊垮對方。我們是敵人，也是朋友。在其他運動項目中，宿敵之間大概就連在賽場下也對彼此恨之入骨，但我們可不是，我們都很喜歡對方。當比賽開始，或是即將開始之時，我們會把這份友誼先放到一旁。這不是什麼私人恩怨，我對所有人都是如此，就連對家人也一樣。比賽一開始，我就不再是平常的我了。我試圖讓自己成為一個網球機器，就算是不可能的任務也毫不畏懼。但我不是機器人，在網球場上沒有完美這回事，最大的挑戰就是要將自己的可能性推展到極限。比賽中，你就是要不斷地對抗日常的弱點，壓抑屬於凡人的感覺和情緒。

只要你確實努力訓練、比賽時全力以赴，和對手的能力也相去不遠的話，越能抑制這些情感，越有可能獲勝。我和費德勒的球技確實有差，但還不到難以跨越的地步。我們的球技差異極小，因此我知道，即使是在他最擅長的場地、打得最好的錦標賽，只要我能將一切疑慮、恐懼，以及過高的期待趕出腦中，只要我在控制內心專注力的表現比他更好，我就有可能擊敗他。你必須用盔甲將自己武裝起來，將自己變成鐵石心腸的戰士。這有點自我催眠的意思，以非常嚴肅的心態和自己玩的小遊戲，把弱點隱藏起來，讓自己看不到，對手自然也看不到。

要是我像在熱身賽前那樣，在更衣室裡和費德勒開玩笑，或是聊足球比賽，一定會被他一眼看穿我在偽裝，並且認定是我心懷恐懼的徵兆。因此，我們很有禮貌地坦誠相見。我們握了手、點點頭，互相微笑了一下，然後就各自來到自己的置物櫃前，我們的置物櫃大概就只有十步的距離，但我們還是識相地假裝彼此不存在。不過我其實也不太需要假裝，我雖然人在更衣室裡，但魂根本不在。我整個人愈加縮進腦海中的角落，動作也漸趨電腦化、自動化。

離表訂的比賽時間還有四十五分鐘，我去沖了個冷水澡，透心涼的冰水。我每次比賽前都會這麼做。這是走上沒有回頭路的賽場前的最後一步，也是總結我所謂的賽前流程的第一步。在沖冷水澡的時候，我又進到另一個境界，我可以感受到自己的力量和韌性逐漸提升。沖完冷水澡後我便煥然一新，像是被啟動了一般。我進入「狀態」了，這是運動心理學家用來形容選手進入一種特殊的專注境界時，身體靠直覺進行動作的情況，就像魚遇上海流時一般。除了接下來的比賽之外，一切都不復存在。

也好，因為我接下來要做的事，在一般情況下，我可沒辦法冷靜面對。我走下樓到一間小醫護室，讓醫生在我的左腳腳底打一針止痛劑。從第三輪開始，我左腳的其中一個蹠骨附近就長了個水泡，而且腫了起來。我們得將左腳這個地方麻醉，否則我根本沒辦法上場——實在是太痛了。

我上樓回到更衣室，重回我的準備流程。我戴上耳機，聽音樂。這可以提升我的「狀態」，進一步將我和周遭環境隔絕開來。接著，狄丁過來包紮我的左腳。他一邊幫我包紮，我一邊開始纏球拍握把布，我總共要帶六支球拍上場。我總是這麼做。球拍原本就預纏了一層黑色握把布，我會再蓋一層白色的膠帶在上面，把膠帶繞過一圈又一圈，斜斜的往上纏到中管的位置。做這件事時我不必思考，只要動手，就像冥想時出神一樣。

接下來，我躺在按摩床上，讓狄丁在我的腿上，大概膝蓋下面一點的地方，纏上幾段繃帶。我的腿也在痛，而繃帶不僅能避免酸痛，也能在痛起來的時候緩解疼痛感。

對一般人而言，運動是很好的活動，但是職業運動對身體健康卻是不小的危害。職業運動會不斷挑戰身體極限，是人體在一般自然情況下沒辦法負荷的極限。因此，幾乎所有的頂尖職業運動選手，都曾經因為受傷而短暫消失，甚至會因為受傷而結束職業生涯。在我的職業生涯中，我也曾一度懷疑自己是不是能夠繼續在頂尖層級比賽。我常常都是忍著痛上場比賽，但我想所有的頂尖好手大概都是如此，至少是除了費德勒之外的所有頂尖好手。我必須不斷強迫、改造我的身體，去適應打網球對肌肉反覆帶來的各種壓迫，但費德勒好像天生就準備好要打網球一樣。他的體格——他的ＤＮＡ——感覺上就是用來打網球的，因此他對於我們其他選手注定得承受的傷痛，完全免疫。他們說是因為費德勒不像我那麼拼命訓練。我不知道那是不是真的，但有可能吧。其他運動項目也有這種怪物天才選手。我們其他選手只能學著和疼痛和平共處，並在比賽時爭取長一點的暫停時間，因為你的腳、肩膀或是腿在向大腦喊話，央求身體停下來。正是如此，我在比賽前才需要綑那麼多繃帶，也因此包紮是我的賽前準備工作中相當關鍵的一項。

狄丁包紮好我的膝蓋後，我起身換裝，走到洗手台，把頭髮弄濕。接著，我替自己綁上頭巾；這又是另一個不需思考就能進行的工作，但我刻意放慢動作，仔細地綁，將頭巾牢牢地、刻意地綁在後腦杓上。頭巾有個很實際的用途：那就是避免頭髮遮住眼睛。此外，這也是我賽前準備流程的步驟之一，另一個提醒著我必須勇往直前的決定性時刻，就像沖冷水澡一樣，我的全身感官又警醒了起來，很快就要步上戰場了。

上場的時間快要到了。整天一直蠢蠢欲動的腎上腺素，現在一股腦地衝上了我的神經系統。我的呼吸變沉重，迫不及待要釋放全身的活力。但我還得繼續靜靜地坐著一會，等狄丁幫我的左手手指做包紮，左手是我的慣用手。他的動作非常機械化、非常安靜，就像我在纏握把布時的動作一樣。這不是什麼美觀不美觀的問題，要是不包紮，比賽的時候我的皮膚會被拉扯，甚至因而受傷。

我站起來，開始激烈地熱身，狄丁稱這個步驟為「啟動我的爆發力」。托尼站在一旁看著我，沒有多說話。我不知道費德勒是不是也在看我，我只知道他比賽前在更衣室裡，不像我那麼忙。我跳上跳下，在狹小的更衣室裡，從一端衝刺到另一端，距離大概不超過六公尺。我停下來，開始轉轉我的脖子、肩膀、手腕、蹲下、彎曲膝蓋。然後繼續跳上跳下，繼續衝刺，彷彿身處我家裡的私人健身房一般。我從頭到尾都戴著耳機，讓音樂在我腦中迴盪。接著，去廁所尿尿。（我發現我在比賽前會一直去尿尿——太緊張了，賽前一小時甚至可能去到五、六次。）然後我回到更衣室，繼續大力揮舞手臂、轉動肩膀。

托尼朝我比了個手勢，我拿下耳機。他說比賽因為雨勢確定延後，但他們認為不會超過十五分鐘。我的情緒沒有因此被擾亂，我已經準備好了。下雨對費德勒和對我的影響都一樣，沒有必要為這種事慌了手腳。我坐了下來，開始檢查球拍，感受一下平衡點的位置、球拍的重量；然後拉了拉襪子，確定兩邊都拉到小腿上齊高的位置。托尼彎身靠向我，說：「不要忘了比賽策略，做好該做的事。」我雖然有聽，但也沒有聽進去。我知道現在我該做些什麼，我覺得我夠專注，耐力也夠好。耐力：很深奧的一個詞。那代表了身體能繼續堅持的能力，能夠不放棄，堅強面對眼前一切困難，不讓任何好事或壞事——擊球的好壞、運氣的好壞——亂了我的陣腳。我得專心，不能分神，我得好好完成每個階段必須做到的事。要是我得朝費德勒的反手位置擊球二十次，我就會打二十次，不會在第十九次時就打住。要是我得等到這回合雙方連續對打十次、十二次或十五次，才有機會擊出致勝球，我就會耐心等待。有時候在你認為有機會擊出致勝球時，成功的機率大約是七成，但只要再等等，來回多打五球，成功機率就會提升到八成五。因此，一定要隨時保持警覺，沉住氣，不要草率行事。

要是我上到網前，就要把球擊到他的反手位置，而不是他最強的正手拍抽球位置。所謂分心，就是上到網前，卻把球打向他的正手位置，或是在熱血沸騰之中，忘了發球要發在他的反手位置——每次都務必要發到他的反手位置——或是在時機成熟前就想打出致勝球。保持專注代表你可以做到你該做的事，不隨意改變計畫，除非連續對打或是比賽出現意外的改變，需要出奇才能致勝。這需要紀律，要在你想全力出擊追求破發時，讓自己放慢腳步。對抗這個誘惑的唯一方式，就是保持耐心，控制好自己的挫折感。

就算在比賽過程中，你看到有機會能加把勁主動出擊，還是要記得繼續把球擊向反手位置，因為整場比賽下來，這才是最聰明、最好的長遠之計。這就是我的比賽策略，一點也不複雜，簡單到甚至稱不上是戰略。我打對我來說比較簡單的球，而讓他打對他來說比較困難的球——也就是說，我用左手正手拍抽球對上他的右手反手拍。唯一的問題是要堅持照著計畫走。和費德勒對打，重點就是要對他的反手位置施壓，迫使他打高球，讓他在頸部高度揮拍擊球，給他壓力，消耗他的體力。針對他的比賽表現和士氣，不斷試探他的弱點。有能力的話，持續打擊他，將他逼到絕境。因為無論如何，你沒辦法整場比賽都壓著他打，因此，當他一如預期地擊出漂亮好球時，記得對他每一記可能的致勝球窮追猛打，把球打回底線，讓他感覺自己得花上兩倍、三倍、四倍的力氣才能贏下一分，取得十五比〇的領先。

當我坐在那，一邊等著雨停，一邊把玩著球拍、拉襪子、調整手指上的繃帶，任憑耳機裡的音樂迴盪在腦海時，如果真要說我有在想些什麼的話，我腦袋裡就只想著這些事。終於，一名穿著大會西裝外套的工作人員走了進來，告訴我們時間到了。我彈了起來，轉了轉肩膀，扭了扭脖子，然後又在更衣室裡跳了幾下。

現在，我得把包包交給場務助理，讓他幫我拿到場上的休息區。這是溫布頓決賽的慣例，也是溫布頓錦標賽絕無僅有的做法。我不太喜歡，因為會擾亂我的準備流程。我拿出一支球拍，然後把包包交給助理。我緊握著球拍，走出更衣室，經過掛滿歷屆冠軍照片的走廊，看見兩旁玻璃櫃裡放著無數獎盃，走下樓梯，踏出戶外，迎向英國七月天的涼爽空氣，踩上中央球場充滿魔力的草皮之上。

我坐下來，脫掉白色的運動外套，拿起一個水壺喝了一口水，然後拿起另一個水壺，再喝一口水。我在每場比賽開始前，還有每一局結束休息喝水時，就會這樣保持一定順序，輪流從不同水壺中喝水，直到比賽結束。從一個水壺喝一口，然後再拿另一個水壺喝一口。接著，我會把這兩個水壺放到腳邊，整齊地擺在椅子前方左手邊的位置，一前一後，讓水壺排成斜線對著球場。有人說這是迷信，但其實不是。要是是迷信的話，我怎麼會不論輸贏，一直重複做一樣的事呢？這其實是我面對比賽時的自處方式，將周遭環境調整到能符合我內心所追求的秩序。

費德勒和主審已經站在主審椅旁，等著要擲硬幣決定接發球順序和場地。我跳了起來，站到球網另一邊，費德勒的對面，然後開始原地跑步，充滿活力地原地跳上跳下。費德勒只是靜靜地站著，他總是比我放鬆許多，至少表面上看起來是如此。

整個準備流程的最後一個步驟，重要性不亞於之前所有準備工作的，是抬起頭，快速掃描整個場地，從遙遠的觀眾席上模糊的臉孔中，找出我的家人，把他們的座位位置鎖定在腦海中。球場的另一頭，在我左手邊是我父母，還有托尼叔叔，而在他們的斜對角，坐在我右後方的，則是我妹妹、我的三個祖父母、我的教父和教母（他們同時也是我的舅舅和姑姑），還有我另一個叔叔。我不會讓他們影響我比賽期間的情緒——我在比賽過程中，連笑都不會笑一下——但光是知道他們都在場邊替我加油，一如他們一直以來對我的支持，就能讓我感到安心，而這就是我身為選手的成功關鍵。我在比賽時會築一道牆把自己關在裡面，而家人就是我築牆所需的水泥。

另外，我也會在觀眾席中尋找團隊成員的身影，他們是我所雇用的專業人士。坐在我父母還有托尼身邊的，是我的經紀人兼好友柯斯塔，還有公關長班尼托・佩雷茲・巴巴迪尤（Benito Pérez Barbadillo）、我在Nike的聯絡人裘帝・羅伯特（Jordi Robert）——我叫他「土子」（Tuts），還有跟我最親密，像親兄弟一般的狄丁。此外，我還能在我腦海中看到我爺爺和我女朋友瑪麗亞・法蘭西斯卡（María Francisca），我叫她瑪麗，在馬納科的家中透過電視轉播看我比賽；還有另外兩個團隊成員也缺席了，但我能走到今天這一步，他們絕對功不可沒：他們分別是法蘭西斯・羅伊格（Francis Roig），我的第二教練，他和托尼一樣都是非常優秀的網球選手，但比托尼更好相處；還有我聰明、嚴格的體能訓練師瓊安・佛卡德（Joan Forcades），他和狄丁一樣同時掌管我的身心健康。

我的核心家庭、大家庭，以及專業團隊（他們其實也像家人一樣），像三個同心圓一樣把我團團包圍。他們不但幫我擋掉了隨著財富和名聲而來的各種紛擾，更重要的是，他們一起為我創造了一個充滿愛與信任的環境，讓我能充分發揮我的天賦潛能。團隊裡的每個人都能互補，他們每個人所扮演的角色，都是要補強我的弱點，提升我的長處。要是沒有他們的幫忙，我絕對不可能擁有這樣的福氣和成就。

擲硬幣的結果是費德勒獲得優先權，他選擇先發球。我不介意，我喜歡讓對手在比賽開始時先發球。只要我的內心夠堅強，而他太緊張，我就知道我有很高的機率能破他的發球局。我在壓力下的表現反而更好。我不會被壓力擊垮，我會愈加強大。越是接近險境，我越會感到加倍興奮。當然我也會緊張，我的腎上腺素和脈搏正猛烈噴發，我全身上下，從太陽穴到小腿都能感覺得到。這是身體保持高度警戒的一種極端狀態，但還在可以控制的範圍內。我成功控制住了，腎上腺素壓制住了緊張感，我的雙腿也沒有漏氣，充滿了活力，準備好跑上一整天都沒問題，我準備好上場了。我把自己一個人鎖在孤獨的網球世界中，但在這一刻，我感到全身充滿前所未有的活力。

我們各自走到底線就位，開始暖身。又是那股安靜地能聽見回聲的寂靜：砰、砰；砰、砰。這已經不是第一次，我在腦中默默記下，費德勒的動作多麼輕鬆、流暢，多麼泰然自若。我比較像個拳擊手。防守、快速移動、復位，隨時準備出擊。我知道我的形象就是如此，我看過夠多自己打球時的影片了。而這也是我職業生涯大多時候的球風寫照——尤其是在對上費德勒的時候。無論如何，我的良好手感還在。我的準備流程奏效了，因為我用準備流程來壓抑那些會影響我、壓垮我的情緒，並系統性地靠意志力讓自己甩開中央球場給人帶來的恐懼感，因此即使沒有完全甩開，我也成功地控制住了這些感受。我在自己周圍築起的牆又高又堅固。我在緊繃的神經和控制感，以及緊張的情緒和我一定會贏的信念之間，取得了完美的平衡。我猛力又正確地擊球：擊落地球、截擊、高壓扣殺、發球；發球練習後，正式比賽前的短暫切磋就結束了。我回到椅子上，用毛巾擦了擦手臂和臉，然後分別從兩個水壺中各喝了一口水。突然間，在比賽開始前，去年決賽前的景象竄進了腦中。我再次告訴自己，我已經準備好面對一切難題，而且這次，我會克服一切困難。因為贏得這場比賽是我一生的夢想，現在就是我離實現夢想最近的一刻，再說，我可能不會再有下一次機會了。我的膝蓋、我的腳、我的反手拍或是我的發球有可能會出問題，但是我的腦袋絕對不會再犯錯了。我可能會感到害怕，緊張的情緒可能會影響我一時的表現，但是長遠來看，我的腦袋這一次絕對不會再讓我失望。

《克拉克・肯特與超人》

在全世界觀眾眼中，那個在二〇〇八年溫布頓決賽開場時步上中央球場的拉法・納達爾，是名戰士，他極度專注的眼神中透露著一股殺氣，左手緊緊握著球拍，像是維京戰士抓著他的戰斧。再看看費德勒，兩人的風格截然不同：較年輕的選手穿著無袖上衣搭配海盜般的及膝短褲，較年長的選手則身穿繡有金色紋飾的奶油色羊毛衫，內搭經典的 Fred Perry 上衣；他們一個屈居劣勢，準備放手一搏，另一個則溫文儒雅，毫不費力就佔了上風。

若說二頭肌佈滿了青筋的納達爾，是原始蠻力的代表，比他年長五歲，今年二十七歲，身材纖瘦柔軟的費德勒，則是天生充滿了優雅氣質。若將剛滿二十二歲的納達爾比喻為全神貫注的殺手，那費德勒就是漫步在場上，向觀眾揮手致意的貴族，彷彿自己就是溫布頓球場的主人，而今天不過是來歡迎賓客參加私人花園派對一般。

費德勒在開場前的熱身切磋，漫不經心、近乎傲慢的舉止，一點也不符合大會想營造的網壇兩大巨頭對決，劍拔弩張的氛圍。而納達爾旋風般的誇張表現，則像極了電動遊戲裡面的格鬥英雄。納達爾的正手拍擊球像是拿著步槍射擊一般。他拉起隱形步槍的擊錘，雙眼瞄準目標，再扣下扳機射擊。而費德勒（他的名字在古德文中的意思是「羽毛商人」）則沒有任何停頓，看不出任何機械性分解動作，整個人的動作有如行雲流水般。納達爾（他的名字在加泰隆尼亞語和馬約卡語裡的意思是「聖誕節」，這給人的感覺比「羽毛商人」更充滿生氣）是個體格強健、白手起家的現代運動員，而費德勒則比較像是一九二〇年代的選手，當時網球還是只屬於上流社會的休閒活動，讓仕紳們能在下午茶後展現一下自個兒的紳士精神。

上面所說的，是在全世界觀眾眼中所看到的景象。不過，對費德勒而言，站在他面前的，是一個張牙舞爪的年輕選手，覬覦著他的網球王國，威脅著要將他踢下霸主寶座，更計畫要阻止他完成溫布頓六連霸的春秋大業，並奪走他已經保持了四年的世界第一排名紀錄。比賽開場前，費德勒在更衣室裡，應該已經感受到了納達爾帶來的威脅，否則，「費德勒恐怕是石頭做的」，納達爾的第二教練羅伊格說道。

「在梅莫完成所有的包紮工作，讓他從按摩床上下來的時候，那一刻，他會給對手帶來恐懼」，本身也曾經是職業網球選手的羅伊格說道，「他光是綁頭帶這個動作，就有種非常嚇人的張力，他的雙眼，凝視著看不見的遠方，彷彿完全超脫於身旁的一切。然後突然之間，他會深吸一口氣，甦醒過來，反覆屈膝伸展，然後，就好像他完全忘了對手離他只有幾步之遙一般，他會用西班牙文大喊『加油！加油！』這其中帶有一點動物的原始野性。更衣室裡的對手可能正專心想著自己的事，但還是會忍不住小心翼翼地瞥一眼——我看過很多次了——然後這個選手會心想，『我的天啊，這就是納達爾，他總沒命似的把每一分都當成最後一分來拼鬥。我今天一定得拿出最好的表現，今天就是我人生中最重要的一天。我的目標不是獲勝，只是要拼一個贏球的機會。』」

對羅伊格來說，這其中的戲劇張力更是非同小可，因為賽場上那個「有真正冠軍實力的」納達爾和私下的納達爾兩者之間，有著一道巨大的鴻溝。「你知道他內心有一部份完全被緊張給吞噬了，你也知道在平常的生活中，他就是個凡夫俗子——非常貼心親切的好人——他也會對自己沒自信，會焦慮，但是在更衣室裡的他，突然之間，就在你眼前搖身一變，成為器宇軒昂的征服者。」

但在他的家人眼中，走出更衣室，踏上中央球場的納達爾既不是征服者，也不是揮舞著戰斧的角鬥士，更不是鬥牛場上的公牛。他們個個都為他繃緊了神經。他們知道納達爾非常優秀，非常勇敢，而且儘管他們永遠不會鬆口承認，實際上，他們都對他帶有幾分敬畏。但是，在比賽即將開始的這一刻，他們看到的是納達爾人性脆弱的一面

梅莫就像納達爾的影子一樣，是他在漫長的世界巡迴比賽中，最親密的工作夥伴。今年三十三歲的梅莫相貌端正整齊，站在身高一八五的朋友兼老闆身邊略顯嬌小，他是個低調、敏銳、穩重的馬約卡人，和納達爾一樣來自馬納科。梅莫從二〇〇六年九月起，開始擔任納達爾的物理治

療師，到現在，兩人已經培養出了一種根本可以說是心電感應般的默契。他們幾乎連話都不用說，就能瞭解對方的意思，現在的梅莫——或是狄丁，這是納達爾給他起的小名，雖然這個名字沒有什麼特殊涵意——非常會察言觀色，他學會了如何判斷納達爾的情緒，知道這個時候他可以表達意見，或是應該靜靜傾聽。梅莫所扮演的角色，有點像負責照顧純種賽馬的馬伕。他為納達爾的肌肉按摩，在關節處貼肌肉貼布，撫平他剛烈的性格。梅莫就是最懂納達爾的馴馬人。

梅莫負責照料納達爾的重大身心需求，但他很清楚自己的角色：他知道自己的職責不會大過家人的功能，因為家人是納達爾的心靈支柱，不管在職業生涯或在私下生活都一樣。「家人在他生命中的重要性是無可比擬的」，梅莫說道，「他和家人的關係非常緊密。納達爾的每一場勝利，都是全家人共同的勝利。他的父母、妹妹、叔叔姑姑、阿姨舅舅、祖父母：全家上下都奉行人人為我，我為人人的行事原則。他們為納達爾的勝利開心，也為他的失利而難過。他們就像他身體的一部份，家人彷彿就像是納達爾個人手臂的延伸。」

梅莫說道，許多家人都很頻繁地去觀看納達爾比賽，因為他們知道沒有家人的支持，納達爾就沒辦法發揮百分之百的潛能。「他們不是在履行義務，他們得到現場，對他們來說這沒得選。同時，他們也覺得，要是納達爾在比賽開始前，能夠抬頭看到他們坐在觀眾席中，那麼他贏球的機率也會提高。這也是為什麼當他贏得重要比賽時，他的第一個直覺反應就是跳上觀眾席去擁抱他們。要是有誰在家看轉播而不在現場，他也是一回到更衣室就會馬上撥電話過去。」

納達爾的爸爸，塞巴斯提安．納達爾（Sebastián Nadal），在二〇〇八年溫布頓決賽的中央球場上，度過了人生中最忐忑不安的一天。二〇〇七年溫布頓決賽後的景象，不斷啃噬著塞巴斯提安的心，其他家人也一樣餘悸猶存。那場比賽的對手一樣也是費德勒。他們都知道，納達爾當時丟掉第五盤，吞下敗仗後的反應是什麼。塞巴斯提安跟他們說了那時候在溫布頓球場更衣室裡的情況：拉斐爾在淋浴間的地板上坐了半小時，那畫面就是絕望的體現，蓮蓬頭的水嘩啦嘩啦地落在他頭上，混合著不停從臉頰滑落的淚水。

「我害怕再輸球——不是為我自己，我是為拉斐爾感到害怕，」塞巴斯提安說道。他身材高大，是個沉穩、冷靜的創業家。「二〇〇七年決賽後，他整個人被擊潰、情緒跌到谷底的畫面，深深地烙印在我腦中，而我再也不想看到那樣的畫面。所以我一直想，要是他輸了，我能做些什麼——有什麼我能做的嗎——來讓他不要那麼受傷？那是拉斐爾這輩子最重要的比賽，那是他一生中最重要的一天。但我過得糟糕透了，我從沒有那麼煎熬過。」

那一天，納達爾身邊最親近的人，都和塞巴斯提安一樣，度過了無比煎熬的一天。他們都看到了納達爾隱藏在堅強的戰士外表下，最柔軟、最脆弱的內心。

納達爾的妹妹瑪麗貝是個身材纖瘦高挑，個性開朗大方的大學生。比納達爾小五歲的她，很喜歡哥哥在自己面前和在大眾印象中判若兩人的這種反差。對她而言，納達爾是個對自己保護過頭的大哥哥，一天到晚傳簡訊打電話，每天至少十次以上，不管他在世界的哪個角落都一樣。只要妹妹有一點點病痛的徵兆，他就會心慌意亂。「有一次是他在澳洲比賽的時候，我的醫生要幫我安排做幾項檢查——沒什麼嚴重的——但在我們每天傳的訊息中，我卻選擇對這件事隻字不提。他會嚇壞的，要是我跟他說了，恐怕會影響他整個比賽的情緒，」瑪麗貝說道。她對哥哥的敬佩之情，絲毫不影響她對「事實」的判讀，她用戲謔卻充滿感情的口氣說道，「他就是個膽小鬼」。

納達爾的媽媽，安娜・瑪麗亞・帕雷拉（Ana María Parera）也深感贊同。「他在網球界是稱霸一方的高手，但是在內心深處，他是個非常敏感的普通人，擁有各種恐懼和不安，這是不認識他的人很難想像得到的，」她說道，「比如說，他怕黑，喜歡開著燈，或是開著電視睡覺。他也不喜歡打雷、閃電。他小的時候，每當閃電打雷，他就會躲到枕頭底下，甚至到了現在，如果外面下著大雷雨，他絕對不會讓你出去，就算只是要到門外拿個東西也一樣。還有，他的飲食習慣也很特殊，他很討厭起司和番茄，還有火腿，這可是西班牙國寶級料理。我自己雖然也不像其他人那樣為火腿癡狂，但起司耶？我覺得這真的有點奇怪。」

他很挑嘴，對開車的方式也很斤斤計較。納達爾很喜歡開車，但他對於在PlayStation遊戲機的世界裡開車，恐怕比在真實世界中開車更有興致。PlayStation遊戲機是他在世界各地巡迴征戰各大錦標賽時，一定會帶在身邊的好夥伴。「他是個非常謹慎的駕駛，」他母親說道，「他會加速，然後煞車，再加速，再煞車。不管他開的車性能有多好，他超車時總是非常小心翼翼地。」

他的妹妹瑪麗貝，說起話來比母親更加直率。她直接說納達爾是個「很糟糕的司機」。此外，她更覺得好笑，因為納達爾雖然熱愛大海，卻也同時非常怕水，「他老是嚷嚷著要給自己買艘船。他很喜歡釣魚，也喜歡騎水上摩托車，但是，他只會在水深能見底的地方騎水上摩托車跟游泳。他也絕對不會嘗試懸崖跳水，儘管他的朋友們樂此不疲。」

但是，以上那些小毛病，都比不上他永遠揮之不去的憂慮：家人可能會出事。他不但會因為任何一絲家人恐怕身體微恙的徵兆而慌了手腳，更是時時刻刻都擔憂著他們可能會發生意外。「我幾乎每天晚上都喜歡在壁爐生火，」納達爾的媽媽說道，他到現在都還跟媽媽住在一起，他們家是個佔地廣大，風格現代的濱海別墅，納達爾住在具有獨立臥室、客廳、浴室的一側廂房，「如果他那天要出門，就會在出門前提醒我睡前要記得把火熄滅，然後還會從餐廳或是酒吧再打三次電話，確認我已經把火給滅了。要是我想開車去帕爾馬（Palma），儘管車程只有一小時，他也總會再三央求我，務必要慢慢開、小心開。」

安娜瑪麗亞是個堅強又有智慧的地中海母親，而納達爾在場上表現出的勇氣，和他私底下老是戰戰兢兢、擔心受怕的反差，到現在還是讓她非常訝異。「乍看之下，他是個直來直往的人，」她說道，「他是個好人，但也是個很矛盾的人。如果你真的認識他的內心深處，你會發現有些事情說不太通。」

那也就是他得在重要比賽前，用勇氣為自己武裝的原因。他在更衣室裡所做的一切，就是在幫助自己轉變個性，壓抑與生俱來的恐懼和當下的緊張情緒，然後，才能釋放內心深處的角鬥士。

對於普羅大眾而言，二〇〇八年溫布頓冠軍賽當天，走出更衣室，踏上中央球場的那個人，是超人；但對於他的至親友人而言，他同時也是克拉克・肯特。這兩個人物都一樣真實地存在，你甚至可以說，兩者是互相依存的。從二〇〇六年十二月開始擔任納達爾公關長的佩雷茲・巴巴迪尤，深深相信納達爾內心的不安，正是激起他比賽時鬥志的燃料，一如納達爾深深相信，是家人給他的愛和支持，讓他能持續奮鬥到底。佩雷茲・巴巴迪尤在網球界工作已經長達十年，在成為納達爾的公關長之前，他在男子職業網球協會（Association of Tennis Professionals）內部工作，因此他幾乎認識所有當代最頂尖的選手，其中有些還非常熟。他相信納達爾與眾不同，是個特別的選手，也是非常特別的人。「他獨特的心智力量和自信，以及戰士般的精神，是平常驅策著他的不安和恐懼的另一面，」他說道。他所有的恐懼——不管是怕黑、暴風雨、大海，亦或是為家人的生命安全感到擔憂——都源自於同樣一個需求，「他是個必須掌控一切的人，」佩雷茲・巴巴迪尤說道，「但因為這是不可能做到的事，因此，他選擇竭盡心力去控制他生活中最能夠擁有完全掌控權的一件事，那就是網球選手拉法。」

第二章
最佳拍檔

第一分往往是每場比賽的關鍵，在溫布頓決賽更是如此。我整個早上都覺得神清氣爽，手感極佳，現在輪到我在場上證明給自己看了。費德勒第一發就往我的反手位置發了個外角好球。我奮力回擊，打得比他想像的更好、更深入底線。他本來打算發球後上到網前，利用身體移動的動量來增加回擊力道，但我打回去的球讓他腳步錯亂，迫使他得小碎步往後退，以非常不順的姿勢揮拍，在額頭的高度擊球，而且因為重心被迫放在後腳，使得他只能單靠手臂的力量來揮拍。對於費德勒這次深遠又刁鑽的發球，我的回擊出乎意料地好，因此讓他馬上警醒，進行調整。

打亂他單純的節奏，將他逼到死角——這就是我對上費德勒時，必須貫徹到底的。五年前，我在邁阿密第一次和費德勒交手時，托尼就告訴我：「你光靠天分，光靠擊球的技巧是贏不過他的。他能把任何球都打成致勝球的能力，永遠比你更厲害。因此，你必須時時刻刻給他壓力，逼迫他用上一切能力的極限來跟你對打。」儘管在邁阿密那場初次交鋒的比賽中，我以六比三、六比三，直落二取得勝利，但是托尼說的沒錯。他的發球比我好，截擊能力也比我強。他不但正手拍有可能比我強勁，他的反拍切球更是絕對比我厲害，在場上的站位能力也比我更好。他在過去五年能一直保持世界第一，而我在過去三年只能一直屈居第二，不是沒有原因。再說，費德勒已經連續拿下五屆溫布頓冠軍，他基本上已經在溫布頓稱王了。我知道，想要贏，就只能靠心理戰來擊敗他。對抗費德勒的策略就是永不放棄，從第一分開始，就要拼命消耗他的體力，直到比賽的最後一刻。

費德勒把我刁鑽的回擊球打回到我的反手拍位置，我再把球一樣打到他的反手位置——從比賽一開始，我就切實執行計畫——但他卻巧妙地扭轉情勢，用正手接球。不過，我現在掌握了主動權，因為我站在球場中央，他得把球往外角推。他用正手拍把球打到我的反手位置，不過打得不夠深，讓我有機會操控球的方向；我把球直直打到底線，逼迫他一定得用反手拍回擊。費德勒回擊，把球沿著對角線打到我的正手位置，我馬上看到打致勝球的機會。他預計我會再把球打到他的反手位置，但我卻把球往他的正手方向打；球在底線前落地，高高彈起後往外角方向旋轉，他也沒輒了。

在這樣子精彩的對戰後拿下第一分，大大提升了我的自信。你感覺到自己和場地融為一體，感覺自己能完全掌控球的動作，而不是讓球來控制你。截至那一刻，我對那七次揮拍擊球都有絕對的控制。這讓人感到安心。緊繃的神經對我有利，而沒有影響表現。這就是你在溫布頓決賽開打時最需要的一劑強心針。

關於溫布頓錦標賽最有趣的一點：儘管整個場地非常莊嚴，比賽的壓力也特別大，但是，在所有的錦標賽之中，這是最讓我能「有家的感覺」的比賽。因為，我們可以住在全英俱樂部對面租來的房子裡，而不是巨大的飯店套房——有些飯店房間真的讓我一看就笑出來，實在太浮誇了——我們在溫布頓錦標賽期間住的地方，就是棟很普通的房子，沒什麼華麗之處，但是空間又夠大——共有三層樓——足夠讓家人、團隊成員、朋友住下來，或至少一起吃晚餐。這就是溫布頓錦標賽有別於其他賽事的獨到之處。我們不必各自關在自己的飯店房間裡，而是有個可以全員共享的空間；我們不必搭大會專車穿過重重車陣前往球場，而是只要走路兩分鐘就到了。另外，住在自己租來的房子裡，就表示我們得自己去採買食物。只要有機會，我都會自己到附近的超市，去買些我特愛但是可能得少吃點的東西，像是Nutella巧克力醬、洋芋片、橄欖等。我絕對不是健康飲食的優秀典範，至少以職業運動選手的標準來說不是。我吃東西的習慣和一般人一樣，想吃什麼就吃什麼。其中，我特別熱愛橄欖。橄欖本身是沒有什麼不好的，不像洋芋片或巧克力醬那麼不健康，但我的問題在於吃的量實在太多了。我媽媽常常提醒我，要我記得我還很小的時候，有一次自己躲在櫥櫃裡，吃掉了一大罐橄欖，而且還因為吃得太多而嘔吐，更因此病了好幾天。你可能會認為，這樣的經驗會改變我對橄欖的喜好，但完全沒有，直到現在也一樣。我熱愛橄欖，而且，要是去到買不到橄欖的地方，我就會心情不好。

在溫布頓買得到橄欖，但是我得小心規劃我出門採購的時間。要是我在人潮眾多的熱門時間去超市，就得冒著可能被群眾攔住要簽名的風險。這是我的職業風險之一，但我樂於接受，也盡量有禮貌地配合球迷的要求。我從不會向跟我要簽名的人說「不」，就算他們一點禮貌也沒有，一個勁地把紙推到你面前，卻連聲「麻煩你」也不說。遇到這種人，我還是會幫他們簽名，但他們絕對看不到我對他們微笑。因此，儘管上超市對我來說是個放鬆的好機會，可以暫時忘卻比賽的緊張，要去溫布頓的超市買東西，還是會讓我有點壓力。全世界唯一能讓我安心去購物而不被打擾——唯一一個可以讓我當個正常人——的地方，就是我的家鄉馬納科。

溫布頓和馬納科最相似，也最讓我放鬆的一點，就是可以讓大家全住在一起的房子，還有可以悠閒散步到球場的快樂；感覺很像我四歲那年，剛開始打網球的時候。我們當時住的公寓，就在鎮上的網球俱樂部對面，我每次都是這樣過個馬路到對面找托尼叔叔練習，他是俱樂部內聘的教練。

那個俱樂部就是你想像得到的，一個人口不到四萬人的小鎮上會有的俱樂部的樣子。佔地不大不小，裡頭被一間大餐廳佔去大半空間，還有個可以俯瞰球場的露台，球場全是紅土場地。有一天，我加入托尼正在訓練的一群孩子，大概六個人，一起打網球。從那時候起，我就愛上了網球。此外，當時我也深深為足球所著迷，只要我父母同意讓我出門，我就會和朋友在街上踢足球。我對任何跟球有關的活動都很有興趣；我以前最喜歡的就是足球。我喜歡參與團隊活動。托尼說，我一開始覺得網球很無聊。但是讓我跟一群人一起練習就好了，也就是這樣才有機會讓我走到今天這一步。要是一直只有我跟我叔叔兩個人，絕對會讓我喘不過氣。一直到了十三歲那年，我確定未來要走上全職網球選手這條路時，他才開始跟我做一對一的訓練。

托尼打從一開始就對我非常嚴厲，比他對其他孩子還要嚴厲的多。他對我要求很高，也很嚴格督促。他講話很粗魯，還時常對我咆哮，讓我很害怕——尤其是其他孩子沒來，只有我跟他兩個人練習的時候。要是我到球場發現今天只有我們兩個人，就會感到心裡一沉。米格安赫爾・穆納爾（Miguel Ángel Munar），直到今天都還是我非常要好的朋友，他每個禮拜去練習兩三次，我則會去四五次。我們會趁學校的午餐休息時間，從一點十五分開始打到兩點半。如果我沒有足球隊的練習，有時候我們也會在放學後去打網球。穆納爾跟我提到，他記得以前托尼只要看到我開始神遊了，就會用力把球朝我打來，不是要打我，只是想嚇嚇我，讓我重新集中注意力。穆納爾說，在那個年紀，我們都很容易分心神遊，但是我是最不被容許分心的一個。練習結束後，他也總是叫我負責撿球，不然就是我得比其他人撿更多球；最後也總是我得要負責整理球場。要是有人以為他會給我什麼特權，那可就大錯特錯了。恰恰相反。穆納爾說，他很明目張膽地給我差別待遇，因為他知道對其他孩子這麼做，可能會惹上麻煩，但是對我不會，因為我是他的姪子。

另一方面，他總是鼓勵我在網球場上要有獨立思考的能力。我看過媒體報導，說托尼強迫我用左手打球，因為這麼一來，我會讓對手更難以應付。這不是真的，這是報社記者自己編造的故事。事實是，我從很小的時候就開始打網球，根本沒力氣用單手揮拍把球打過網，所以我總是用雙手持拍，不管是正手或反手拍都一樣。然後有一天，叔叔跟我說，「沒有一個職業網球選手是用兩手握拍的，我們也不要當第一個，因此，你得改變握拍的方式。」所以我就改了，而且很自然地開始以左手持拍。問我為什麼？我也說不上來。因為我寫字用右手，打籃球、高爾夫球，甚至射飛鏢，也都是用右手。但是我踢足球卻是用左腳，我的左腳比右腳強多了。他們說這讓我的雙手反拍更有優勢，也許吧。對雙手的手感和控制感比大多數選手來的好，確實對我很有幫助，尤其是在打對角球時，力氣大一點還是很有用的。但這絕對不是托尼突然靈光乍現的什麼錦囊妙計。認為托尼可以強迫我用不自然的方式打球，這個想法實在有點蠢。

但是，確實，托尼對我很嚴厲。我母親也記得，我很小的時候，有時候練完網球會哭著回家。她會很有耐心地引導我，要我跟她說發生了什麼事，但我卻寧願選擇沉默。有一次，我跟她說托尼很愛叫我「媽寶」，這讓她很難過，但是我一直求她不要去跟托尼多說什麼，因為那只會讓情況更糟。

托尼從來沒有鬆手。自從我七歲開始打正式比賽後，情況更是變本加厲。有一次，在一個大熱天，我沒帶水壺就去比賽，因為我把水壺忘在家裡了。他大可以去店裡再幫我買個新的，但他卻沒這麼做。因為他說，如此一來，我才會學著為自己負責。為什麼我沒有反抗？因為我真的很喜歡網球，尤其是我開始比賽，開始贏球之後，更是愛不釋手。而且，我天生就是個乖巧聽話的孩子。我母親說我太容易受人擺佈。也許吧，但要不是我真的很熱愛網球，我也不會默默忍受叔叔的行為。我很愛他，過去、現在、未來都是如此。我信任他，而且在內心深處，我知道他的所作所為，都是為我的利益著想。

我非常信任他，到什麼地步呢？有好幾年的時間，我深深相信他告訴我的每個誇大不實的故事，相信他不凡的運動能力，比如說他曾贏得環法自行車賽，或是曾在義大利踢足球等。我小時候如此毫無保留地全然相信他；甚至還一度相信他有超能力。直到九歲的時候，我才不再相信他真的有變魔法的能力，或是可以隱形等等。每次家庭聚會時，我爸爸和祖父都會跟他聯手，一起假裝他們看不到他。所以我就相信除了我以外，別人都看不到他。托尼甚至成功讓我相信，他能操控天氣，讓天空下雨。

我七歲那年，有一次在比賽時對上十二歲的對手。當時我們都覺得勝算不高，因此托尼在比賽開打前告訴我，要是比數來到〇比五，他就會讓老天下雨，取消比賽。結果，比數才來到〇比三時，天空就下起了雨，我只覺得托尼也太早就失去信心了。接下來，我連拿兩局，信心也馬上跟著大增，覺得我可能有機會獲勝。因此，在比數來到二比三的換邊休息時間時，我跑去跟叔叔說，「你應該可以讓雨停了，我覺得我可以打敗這個人。」比賽又進行了兩局之後，雨停了，結果最後，我以五比七輸掉了比賽。不過，在這之後的兩年，我一直相信我叔叔有控制晴雨的能力。

所以說，我和托尼的關係中還是有魔幻、好玩的成分在，雖然在訓練過程中，確實是以冷酷嚴肅的態度為主，但是我們的合作很成功。要是他沒有懲罰我在沒水喝的情況下上場比賽，要是他沒有在一群學網球的孩子中，獨獨對我特別嚴格，要是我沒有因為受到他無數的不公平待遇和謾罵而落淚，我今天也許就不會是現在這樣的網球選手。他總是不斷重複強調耐力有多重要。「忍耐，不管遇到什麼困難都要堅持，學著克服自己的弱點和痛楚，把自己逼到極限，絕對不要放棄。要是你不記取每一次教訓，就永遠無法成為菁英選手。」這就是他教會我的道理。

我常常無法控制自己憤怒的情緒。「為什麼每次練習完都是我要負責掃地，為什麼其他人都不用掃？」我就會這麼問自己。「為什麼我得比其他人撿更多球？為什麼我把球打出界的時候，他那麼兇地吼我？」但我也學會把這些情緒藏在心理，不要被這些不公平待遇干擾，我學會默默接受，繼續練習。沒錯，他也許是太過份了一點，但對我來說很有用。打從一開始，每次練習時的緊張感，讓我學會用更強的自制力去面對每場比賽的壓力，要是沒有那樣的經驗，我恐怕沒有辦法拿出現在這樣的表現。大家最津津樂道我在場上比賽時的戰士性格，其實有很大一部份都是托尼訓練出來的。

但是，其他同樣深深影響我比賽風格的價值觀和行為處事態度，則都是來自我父母親的教導。沒錯，托尼非常堅持我在球場上必須有禮貌，要能做其他人的榜樣，絕對不能因為生氣就摔球拍，這是我從來沒有做過的事。不過，重點來了，要是我沒有受到我父母親的教養，我可能根本不會聽托尼的話。我的父母向來都很注重紀律和規矩。他們很重視餐桌禮節——「吃東西時不要講話！」、「坐正！」——待人要客氣、有禮貌——遇到人的時候要說「早安」、「午安」，打招呼時要握手——這一類的規矩。我的父母，當然還有托尼叔叔，總是說，不管我在網球上的表現如何，他們最大的願望，就是要我長大後，成為一個「好人」。我母親總是說，要是我不是個好人，要是我表現得像個痞子，她還是會一樣愛我，但要她飛過半個世界去看我比賽，她會覺得很丟臉。他們從小就灌輸我尊重他人的重要性。我的足球隊輸球的時候，我父親會堅持要我在比賽後，去跟對方球隊的選手說恭喜。我必須去跟每個選手說：「踢得好，老兄，比賽很精彩。」我一點也不喜歡。輸球的時候我總是非常難過，表情也會明顯透露，我嘴上說的話完全不是真心的。但我知道，要是不這麼做，父親會來找我算帳。這件事漸漸變成了習慣，自然而然，我學會了即使在挫敗時，也不忘去讚美對手，甚至在我獲勝時，要是對手確實表現得很精彩，我也會大聲讚美他。

儘管家教非常嚴格，我小時候的家庭生活還是非常快樂、溫馨，而我想那也是我能夠忍受托尼嚴厲的指導的原因。兩者剛好一正一負，互相抵銷，因為我父母給我的，是全然的安全感。我父親塞巴斯提安是祖父的五個孩子中，年紀最大的；而我則是祖父的長孫。因此，打從我出生起，就是集三個叔叔和兩個姑姑的千萬寵愛於一身的孩子，因為當時他們都還沒有自己的孩子。另外，當然更不用說我的祖父母有多疼我了。他們總說我就是家裡的吉祥物，是每個人最愛不釋手的「小玩意兒」。我父親說，我才十五天大的時候，他們就曾把我自己留在祖父母家過夜，當時我叔叔和姑姑們也都還住在那裡。從我還在襁褓開始，一直到兩三歲的時候，他們常會帶著我一起到酒吧和朋友聚會，他們會在那聊天、玩牌，或是打撞球、打桌球等等。和大人混在一起，對我來說是再自然不過的事情了。至今，我都還保有當時一些非常難以忘懷的美好回憶。我的姑姑兼教母，瑪麗蓮（Marilén），常常帶我到基督港（Porto Cristo）的海灘去玩，那裡離不靠海的馬納科只有十分鐘路程。在那裡，我會枕著姑姑的肚子，在太陽下睡午覺。至於叔叔們則會跟我在家裡的走廊上，或是在車庫裡踢足球。我其中一個叔叔，米格安赫爾，是職業足球選手。他曾經效力馬約卡、巴塞隆納，也曾入選西班牙國家隊。我很小的時候，他們會帶著我一起到球場看他比賽。儘管我確實經常受到托尼的斥責和數落，但我的成長故事，絕對不是典型「運動員克服童年的種種困難，成功化身頂尖選手」的故事。我有著童話故事般的美好童年。

在我聽過的成功運動員的故事中，我和他們最大的共通之處，就是非常執著於競賽勝負。從小，我就非常討厭輸。不管是打牌，還是車庫裡的迷你足球比賽都一樣。我只要輸了，就會大發脾氣，我到現在還是這個樣子。大概兩年前，我跟家人打牌時輸了，我氣到甚至指責他們作弊；現在回頭看，我知道我當時的反應實在太超過了。我不知道我為什麼會是這副德性，也許是從小看叔叔們在酒吧和朋友打撞球比賽而學來的。總之，他們總是感到不可思議，照理說，我平常是個非常貼心可愛的孩子，但是只要一開始比賽，就會變身成小惡魔。

另一方面，對於成功的渴望——包括知道自己必須非常努力來追求目標——絕對是來自我的家庭背景。我母親娘家在馬納科經營一間家具公司，家具產業一直以來都是馬納科的經濟骨幹。我外公的父親在他十歲時就過世了，所以他從很年輕時，就接下了家族事業。他自己也成為了非常了不起的家具工藝師傅。在我母親的家裡，也就是我現在住的地方，還收藏著一個非常精美的抽屜櫃，那就是外公親手製作的。外公跟我說，一九七〇年，在馬約卡和附近巴里亞利群島（Balearic Islands）的伊比薩島（Ibiza）和美諾卡島（Menorca）一共生產了兩千張床。其中有一半都來自我外公的工作室。我的一個舅舅，他也是我的教父，現在負責公司的營運。

來自我父親這邊的家族遺傳更明顯。而且，我說的不只是他們世世代代都對運動非常熱衷這一點而已。我的祖父是個音樂家，他也叫拉斐爾。從他總是一再跟我們提起的故事就可以看出，他年輕時是個多麼執著專一、勤奮努力的人。他在十六歲——他現在已經八十幾歲了，身體還非常硬朗，也還在從事音樂相關工作，帶小孩子唱歌劇——的時候，在鎮上組織了一個合唱團，並親自擔任指揮。那是個很專業的合唱團，專業到在他十九歲那年，當時剛成立的馬約卡交響樂團的團長——當時大概是一九四〇年代後期——跑來找他，問他是否能讓合唱團準備貝多芬的第九號交響曲，到馬約卡島首都帕爾馬去表演。當時是西班牙內戰後不久，整個國家還很窮困。他的進取心和雄心壯志非常驚人，尤其，合唱團八十四名成員中，只有六個人會看譜，其他人都只是業餘愛好者。但我的祖父並不因此怯步，他們每天排練，持續了六個半月，然後，就如他所說，

「這一天終於來了，馬約卡人第一次有機會在劇院裡聽到現場演唱的貝多芬第九號交響曲。」他說，那是馬約卡歷史上非常重要的一天。要不是有他，這件事不可能成真。而當時的他只有十九歲。

我想他可能有點失望，因為他的五個孩子中，沒有一個人有音樂天分，但卻很驚訝地發現，其中三個人居然有點運動天賦。不過，我父親卻不是其中之一。他是個商人，全心全意徹頭徹尾的生意人，他投入商業不只是為了賺錢，他還很享受其中的快感。他喜歡談生意，成立公司，創造工作機會。他一直以來都是如此。

他十六歲的時候，在馬納科附近的濱海度假村基督港開了一間酒吧，兼辦一些現場音樂演出。之後，他用來自酒吧的收入，為自己買了人生第一輛摩托車。他十九歲的時候，則是在無意間發現了二手車的商機。他發現，二手車仲介總是向買主收取高額費用，來進行車輛過戶的行政文書工作，所以，他憑著自己摸索，學會如何用更實惠的價格提供相同服務。他曾經短暫在銀行工作了一段時間，但他覺得無聊了，於是，透過我祖父——他除了自己的音樂事業外，還在房地產業兼差——的朋友介紹，他踏進了馬納科的玻璃製造業，製作、裁切窗戶、桌子、門等所需的玻璃片。因為馬約卡島旅遊業的蓬勃發展，他們的生意非常好，兩年後，我父親和托尼叔叔一起向銀行申請了一筆貸款，把公司給買了下來。不過，托尼既沒有商業頭腦，也對經營公司沒有興趣，因此，他們決定由我父親負責處理公司的一切大小事，讓托尼能繼續擔任全職網球教練，並在我身上投入大把時間和心力。現在，我父親只有越來越忙碌的份。他沒有離開玻璃產業，同時也對房地產非常有興趣，而且，他還負責幫我尋找有賺錢潛力的投資標的。因為我的好運氣，以及我一路走來累積的人脈，他現在的公司營運範圍，在全球來到前所未有的高度。他其實不需要這麼做，他是為了我才投入這些精力，不過他其實也很喜歡。他不會停下來，他永遠對新的挑戰躍躍欲試，我想這也是為什麼在家裡，他們總說我是獲得父親的真傳。

有運動天分的叔叔是托尼，他在成為網球教練前曾經也是職業網球選手；拉斐爾，他在馬約卡當地的聯賽中踢了幾年足球；還有米格安赫爾，他成功登上頂尖的足球殿堂。他的職業生涯契機發生在他十九歲那年，和西班牙甲級聯賽的馬約卡俱樂部簽下合約。他正式簽約的那天（由我父親擔任他的經紀人），也是我出生的那一天，一九八六年六月三號。米格安赫爾是個身材高大、健壯、聰明又全能的選手，他既能防守，又可以擔任中場進攻，也有很多射門得分的紀錄。對我的體能狀態、努力、堅忍不拔等特質感到讚賞的人，都應該去看看他：他在職業足球的頂級聯賽中一直踢到三十八歲。他為西班牙國家隊出賽過六十二次，更在八個球季中，為巴塞隆納出賽超過三百多場；期間他曾五度贏得西班牙聯賽冠軍，也曾拿下歐洲冠軍聯賽（European Cup）冠軍，這是歐洲俱樂部足球的最頂尖榮耀。我常常去看他比賽，但我印象最深刻的一次，是在我十歲時，他帶我到全歐洲最大的足球場，巴塞隆納諾坎普球場（Camp Nou stadium），讓我在他們正式訓練結束後，去跟一軍的六名球員踢球；那天我穿了巴塞隆納隊的球衣。在這之後的好幾年，我的家人一直拿這件事來開我玩笑，因為，儘管我非常崇拜米格安赫爾叔叔，我一直以來都是，未來也永遠都會是皇家馬德里的球迷。而眾所周知，皇馬和巴薩是全世界足球隊中最惡名昭彰的宿敵。而我為什麼會是皇馬球迷呢？答案很簡單，因為我父親也是皇馬球迷。光從這一點就可以看出我父親對我的影響有多大了。

我家族中的每個成員，都對我之所以是現在這樣的我，有著不小的影響。以米格安赫爾叔叔來說，因為他，我很幸運地得以提前體驗成為職業網球選手後的生活樣貌。他是個大明星，尤其在馬約卡更是如此。在運動界，他和曾經登上世界第一的網球選手卡洛斯・莫亞（Carlos Moyá）兩個人，都是馬約卡最大的驕傲。我叔叔一直是我最好的楷模。透過他，我得以一窺將來有機會擁有的生活：他有錢又有名，常常出現在報章媒體上，他所到之處都會受到群眾包圍和擁戴。但他從來不把自己看得那麼重要，他不相信自己有那麼厲害——他從不覺得自己配得上大家的吹捧——他一直是個謙虛的老實人。對我來說，他一直就只是我的叔叔，因為他，我有機會從小就學會用不同的眼光看待「成名」這件事，因此，在我出名之後，才有辦法繼續腳踏實地，不被名氣沖昏頭。從小開始，托尼叔叔和我父母就不斷教導我要保持謙虛的態度，而米格安赫爾則以自我實踐，身體力行地給了我謙虛的身教。現在，我非常清楚，我所擁有的一切，不是因為我的身世背景，而是因為我的努力奮鬥。這兩者是非常不一樣的。一個是眾人眼中，成功的網球選手拉法・納達爾；另一個是我，拉斐爾，一個普通人，那個從過去到現在一直沒有改變，無論我從事什麼工作，無論我是否出了名都不會改變的那個人。米格安赫爾對我的整個家族來說也非常重要：因為有他的經驗，讓他們更瞭解要如何陪伴我。因為有他，他們能夠更輕鬆、更自然地面對我的名人身份。

米格安赫爾現在是西班牙甲級聯賽馬約卡足球俱樂部的助理教練，他最近告訴我，有些家族成員中有名人的人，在自己也出名之後，特別容易感到驕傲自滿。他說，與其說他自己做了什麼示範，倒不如說是托尼和我父母幫我做了很多準備功課，教我看穿所謂名人的虛華表象。他也稱讚我非常聰明，能夠學會如何做到這一點。米格安赫爾也認為，我還搞不清楚自己的成就到底有多了不起。也許他說的有道理，但要果真如此，我想他也跟我差不多。

若我當時選擇的是足球而不是網球，情況可能會非常不一樣。足球是馬約卡每個孩子都會玩的運動，不管有沒有家族影響都一樣。我對足球比賽非常非常認真。米格安赫爾剛成為職業足球員時，還跟我祖父母住在一起。在比賽的前一天，我都會跟他說，「快點！我們必須要練習！明天一定要贏！」然後到了晚上十點，當時才四歲的我就會很嚴肅地帶著他，還有拉斐爾叔叔，一起到車庫去認真練跑，先是單純跑步，然後再練習帶球跑。現在回想起來，實在很滑稽，但我想，要努力準備才能在運動比賽中獲得好成績的觀念，在我腦中根深蒂固，讓我深深相信在比賽中，你付出多少努力，就獲得多少成就。

足球是我孩提時代的熱忱所在，也是我直到今天依舊非常熱愛的運動。就算我人在澳洲或是曼谷比賽，如果早上五點有電視轉播皇馬比賽，我還是會爬起來看轉播——甚至有時候，就算當天我自己要比賽也照看不誤。如果有必要，我還會依照皇馬的賽程來安排自己的訓練時間表。我是瘋狂足球迷。我的教父直到今天都還記得，我四歲的時候，他很驚訝地發現，只要給我看西班牙甲級聯賽球隊的隊徽，我就能正確說出每支球隊的隊名。而且不管是怎麼樣的比賽，就算只是和我叔叔在車庫比劃，我只要輸了就會非常生氣。而且我不願意停。拉斐爾叔叔還能想起過去有點痛苦的回憶，他說，我以前有時候星期五晚上會去他家過夜，然後隔天一早九點半就去叫他起床陪我踢足球，不管他前一晚是不是一直玩到凌晨五點才上床睡覺。我總是有辦法說服他陪我出去踢足球。他當時應該有點討厭我，但他說他難以拒絕我對足球的熱忱。風水輪流轉，因為我是家族十三個堂兄弟姊妹中的老大，現在輪到他們總是在我前一晚通宵玩樂後，一早挖我起床陪他們踢足球。不過我總是非常樂意奉陪，因為我真的非常喜歡踢足球，而且，我也還記得小時候對足球有多認真，尤其是我在七歲加入馬納科當地球隊，開始在兒童聯賽出賽之後。

我爸和米格安赫爾到現在還常常向我提起，說我以前每次比賽結束，就會很認真地分析當天的比賽狀況，嚴肅的態度一如我們研究叔叔的甲級聯賽比賽。我會和他們討論我的失誤，也會分析我的每一個進球，雖然我是隊上年紀最小的，比大家小了一歲，但我在左翼進攻位置的進球非常多（一季大約有五十次）。我們每天都有練習，而在比賽的前一天晚上，我會變得非常緊張。比賽當天我通常一早六點就會醒來，然後開始在腦中沙盤推演，為自己做好比賽的心理準備。另外，我還會在比賽前很認真地清理鞋子，並給我的球鞋上油，這麼做的其中一個原因，也是要讓自己的情緒平靜下來。我媽媽和妹妹每次想起這件事，都還是會笑個不停，因為她們說，我在和運動相關的事情上，總是很有紀律、一絲不苟，但是在其他任何事上，我卻是既容易分心，又亂無章法。她們說的一點也沒錯，我的房間總是亂七八糟——旅行的時候住的旅館房間也一樣——也常常忘東忘西。我所有的注意力都放在眼前的比賽，小時候參加足球比賽前，就是如此。我會在事前先想像比賽的樣子，想像我會怎麼射門，想像我會怎麼帶球過人。我會在房間先伸展熱身。我熱身準備的努力程度，大概跟現在在網球比賽開始前的準備程度差不多，而且緊張的程度也差不多。現在回想起來，確實覺得好笑，但當時足球比賽就是我的全世界。甚至，在一開始是比網球更重要的，儘管托尼給我的訓練強度非常強，而且也一直說服我，我將來會成為職業網球選手。我當時的夢想，就像所有那個年紀的西班牙男孩一樣，都是要成為職業足球選手。雖然我從七歲起，就已經開始參加正式網球比賽，而且成績也相當好，我在足球比賽前夕的緊張程度，還是遠勝網球比賽。我想，那是因為我不只是為了自己而比賽，我還覺得自己對其他隊友有一份責任在。

同時，我也盲目地對我們贏得比賽的能力充滿信心，就算一切看來已經毫無勝算。我叔叔們提到，我總是比隊上的其他孩子，更加相信我們能贏得比賽，有時候，比數已經來到五比〇落後，但我還是會在更衣室裡拼命提振大家的士氣，「不要放棄！我們還是有機會贏球！」甚至有一次，我們到帕爾馬作客，結果以六比〇輸球，在回程的路上我跟大家說，「沒關係！等我們在主場跟他們比賽時，一定會贏的。」

但我們贏的比輸的多。我還清楚記得很多場比賽。我印象最深刻的，是我們贏得巴里亞利群島冠軍的那一個球季，那年我十一歲。最關鍵的那一場比賽，對手是馬約卡，那是來自島上首都的大型隊伍。中場休息時我們以一比〇落後，但在下半場把比數追到一比二，贏得了勝利。那場比賽的決勝球是一記十二碼罰球。當時我跑進禁區，導致對方球員在球門線上發生手球犯規。一般來說，這種情況應該會由我來進行罰球，因為我是隊上的得分王，但我不敢。你現在看我可以打進溫布頓決賽，可能會覺得為什麼會不敢踢罰球？事實上，勇氣是我靠著努力訓練，才獲得的運動員特質。要扛起罰球的責任，對當時的我來說太困難了。幸運的是，我的隊友順利踢進。不得不說，贏得那座冠軍獎盃的喜悅，和現在贏得網球大滿貫冠軍獎盃的喜悅是相同的。這聽起來也許會讓人覺得奇怪，但對我來說，兩者真的平分秋色。在當時，那就是我最心心念念，最渴望達成的目標。贏得那座獎盃，和贏得大滿貫的興奮感和成就感是一樣的，只是比賽規模小了點。

我認為，這世界上沒有什麼比贏得一項運動賽事更讓人血脈賁張的了，不管是什麼運動，不管是什麼層級的比賽都一樣。沒有比這個更強烈、更讓人快樂的事了。而且，你對勝利的渴望越強烈，成功時的快感就越強烈。

我第一次在網球比賽中嚐到這樣的快感，是我在八歲時，贏得巴里亞利群島錦標賽十二歲以下分組冠軍的時候。對我來說，直到今天，那次的勝利依舊是我職業生涯最棒的回憶之一。對那個年紀的選手而言，四歲的差距感覺像是一輩子；跟我同組比賽但是年紀較長的孩子，看起來就像是高人一等的優越人士。那也是為什麼我在報名參賽時，完全不覺得自己有獲勝的機會。在那之前，我只贏過一場錦標賽，而且對手都是和我同年齡的孩子。不過在比賽當時，我已經接受托尼一週五天，每天一個半小時，每週持續不斷的訓練，超過一年了。我不覺得那場錦標賽裡的其他選手，有像我練得這麼勤，或是有像托尼這麼嚴格的教練。此外，我也覺得透過托尼的教導，我比其他選手更瞭解比賽的細節。我想那就是我的優勢，也許直到今天也是一樣。

如果你去看世界排名第十跟第五百的選手練習，你不見得看的出來誰的排名比較高。在沒有比賽壓力的影響下，他們的動作和擊球方式恐怕大同小異。但要真的知道怎麼打球，不只在於懂得擊出好球，重點是要能做出正確的決定，能知道什麼時候該吊小球，什麼時候該用力擊球、打高、打得深，什麼時候用下旋球、上旋球、平擊等等，以及該瞄準網球場的什麼位置打。托尼從小就訓練我去思考網球的基本戰略。要是我失敗了，他就會問我，「你哪裡做錯了？」然後我們會一起討論，詳細分析我的失誤。托尼完全沒有想要把我訓練成他的傀儡，相反地，他積極教導我獨立思考的能力。托尼說，網球這種運動，你必須在極短的時間內，處理相當大量的資訊。你必須比對手更會想，才有可能成功。而要能有清晰的思路，你就必須保持冷靜。

因為他總是不斷把我推向極限，我得以建立強大的心智能力，這個努力也在我第一次參加

U12錦標賽打進八強賽時，有了回報，那場比賽中，我的對手是最被大家看好的選手，年紀比我大三歲。一開賽，我連輸三局，一分都沒拿到，但是最後卻連拿兩盤，贏得比賽。最後，我在決賽也以直落二拿下冠軍。那座獎盃直到今天都還放在我家裡，就擺在其他職業賽的冠軍獎盃旁，一同陳列。

那對我來說是非常重要的一場勝利，因為這場勝利是我繼續努力的動力，讓我能有後來的成就。但是，當時的場景一點也不盛大。決賽是在鄰近的伊比薩島舉行，現場觀眾大概有五十個人——其中絕大多數都是我的家人。我還記得，他們都很高興我贏了，但是也沒有什麼太激烈的反應。沒有賽後的大肆慶祝：那不是我們家的作風。不管是在網球或是其他運動項目，有些孩子訓練的動機來自於他們父母的野心，尤其，通常都是他們的父親；我則是因為托尼的鼓勵。但是他希望我成功的強烈渴望，被我父親對這一切輕鬆以對的態度給緩和了，兩者取得一種健康的和諧。他和那些一心想透過孩子的成就，來彌補自己沒有達成夢想的家長完全不一樣。他每個禮拜開車載著我東奔西跑，四處征戰馬約卡——為此我永遠感激他——而且他都會留下來看我比賽，這不是因為他希望我能成為大明星，而是因為他希望我能開心。在那個時候，他想也沒想過我有一天會成為職業網球選手，更不用說我能擁有這些成就了。

我和我父親都還記得我小時候的一件趣事，從這個故事我們就能看出，當時他對我的態度，以及我自己對網球的態度，還有就是這兩者有多麼不同。事情發生在我贏得巴里亞利群島錦標賽的兩年後，當時是九月，暑假剛過。我的八月過得非常快活，和朋友們一起去釣魚，在海裡游泳，在沙灘上踢足球。我沒花多少時間接受網球訓練，但是突然間，我得到帕爾馬參加比賽。我父親一如往常地開車載我去賽場，但我輸掉了比賽。我到現在還記得當時的比數：六比三、六比三；對手是個我應該能夠輕鬆擊敗的選手。回家的路上，我一言不發，車上一片死寂。我父親從沒看過我這麼消極喪志，所以他試著讓我開心起來。他說，「好了，沒有什麼大不了的。不要難過，你總不可能每次都贏吧。」我什麼話都沒說，依舊沉浸在自己傷心的情緒之中。所以他又繼續說道，「聽著，你和朋友一起過了一個很棒的暑假。記得那些開心的事。你總不能要什麼有什麼。不要成為網球的奴隸。」他以為自己提出了非常有說服力的說法，結果我反而放聲大哭，這讓他感到更疑惑了，因為我從來不哭的，至少那時候的我是如此。他堅持道，「拜託，你過了一個超棒的暑假，難道那還不夠嗎？」「爸，你說的沒錯，」我回答道，「但我整個暑假所獲得的快樂，也沒辦法抵銷我現在的痛苦。我再也不想嚐到這種感覺了。」

我父親直到今天都還會提起這句話，而且他到現在都還覺得很不可思議，那個年紀的孩子，居然會說出這麼敏銳、這麼有見識的話。他認為我們當時在車上的這番對話，是一個重要的轉捩點，從那一天起，他對兒子的看法改變了，而我對自己人生目標的想法也改變了。我認為，其中最讓我感到氣餒的，是那股讓自己失望了的感覺，我還沒讓自己全力以赴，就輸掉了比賽。後來，我父親沒有直接開車送我回家，而是帶我到海邊的一間餐廳，去吃我小時候最喜歡的一道菜

——炸蝦。吃飯的時候，我們都沒有再多說什麼，但我們都明白，我們已經跨越了一道橋，踏入了一個全新的境地。我們那天所說的話，將會給我的未來帶來長久而深遠的影響。

十一年後，二〇〇七年，我在溫布頓決賽輸給費德勒後，再次嚐到了那股絕望的感覺。眼淚不停滑落的同時，我想道，「我再也不要體驗這種感覺了。」然後，在二〇〇八年，又和費德勒在決賽碰頭時，我又想起這句話，但這次，我的腦袋更冷靜，情緒也更穩定。

能在費德勒第一發時得分，而且打得如此漂亮，是療癒我過去十二個月來所承載的傷痛的第一步。但是第二分，在一陣漂亮的來回對打後，我因為太急著打出致勝球，而擊出了正手方向偏外角的界外球，比賽又重回原點。網球就是如此，你在長時間又緊迫的來回對打後，漂亮地贏下一分，但那一分在最終比數所佔的份量，和我剛剛雙手為他奉上的那一分是一樣的。那就是心智能力的重要之處，那就是冠軍和其他選手之間的差異。你要馬上把剛才的挫敗拋諸腦後，讓腦袋清空。你不可以讓思緒繼續徘徊在這件事上。相反地，你得從剛才的漂亮得分中汲取力量，並以此為基礎，全心全意專注在接下來的事情。

問題來了，費德勒很快就拿出真本事，展現出他之所以能穩坐世界第一的原因。他接連靠著球速超快的反手對角球，深入底線的正手抽球，以及一記發球直接得分的Ace球，拿下了這一局。我回到座位上，馬上提醒自己，我在這裡沒辦法像二十八天前，在法國公開賽那樣，輕易就打敗費德勒，這麼想讓我立刻變得更睿智，而且從長遠來看，也更強大。另外，我也同時提醒自己，草地球場對強力發球型的選手有利，因此，費德勒的發球在這裡確實會比我的更優秀。

他雖然拿下第一局，但我在這一局也拿下了一球，除了值得令人安慰，也能繼續支持我獲勝的信念。雖然第一局的五分中他拿下了四分，但是，我們的來回對打總是很長，我每次回擊也都能算準揮拍時機。他非常努力才保住了自己的發球局。不過現在我落入了劣勢，可能在這一盤的比賽中，我都得不停追趕，才能讓比數保持平手。

事情進展的比我想像得更好。我的計畫是，每次發球都要發在他反手位置的角落，我在第二局的每一分都成功做到了，而且差不多整場比賽的每個發球都有達成目標。那一局的第四分，讓我更堅信要繼續維持相同的策略。我發球到他的反手位置，他回擊了一個偏高的切球，然後我再往他反手位置的底線打回去，然後一次又一次，回擊出上旋、偏高，深入底線的反手位置，把他釘在底線，但是又很不舒服的位置。連續四球，每次都打在相同位置，也就是在他左側偏高的地方。因此，他毫無選擇，只能從高處切球，把球打回中央，這讓我有時間能做好準備，確實瞄準好再揮拍。要是我把球打到他的正手位置，他會冒險打個更平、更強力的回擊，那我可能就會失去這一球的主控權。照我的做法，我成功控制了這一分，最後，他終於在關鍵時刻沉不住氣，用反手抽球回擊，但球飛得太高、太偏。我沒辦法每一次都靠這樣得分，但這個情況很清楚地讓我看見，我必須繼續堅持按照我的計畫去做。

下一局是個大突破。費德勒在決賽前的六次出賽中，只丟了兩個發球局，這次是第三次。我靠著一記深遠，但是位在正手角落位置的球贏了一分，但除此之外，我一直持續挑戰他的反手位置。他一共出現三次擊球失誤。我取得二比一領先，接著發球，目前為止，我在心理戰也佔了上風，這通常表示你打得比對手好，因為你的思路比較清晰。我覺得很好，但並不自滿。前方的路還很長，容許任何一丁點獲勝的想法，任何一絲覺得電影將有快樂結局的念頭，都是自殺行為。我要做的，是保持專注，並且用我的行為表現來告訴費德勒，我不會退怯。如果他想擊敗我，每一分都得非常努力，非常拼命。他不只得拿出自己最好的表現，他還得維持在最佳狀態好一陣子。我現在的目標，就是要告訴他，他得這樣逼迫自己處在極限狀態好幾個小時。

他聽到了。他沒有再鬆懈。但是，為時已晚。我們兩個都全力以赴，一直打到第一盤結束，但我保住了自己的所有發球局，以六比四拿下第一盤。

托尼叔叔

如果你問托尼，在二〇〇八年溫布頓決賽那天，他在姪子走出更衣室前跟他說的最後一句話是什麼？他會告訴你，「我要他努力戰到最後一刻，堅持到底。」如果你問他，納達爾是如何攀上網球界頂峰的？他會告訴你，「一切都是靠腦袋，靠態度，你得比對手更渴望成功，比對手更堅毅不拔。」如果問他，在納達爾的身體提出嚴正抗議，各種疼痛讓他難以繼續上場比賽時，他對納達爾說什麼？他會說，「我跟他說，『聽著，你現在有兩條路可以選：跟自己說我受夠了，我們馬上離開這裡，或是準備好承受更多苦痛，繼續拼。你可以在堅持到底和棄械投降之間做選擇。』」

「堅忍不拔」是托尼從小就不斷灌輸給納達爾的一個觀念。那是一種斯巴達式的生活哲學，這在馬約卡島，甚至在整個西班牙都非常罕見，這邊的人比較崇尚追求生活的樂趣。托尼給人感覺像是古代的西班牙人，彷彿埃爾南．科爾特斯（Hernán Cortés）的傳人，那個在十六世紀，帶著區區一百人的小兵團，抵達現今墨西哥的西班牙殖民征服者；當時，他直接放一把火把自家的船給燒了，徹底斬斷士兵想逃回家的一絲可能，並在無比艱困、物資缺乏的環境中，克服重重障礙，打倒了阿茲特克帝國，為西班牙王室奪取了無數金銀財寶和廣袤的土地。

托尼身材結實、黝黑，雙腿粗壯而有力，看起來就是絕佳的殖民征服者人選。眼神冷靜而堅定，說話非常直接，而且看起來，他也不太花心思去討身旁人的歡喜。他不是人不好：在他家人眼中，他對跟他要比賽門票的陌生人，或是想請他給個評論的記者都大方到近乎過份。但是對於身邊親近的人，儘管他非常忠誠，但他也很陰晴不定、粗魯、愛吵架。他不是家族中的害群之馬，因為排除異己不是關係緊密的納達爾家族會做的事。一如和納達爾家族非常熟稔的卡洛斯・柯斯塔就說，「托尼他很不一樣。」他比其他兄弟更暴躁，更固執。他是個愛說教的人，非常堅持己見，而且隨時準備好展開辯論。

不過，他也沒有外表看起來的那麼粗暴或傲慢。許多運動相關媒體喜歡說，要是沒有托尼，納達爾就不會有今天的成就。不過相反地，我們也可以說：要不是有納達爾，托尼也不會有這樣的成就。而真正的事實，就落在兩者之間。托尼和納達爾兩人相輔相成，各自的強項和弱點剛好互補。兩個人協力合作，會比他們各自打拼的成就都更高。

托尼曾經夢想自己能成為網球冠軍。他年輕時的成績非常出色，是馬約卡數一數二的網球好手。他也曾經是馬約卡島的桌球冠軍，以及小有聲望的西洋棋選手。他四肢發達，頭腦也不簡單，但當他正式轉戰職業網球選手，離家前往西班牙本土征戰時，才發現，儘管自己是個非常穩健的選手，他卻缺少邁向頂尖的關鍵能力，而那也正是他成為教練後，最努力想灌輸小學徒的一項特質。其他和納達爾一起接受托尼訓練的孩子提到，相較於其他教練特別注重控球能力，托尼總是將重點放在培育具有強烈鬥志的贏家。托尼自己很喜歡引用高爾夫球選手傑克．尼克勞斯（**Jack Nicklaus**）在一支教學影片中所說的話，他說他給年輕選手的建議是，「首先，練習把球打得很遠，然後，我們再來想想要怎麼把球打進洞裡。」托尼把這個建議銘記在心。他打從一開始，在姪子四歲的時候給他的建議就是，「首先，練習用盡全力打球，然後，我們再來想想要怎麼讓球不要出界。」

接著，他著手進行更艱難的任務，那就是將納達爾打造成具有鋼鐵般心智的勇者。於是，他開始毫不遮掩地在所有學員面前，對姪子採取不公平的差別待遇，而且還要求他絕對不可以抱怨。和納達爾一起接受訓練的其他人都還記得，當托尼對納達爾一聲令下，要他待在底線撿球，或是要他在練習之後留下來打掃等，他總會低下頭，乖乖照著做。在他們兩個一對一訓練時，如果火辣的豔陽剛好只照在其中一邊的場地，托尼就會叫納達爾站那一邊。如果他們一開始用的都是球況很好的球，托尼會突然給他一顆壞球，一顆光禿禿、難以控制的球，或是濕淋淋、了無生氣，彈都彈不起來的球。要是姪子抱怨，托尼就會說，「球也許是三流的，但你可是四流的選手！」

按照托尼的說法，這是良藥苦口。他以前偶爾會和納達爾比賽，先拿下二十分的人就贏了。

他會先讓眼前這個孩子興高采烈地拿下十九分，然後突然認真起來，逆轉比分，在姪子正準備好好品嚐這不太可能發生的小小勝利時，毀了他一整天的心情。他無情地打擊納達爾的士氣，施以殘酷而嚴厲的管教，這一切都是為了達成他的終極目標：教會他忍耐，培養他堅忍不拔的特質。

另一方面，托尼自己和「堅忍不拔」這個原則的關係，卻不是這麼回事。托尼和哥哥塞巴斯提安第一次面對這個課題，是在青少年時期，他們被送到帕爾馬的寄宿學校就讀，學校離馬納科約一小時車程距離。學校校長總是不厭其煩地教導學生，要以男子漢的韌性，接受生命中難以避免的各種挑戰和失落。兩兄弟面對的第一個挑戰，就是寄宿學校本身，因為他們得離開關係異常緊密，充滿關愛的家。塞巴斯提安撐了下去，他留在學校，直到完成學業；托尼只待了一年，然後在他的苦苦哀求下，父母終於同意讓他回家。後來，他進入大學修讀法律和歷史，但是沒有拿到學位就輟學了。在他放棄追尋成為偉大職業網球選手的夢想後，他回到馬納科，在鎮上的俱樂部教小朋友打網球。

至此他終於定下來了，確定了人生的志趣，而且還很幸運地，有個充滿毅力，而且天賦異稟的姪子；他從沒遇過，未來可能也不會再找到和他有著同等天分的孩子。從納達爾的擊球方式，尋找場上站位的直覺，以及不凡的意志力，托尼很快就察覺到，他眼前這個孩子會是西班牙未來的網球冠軍。命運之神降臨在家門口，他要好好把握機會，從自己過去的錯誤中汲取經驗，幫助姪子培養出贏家的習慣，打造成功的未來，而自己也可以光明正大地共享榮耀。

網球選手拉法的成就，給了托尼無比的自信，讓他更坦然分享自己的觀點，他對此觀點堅信不移的程度，好比柯爾特斯治理期間，西班牙法庭上一身黑衣的天主教徒一般。但是他既不尋求永恆的來生，也不冀望仁慈的神。他本身並不是天主教徒，他以一貫的固執態度，深信宗教既軟弱又愚昧。他認為對上帝的信仰是對魔法的原始崇拜，就跟姪子曾經相信自己有能力呼風喚雨一般幼稚。

然而，托尼唯獨在一件事情上是個徹頭徹尾的教條主義者，那就是孩子的教養方式。「現代社會的問題就在於，」他說道，「孩子們總在所有人注意力的中心。父母、家人，他周遭的所有人，都急著把他放上展示台。大家總是花上大把心力，想提升孩子的自信，讓他們明明什麼也沒做，卻個個都覺得自己獨一無二。人們常常搞不清楚：他們不明白，你的優秀並非來自於身世背景，而是來自於你的所作所為。」

「我常常看到這種例子，尤其是，要是他們真的因此賺了點錢，有了一點名氣，而且每件事都順著他們，沒有人跟他們唱反調，生活中所有枝微末節的事都照著他們的意思走，那麼，你就會養出完全被寵壞，令人無法忍受的屁孩。」

這個現象在職業運動界非常常見，因此，對托尼來說，最令人驚喜的一件事，就是當年輕有為的運動員表現得不像屁孩，而像個有禮貌的普通人。運動員身邊總是圍繞著各種唯命是從，奉承討好的人，而且一天到晚被眾人奉為神，久而久之，他們自然就會相信這些言論。網球明星拉法・納達爾腳踏實地的平民作風，因為和大眾預期的常態背道而馳，因此總是為人所津津樂道，而托尼對此深感自豪。

納達爾從小所接受的教養方式，是這些言行舉止的基礎。就算他最後成了超級巨星，托尼和他的父母也絕對會確保他是個謙虛的巨星。要是有人讚賞他的謙虛態度，這很常見，他們也會認為那是過度的褒獎。「謙虛是你應該要有的態度，句點，」托尼說道，「那沒有什麼特別值得讚賞的。更何況，我想我不會用『謙虛』這個詞來形容拉斐爾。他只不過是很清楚自己的本分，安分守己。每個人都該如此。重點是，這個世界很大，你不必自以為自己有多偉大。人們有時候會過於誇大謙虛這回事。謙虛僅僅只是有自知之明，知道自己的本分，並且瞭解這世界就算少了你還是會繼續運行，不會有任何改變。」

儘管托尼的直覺反應，是試圖鎮壓姪子所表現出的任何一點得意或自滿，這不表示他看不見姪子的天生本性，或是他父母對他的影響。「我認為就算讓他自由發展，他也不會變壞，」托尼承認道，「因為儘管做法不同，他的父母和我一樣，都是比較嚴肅的人。再說，他本身也不是那樣的人。他從小就很乖，這表示這個孩子很聰明，因為他知道大人懂得比較多；他懂得尊重大人，因為他們對這個世界更有經驗。因此，我相信我們手上握的，已經是最一流的素材，但我還是決定繼續鼓勵他往這個方向走。當我發現他非凡的潛力時，我就想，除了他身為選手的網球技巧外，我希望在場上能看到他是怎麼樣的一個人？我希望他有個性，但不會賣弄、炫耀。我不喜歡愛擺架子的人，但是在網球界，這種人比比皆是。因此，我嚴禁他在比賽時摔球拍，嚴格要求他打球時必須擺出我所謂的『好臉色』——冷靜而嚴肅，不可以有生氣或不耐煩的表情；而且我也一再強調，不管輸贏，都要和對手保持運動家精神和親切的態度。」

尊重他人；不論他們的身份、職業為何，一視同仁地尊重所有人，就是一切行為處事的基礎，托尼說道。「最令人無法接受的，就是天生衣食無缺的人，對其他人粗魯無禮。不，位階越高，你就越應該尊重其他人。要是我姪子不是他現在這個樣子，要是他在球場上發脾氣，或是對對手無禮，還被電視轉播讓全世界的人都能看到，我一定會氣死。當然，要是他對主審或是對球迷沒有禮貌，我也會非常生氣。我老是掛在嘴邊的，也是他父母常常說的話，做個有教養的好人，比做個厲害的球員更加重要。」

托尼自己也是個有教養的好人，因此，他也很清楚自己有時候對姪子「太超過」了。他在訓練時對納達爾的嚴厲程度，其實都是有意識，而且經過精心計畫的策略。一如他在姪子小時候，對於各種比賽成就始終如一的貶抑回應。當納達爾在比賽中擊出漂亮的正手拍時，他會說，你的反手拍還有很多要加強的地方；當他連續把好幾個落地球都漂亮地打到深入對方底線時，他會說，好，那你的截擊打得怎麼樣呢？當他贏了一場錦標賽冠軍，他會說，那也沒什麼大不了的，再說，你的發球又表現得如何呢？

「你現在的成就還不算什麼，」托尼會這麼說，「我們要再努力，加倍努力！」

其餘的家庭成員對此非常不解，以納達爾的母親來說，她有時候會忍不住生氣。他父親塞巴斯提安也有自己的擔憂。拉斐爾叔叔有時候也覺得，托尼對姪子可能太嚴厲了一點。而他的教父，也就是他的舅舅胡安（Juan），甚至曾說，托尼對納達爾的所作所為，幾乎可以稱的上是種「精神虐待」。

不過，托尼對納達爾這麼嚴厲，是因為他知道納達爾可以忍受，而且最終能因此闖出一片天。他很肯定地說，他絕對不會把一模一樣的原則，加諸於其他不夠強大的孩子身上。後來，因為照情況看來，托尼似乎說得有道理，因此，家中最抱持懷疑態度的幾個人才沒有搞家庭革命。家中唯一一個從來沒質疑過托尼的人，是米格安赫爾，他是職業足球員。他是堅忍不拔原則的另一名信徒，他幾乎和托尼本人抱持著相同程度的信念，米格安赫爾說，頂尖運動員的成就來自於「受苦」的能力，甚至要能享受苦難。

「也就是說，你得接受一件事，如果你今天得訓練兩小時，你就是要做滿兩小時的訓練；如果你得訓練五小時，就是要做滿五小時；如果你得重複同一個動作五萬次，就做五萬次。這就是冠軍選手和一般天才選手的不同之處。這都和所謂的冠軍心理有直接關係；你展現出身體耐力的同時，你的心理素質也會跟著變強。平常收到的禮物，除非有特別的紀念意義，否則你可能不太會在意，但是，靠自己努力得來的東西，你一定會非常珍惜。」這個論點在家中佔了上風，因此就連納達爾的母親也不曾真的去找過托尼，要他對孩子別那麼嚴厲。他們瞭解，對納達爾來說，和托尼在一起的那無數個小時，身心靈各方面都完全處於極端狀態，但他們兩人也因此培養出了一種特殊情誼，他們沒有對方就難以過活，更不用說取得什麼網球上的成就。

家人雖然偶有抱怨，但還是繼續讓托尼用他的方式進行訓練，他們都尊重他在自己領域中的霸權，那是種斯巴達式的統治，誰都不准抱怨，而受訓中的年輕戰士必須接受各種考驗，忍受匱乏，任何藉口都永遠不會被接受，不管是多麼正當的理由都一樣。納達爾永遠都有錯。如果他輸球的原因，是因為球拍框裂了一個縫，托尼不會聽他解釋；如果他表現不佳，是因為球拍線拉得不夠緊，球被打偏了，托尼也不為所動。要是他發燒了，或是膝蓋痛，或是今天在學校過得不開心：托尼都不會聽他解釋。納達爾必須咬緊牙根，堅持到底。

第三章　沒能成真的足球明星

費德勒在第二盤第一局，一分未失地保住了自己的發球局。如果說，在贏得第一盤之後，我腦中的某個小角落產生了絲毫得意的情緒，現在也完全消失無蹤了。他以他那一派看似輕鬆愜意的動作，連續發了四個好球，我根本連回擊都沒辦法回擊。要重演法國公開賽決賽的戲碼，是絕對不可能的，當時他總共只拿下四局，我更以六比〇的比數贏得最後一盤。他很拼命，要是他今天再贏，就會是他連續第六度贏得溫布頓冠軍頭銜，這是史無前例的成就。他獲得的勝利已經不計其數，佔據了霸主地位很久很久，他打球的其中一個目的，如同他自己所說，正是「為了創造歷史」。贏得眼前這場比賽，對他和對我來說都非常重要，而輸了的一方都將感到無比痛苦。

第二局輪到我發球，他表現得比過去都更火力全開。一般來說，他在場上都比我冷靜許多，但在這一局，他使出技術超凡的正手拍連拿兩分，一次直線回擊，另一次則擊出了對角球，而且兩次回擊都伴隨著得意的嘶吼。他破了我的發球局，也打亂了我的思緒。當費德勒突然拿出這種不同凡響的表現時，你所能做的，就只有試著保持冷靜，等待鋒頭過去。史上最厲害的球員處於絕佳狀態時，你也無能為力；現在，他眼中的網球跟足球一樣大，而且揮拍力道十足，充滿自信，擊球更有如雷射光般精準。這種情況無法避免，你只能讓自己做好萬全準備。你不能因此而洩氣，你得記得——或想辦法說服自己——他沒辦法每一局都維持這樣的強度，畢竟——就如同托尼常常提醒我的——他也只是個凡人罷了，只要你保持冷靜，繼續照著比賽計畫走，繼續消耗他的體力、牽制他，他的超人狀態遲早會結束。他的心理會鬆懈，你的機會就來了。不過這一次，他的超人狀態維持了比較久。他接著拿下自己的發球局，一派輕鬆。我才好不容易保住了自己的發球局，他又緊接著再度拿下自己的發球局。感覺這一盤比賽才過了五分鐘，他就已經以四比一領先。我在第一盤拿下的勝利，感覺已經是很久很久以前的事了。

但話說回來，對於克服比賽中的挫敗，逆襲扭轉賽況，我也是非常有經驗的選手。我有足夠經驗能應付這種情況。沒有什麼比溫布頓決賽更重大的比賽，但是不管是什麼比賽，比賽時的緊張情緒和一場比賽的重要性都有個限度，一如我永遠不會忘記，小時候參加比賽時的緊張和獲勝時的狂喜，儘管孩提時代最大的夢想，僅僅是巴里亞利群島青少年足球冠軍，或是贏得西班牙U12全國網球錦標賽。贏得那座網球冠軍獎盃那年我十一歲，那天晚上，大家都非常高興，除了托尼之外；他就是沒辦法克制自己要澆我冷水的直覺反射，他澆熄了整場派對的歡樂氣氛。他假裝成記者，打電話到西班牙網球協會（Spanish Tennis Federation），詢問這項錦標賽過去二十五屆的冠軍名單。然後，當著全家人的面，他開始唱名，一一唸出每一屆冠軍的名字，然後問我知不知道他們是誰。誰誰誰，你知道他是誰嗎？不知道。這個人呢？不知道。那這一個呢？不知道。結果，在這二十五個人之中，總共只有五個人後來在職業網球界小有成就，我大概依稀有聽過他們的名字。托尼一臉得意地說，「看到了嗎？你要在職業網球界成功的機率是五分之一。所以，拉斐爾，今天贏了也不要太高興。未來的路還很長、很辛苦。而且全都得靠你自己努力。」

另一件要靠我決定的事，是我接下來對網球的認真程度，看我願不願意放棄足球，專攻網球。這是我這輩子所面對過最困難的抉擇之一，還好最後是靠外在因素幫我做出了決定。

當時我已經開始一週訓練五天，而且經常出國參加網球錦標賽，在歐洲各國出戰、擊敗跟我同齡，來自世界各地的頂尖好手。不過，我在週間依舊持續參與足球隊的訓練，然後在週末參加各種比賽。此外，還有我母親經常提醒我的學校功課要顧。必須放棄其中一項。我不想放棄足球，光是用想的就讓我心碎。但到頭來，我其實別無選擇。我自己很清楚，我父母也知道，我無法全部兼顧。但是，要不是因為足球隊換了個新教練，要我放棄足球可能會讓我更加煎熬。之前那個教練，我真的非常愛他，他知道我沒辦法每次訓練都到，但他還是很樂意讓我參加比賽，因為我是隊上的最佳射手。新教練比較嚴格，他說，要是我沒辦法像其他隊友一樣每次訓練都到，我就不能上場比賽，就算一個禮拜只缺席一次，我也會被踢出球隊。所以，結果就這麼決定了。

要不是因為那個教練，我的人生可能會完全不一樣。我父親認為我有機會成為很棒的職業足球員。他說我去足球訓練時，總是比隊上所有人都更努力。而且我總是抱持著相當不尋常——甚至可以說是瘋狂——的信念，不管情勢如何艱難，我都深信我們的球隊能夠獲勝。

我老是懷疑，我父親對於我的足球天賦似乎太過有信心了。我雖然是蠻厲害的，但其實也沒有那麼優秀。網球才是我真的表現出色的項目，儘管我喜歡足球的程度和喜歡網球差不多，甚至更多。我雖然是巴里亞利群島足球錦標賽決賽隊伍中的一員，但卻是西班牙全國U12網球錦標賽冠軍，也是同一年U14全國錦標賽的決賽選手之一。我比足球隊其他隊友的年紀小一歲，但是在網球比賽中，我經常是比對手小上兩歲，甚至三歲。

我得做選擇，而所有證據都清楚指向，我必須選擇網球。我不後悔，因為這是正確的決定，更何況，我也不是個喜歡執著於無法改變的事情上的人。再說，我想我當時就非常明白，這個決定是正確的。在YouTube上可以找到我十二歲時，在西班牙U14錦標賽上接受電視訪問的影片。在影片中，我先提到我每天下午從四點訓練到八點，然後接著說，「我很喜歡踢足球，但那只是好玩而已。」我還不滿十二歲，就已經有職業選手的架勢了。

托尼的訓練絲毫沒有鬆懈，毫不留情。十三歲那年，有天在馬納科的訓練結束後，我不知哪來的突發奇想，想用跳的跳過球網，結果根本就是災難一場。我天生手腳就不太協調。我在網球場上看似能輕鬆抓住節奏，其實都是努力練習而來的。在家裡，我是出了名地笨手笨腳。我的教母瑪麗蓮還記得，在我小時候，每個星期天我們一家人都會出門去騎腳踏車，但是我總是不想參加。我在腳踏車上老是覺得很彆扭，在摩托車上也是。但是這兩者都是馬約卡島東部，也就是我住的地方，最普遍的交通方式，因為這邊地勢平緩；但是因為怕摔倒，我對腳踏車和摩托車都不太熱衷。在我拿到駕照的時候，瑪麗蓮驚呼，「我們大家有危險了！」我一直把這句話放在心上，開車也一直非常小心謹慎。

我的教父胡安總說，我的笨手笨腳是遺傳自我母親，她小時候也經常摔倒或是撞到東西。那天在馬納科訓練完，我試圖跳過球網時的下場就是如此。我被網子絆倒，摔了個狗吃屎，全身的重量都壓在手腕上，結果手腕扭傷。更慘的是，我還流血了。托尼一點同情心都沒有，他說，「拉斐爾，你根本腦袋空空！」我教父當時也在場，儘管他平常很克制自己，小心不在公開場合批評托尼，這一次他真的忍不住了。「托尼，」他說道，「你這次真的太超過了。」

胡安開車載我到鎮上的診所包紮。他很火大，說我叔叔很不應該。他瞭解托尼是要訓練我，堅強面對未來的比賽，但他這次真的太超過了。我因為很痛所以沒說話，但我比胡安更清楚的一點，就是托尼對我有多重要，尤其是，現在我把全副心力都放在網球上，無論我當下有多不高興，要在任何人對托尼的不滿之上煽風點火，引起更多家人間的衝突，或是讓自己對他懷有敵意，都是非常不明智的行為。我一心一意只想在網球界闖出一片天，任何會阻撓我完成夢想的事，不管是和朋友一起度過悠閒的暑假，或是對托尼產生敵意，都必須先放到一邊。

因為托尼是對的。他雖然常常讓人感到非常火大，但是從長遠的角度來說，他是對的。托尼教給我的種種殘酷教訓，比如說我試圖跳過球網那天的教訓，都讓我更能承受職業運動員必須忍著疼痛上場比賽的重擔。甚至在轉成職業球員前，我就開始實踐托尼的教導；那是我贏得西班牙U14全國錦標賽時，也是我被球網絆倒摔了一大跤之後沒多久。那是我人生中印象最深刻的勝利之一，因為我在決賽時，不只要努力打敗對手，還得克服讓我舉步維艱的疼痛感。錦標賽在馬德里舉行，我的對手湯瑪．薩爾瓦（Toméu Salva）是我當時最好的朋友之一；他直到現在都還是我最要好的朋友之一，我從十二歲開始就和他一起接受訓練。

我在錦標賽一開始，第一輪的比賽中就不慎跌倒，導致左手小指骨折。但是我不願意退賽，而且在托尼嚴厲的眼神注視下，我也不敢發出任何抱怨。我在前一年的比賽中打進了準決賽，而今年，我打算要拿下冠軍。我一路順利過關斬將，最後在決賽打敗了薩爾瓦，以六比四拿下第三盤獲勝。從頭到尾我只能用四隻手指來握球拍，任由斷掉的小指垂掛在一旁，軟綿綿的，了無生氣。我沒有包紮它，因為那會讓我更難握拍擊球。最困難的是正手拍抽球；但是，在打雙手反拍時，重量大都會轉移到右手。我忍著痛比賽，甚至一度幾乎完全忘了疼痛的感覺。這是專注力的問題，我把比賽之外的一切全部拋諸腦後。在我的職業生涯中，也一直謹守這個原則。狄丁看過我好幾次在比賽前狀態極糟，但是一旦比賽開始又生龍活虎，他的判斷是，比賽時的腎上腺素能幫助我止痛。無論真正的原因是什麼，當我回頭看那個青少年時的拉斐爾，我為他感到無比驕傲。他為我設下了一個堅忍不拔的標竿典範，也時時提醒著我，你可以靠意志力戰勝一切，而且當你真心渴望得到某樣東西時，再大的犧牲都是值得的。

我在決賽和薩爾瓦對打時所忍受的一切，一直到我拿下最後一分後，才現出原形。疼痛感突然猛烈襲來，我甚至連獎盃都舉不起來。最後，還得請別人幫我拿著獎盃，才能順利拍下紀念照。

差不多也是這個時期，在我十四歲的時候，我有個機會能切斷自己和托尼的這層關係。當時，我獲得一個獎學金，可以搬到巴塞隆納，在聖庫加特（San Cugat）的高效能訓練中心（High Performance Centre）接受訓練，那是全歐洲數一數二的專業網球學院。那又是我人生中，必須做出的另一個重大決定，但是說實話，我很不會做決定，直到現在都是如此。球場上轉瞬間的決策，沒問題，但是要仔細思考，好好衡量利弊的那種決定，我真的沒辦法。（所以在某方面來說，我真的很感謝幾年之前，足球隊來了那個新教練，插手幫我決定放棄心愛的運動，選擇完全投入網球。）在這種時候，我會先聽聽其他人的意見，再想辦法權衡各方論點；我不喜歡在還沒完全掌握各項事實前，就發表意見。而在搬去巴塞隆納這一件事情上，我採納了我父母的意見，更勝於托尼的想法，而他們兩個的意見都很明確。首先，我們很幸運，家裡的經濟狀況許可，讓我不必依靠獎學金的幫助也能持續接受網球訓練，因此，我父母的觀點是，「他和托尼訓練得很好，再說，還有什麼比留在家裡對孩子更好的嗎？」他們最大的擔憂，不是我的網球比賽成績，而是我獨自一人在巴塞隆納，沒有家人的陪伴，可能會迷失了方向。他們不希望我成為迷途的青少年。對他們來說，讓我能健全地成長，比在網球生涯中取得好成績更為重要。

我很高興我父母做了這個決定，因為在我內心深處，我也不想離開家，而今天回頭看當初的決定，我更覺得慶幸。雖然托尼有時候真的很讓我抓狂（那陣子他很喜歡跟我約早上九點訓練，但是卻一直到十點才出現），但我知道我跟他有股極佳的默契。我再也找不到比他更好的教練、更好的導師。

在巴塞隆納，我可能會被成功沖昏頭。但是有托尼和我的家人在，就絕對不會，他們全部都串通好，聯手合作確保我保持腳踏實地的態度——就連我妹妹瑪麗貝也不例外。我還記得在法國塔布（Tarbes）舉辦的青少年錦標賽上，發生了一個小插曲，就跟她有關。錦標賽名稱叫「小小Ace球」（*Les Petits As*），當時我十四歲。這場賽事被視為青少年選手的世界錦標賽，現場吸引了相當多觀眾，許多人認為在這裡可以搶先一睹未來大明星的風采。我拿下了那一年錦標賽的冠軍，也第一次嚐到將來成名後的滋味；許多和我同年甚至年紀稍長的女孩紛紛上前向我索取簽名。我的父母看到這個情況，一方面覺得好笑，一方面也有點警覺。因此，我父親叫當時才九歲的瑪麗貝也去跟大家排隊，然後等輪到她時，用最阿諛諂媚、最假惺惺的甜美語氣說，「納達爾先生，請問可以跟你要一張簽名照嗎？」同時，我的父母站在遠處觀望，露出認可的笑容。其他人可能真的覺得我非常了不起，但我的家人可不。

同一年，我還跑到南非去比賽。那是我生平第一次離家那麼遠。我在西班牙贏得一系列由Nike贊助的錦標賽後，獲得前往南非參加總冠軍賽，Nike世界青少年網球錦標賽（Nike Junior Tour International）的資格，來自世界各地的冠軍選手，將在這場總冠軍賽上一決高下。托尼不確定我是不是該去參加。一如往常地，他不希望我因此而得意自滿。但是，基於讓我對未來職業網球選手四處征戰的生活有所準備的立場，他也認為讓我去到不熟悉的遠方，和同年紀、來自不同國家的選手一同比賽是有好處的。托尼一直猶豫不決（他雖然很固執己見，但是說到做決定卻非常優柔寡斷，甚至比我還誇張），但我父親卻毫不遲疑。他打電話給偶爾會跟我在帕爾馬訓練的教練喬佛瑞．波爾塔（Jofre Porta），問他是否願意陪我到南非比賽，波爾塔一口答應。當天晚上我們就出發了，從馬德里轉機，連夜飛往約翰尼斯堡。托尼雖然看起來不太高興，但他心裡應該也覺得鬆了一口氣，因為他有飛行恐懼症，而這麼一來，他就不用忍受長達十二小時的飛行。

身為網球選手，我對那次比賽相關的部分記得的不多，但是身為第一次踏上非洲大陸的興奮孩子，我對那次的旅行印象深刻。比賽在太陽城（Sun City）舉行，那是個位於非洲草原中心，非常奢華、讓人驚艷的大型度假飯店，裡面有一個超大的游泳池、瀑布，還有人造海灘，然後，附近就看得到獅子和大象。可以近距離和這些野生動物接觸真的很刺激——但也不要太近。他們帶我們到一個地方，可以摸摸白獅子寶寶，甚至把牠們抱起來，但我沒有摸。我不喜歡動物，連狗都不太喜歡；我怕牠們攻擊我。但在我的記憶中，南非之旅非常刺激，而我也剛好在旅程中贏得了一個網球錦標賽冠軍。決賽當天早上發生的事，充分證明了我當時還是很幼稚，儘管在付出了無數小時，跟著托尼循循善誘的辛苦練習後，我還是非常不專業。那天早上，我花了兩小時踢足球，這讓主辦單位非常傻眼，覺得自己的賽事不被當成一回事，因此，他們去找波爾塔，希望他能叫我停下來。但他沒有這麼做，他知道自己代表了我父母的想法，因此，他回答主辦單位說，要是遠渡重洋來參加錦標賽卻不好玩，那我就會對網球完全失去興趣。

我從南非回來後才知道，我教母本來在我祖父母家安排了一場派對，要慶祝我贏得比賽，她甚至還掛起了大字報。但我連看都沒看到，托尼聽到風聲後，馬上生氣地扯下牆上的海報，把東西全拿走了。儘管我教母在海報上寫的標語是帶著開玩笑、作弄我的語氣——一邊慶祝一邊給我漏氣——托尼卻一點也不覺得有趣。他在我祖父母家門口攔截我，跟我說，「你可以回家了，我跟你教母還有你祖父母好好談一談之後就過去找你。」我不知道他到底跟他們說了什麼，但根據我教母後來跟我說的，基本上大意就是：「你們瘋了嗎？你們到底想對拉斐爾做什麼？你們會毀了他。不要把他做的事情看得那麼重要！」

托尼還不罷休。他之後還跑來我家找我，說：「好，我們不能浪費時間。我明天早上九點在樓下等你，我們開車到帕爾馬做訓練。」我大吃一驚，驚訝到起身反抗，我回他，「托尼，你知道自己在說什麼嗎？」他回答道，「我在說什麼？就是要你九點在樓下準備好去訓練。我會等你，不要逼我上樓來。」我很氣憤，那股熟悉的感覺，感覺自己受到不平等待遇的委屈感又出現了。「你是認真的嗎？如果是的話，你真的是瘋了。你覺得這樣公平嗎？」我繼續說道，「我才剛搭了十四、十五個小時的飛機回來，你難道就不能讓我放一天假嗎？就一天。」他說，「那我們明天九點見。」我回答道，「好，但我不會出現。」但我還是出現了。我悶悶不樂、憤憤不平，心情差到極點，但是在九點整準時出現。

他是對的，儘管我非常憤慨，但是內心深處我知道他是對的。又一次，他的目的就是要避免我有一絲一毫「相信」我的成就的可能，避免我認為我的成就是值得慶祝，或是可以用來當作跳過訓練的藉口。我父母比托尼更愛慶祝，不像他那麼愛潑人冷水，但這一次，他們同意托尼的做法。每當有親戚朋友在我贏球時跟我說恭喜，我母親的回答總是千篇一律：「拜託，也沒什麼大不了的。」

我母親把給我加油打氣的心力，放在我比較不擅長的領域，比如說學校課業。也因此，儘管我父母不願意將我送到巴塞隆納，他們還是決定在我滿十五歲那年，讓我跟隨父親和托尼的腳步，到帕爾馬就讀寄宿學校。於是，我進入了巴里亞利體育學校（Balearic Sports School）就讀，學校完全符合我的需求——教授普通學校的課業內容，又排了很多網球練習時間——而且離我家只有一小時車程。但我在那裡卻過得很痛苦。我父母——尤其是我母親——擔心過多網球練習，會阻礙我的課業學習；但是我卻擔心，花太多時間讀書，會讓我的網球技巧生疏。因為課業，我錯過了參加溫布頓青少年錦標賽（Wimbledon Junior Tournament），以及羅蘭加洛斯球場（Roland

Garros）的法國網球公開賽青少年組比賽。「但這些比賽都很重要！」我向母親抗議道。但她只是回答我，「沒錯，我相信它們很重要，但我向你保證，你之後還有機會參加那些比賽，相反地，要是你現在放棄課業，你未來絕對沒有機會再參加並通過考試。」

在我父母看來，體育寄宿學校是最有可能讓我同時達成兩個目標的選項。我不會說他們犯了大錯，因為我確實通過了大考，但是那一年我卻過得相當痛苦。我不需要也不想要生活中的任何事情發生改變。我很滿足於我所擁有的一切。但是，就在一夕之間，我開始瘋狂想家，想念我的父母和妹妹，想念和叔叔、姑姑、祖父母聚在一起吃飯，想念晚上一起看電視轉播足球比賽——不能和大家一起看足球，是我覺得最慘的——還有家常菜。此外，學校的生活作息很嚴格，我們每天早上七點半起床，八點到十一點上課，然後打網球兩個半小時，之後吃飯；下午接著，從三點到六點先上課，然後六點到八點打網球跟做體能訓練；然後，晚上九點到十一點，還要繼續讀書。那對我來說實在讓人吃不消。我該做的兩件事，課業和網球，都做不好。我記得當時在寄宿學校唯一的一件好事，就是我每天都累得不得了，所以每天都睡得很好。寄宿學校的另外一個可取之處，就是我每個週末都能回家，還有就是，沒錯，我取得了畢業資格，可以圓滿完成學業。

我母親希望我能繼續升學，並參加大學入學考試。因此，在我十六歲時，她幫我報名了一個遠距課程，但是我把課本給弄丟了，放在前往加納利群島的飛機上忘了帶走，於是我接受正式教育的歷程就此結束了。我不認為我是故意把書弄丟的，那頂多是再次證明，我對網球以外的事情，有多麼心不在焉。我也不後悔自己放棄念大學的機會，因為我從不後悔，就這麼簡單。我對這個世界充滿好奇，我喜歡接受新知，瞭解現在發生了什麼事，而且我認為，我在這幾年間所學到的人生經驗，是大學課程永遠無法教會我的。

有趣的是，我在寄宿學校的經驗完全承襲了托尼，他也非常想家。至於我的父親，他則從來沒有這種感覺。面對生命中的考驗，他總是能見招拆招。我的性格不如父親那般堅毅，托尼也一樣，但是，我將堅忍不拔的原則，確實應用在我的網球事業上。托尼教我理論，我父親則展現實際作為；托尼教我要忍耐，而父親則是我仿效的榜樣。

父親和托尼兩人的個性南轅北轍。托尼口若懸河，是個哲學家；我父親則是個善於傾聽的實踐家。托尼喜歡發表意見，我父親負責做決定，永遠保有一顆冷靜的頭腦。托尼難以捉摸，我父親沉著穩重。托尼會偏心，我父親卻很公正，他是家族中的實踐者。托尼的生涯計畫就是訓練我，而且他做得無懈可擊；不過，只比托尼年長兩歲的父親，已經白手起家，創立了一間又一間公司。他全心全意專注在自己的目標上，但他也將家人奉為自己的首要任務。他很老實，也小心翼翼地守護家族的名聲。他名下的各個公司，創造了數十個工作機會，同時，也讓我們能有相當好的生活條件，讓托尼能專心栽培我。

這兩者是相依相存的。托尼投入一生的心力栽培我，卻從沒收過我或是家族任何人一毛錢，但他可以這麼做的原因，是因為他擁有我父親公司的一半資產，因此收益的一半也歸他，但他卻不需要過問任何營運工作。這是很公平的交易，因為要不是我父親以此為目標努力工作，我絕對不可能有這麼多時間和托尼一起訓練。

我父親在工作上最大的特點，就是他勇於面對問題、找出解決方案，俾使工作順利完成。而這一點，也是我認為自己傳承自父親，而非托尼的一點。托尼是我的網球教練，也是我的人生導師。他的工作利器就是話語：他鼓勵我、譴責我、給我建議、教導我。但那就是他所能做的一切，剩下的要靠我自己；要將他的話語化為行動的，是我。我的教母常說，我父親天生就是贏家，而我在網球場上也展現出和他如出一轍的特質。我想她說的沒錯。我在我的專業領域中是勇猛的鬥士，一如我父親在他的領域中一般。

然而，對大眾來說，他是躲在陰影中的人物。他自己也很愛說，「我是拉斐爾・納達爾的兒子、米格安赫爾・納達爾的哥哥、拉斐爾・納達爾的爸爸——從來不只是我自己。」其他人可能會因為這個情況而心生妒忌，或有難掩的怨恨，但我父親是真心樂在其中。他父親因為音樂才能而在馬納科享負盛名；他弟弟是出名的足球員；他兒子則是有名的網球選手。也就是說，我父親在他人生中的各個階段，都得以他是另一位納達爾的兒子／哥哥／父親來自我介紹，或是被他人介紹。此外，當他說，「你好，我是塞巴斯提安・納達爾」時，對方總是會回答，「就是某某某的兒子／哥哥／爸爸，對嗎？」自從我父親有記憶以來，當地的新聞媒體，至少一個禮拜會有一篇關於納達爾的報導，但報導的對象從來不是他。不過，他從來不曾因此感到困擾，因為他真的完全不想出名，不想成為眾所皆知的大人物，更不想要受眾人簇擁。只要我們能瞭解，他努力工作，力求成為家庭支柱，他就滿足了，而這幾年來，他更是我個人的堅強後盾。

正是我父親這個生意人，在我的職業網球生涯初期，就提出應該為我打造一個專業團隊，處理相關事務。所以除了托尼之外，我們還找來了瓊安・佛卡德擔任體能訓練師，綽號狄丁的拉斐爾・梅莫擔任物理治療師，安赫爾・科托羅（Ángel Cotorro）擔任我的私人醫生，班尼托・佩雷茲・巴巴迪尤負責和媒體聯繫溝通，並聘請卡洛斯・柯斯塔擔任我的經紀人，他是國際管理集團IMG旗下的經紀人，這間運動行銷公司在網球界非常吃得開。說到和我的網球生涯相關的商業事務，我父親一反過去一直以來的直覺說道，他認為我們應該接受家族以外的人所給的意見。我告訴他，我百分之百信任他，如果他認為要跟其他能提供客觀意見的人合作，我也沒意見。因此，他找了一個曾經多次合作，值得信賴的生意夥伴加入，這個人也是我從小就認識的。老實說，我對商業相關事務其實不太關心。至於行事總是偏向保守的托尼，對於將團隊擴張至核心家族以外的人，則不太同意，但我父親很堅持，他說，如果我們的目標是攀上顛峰，我們就得認清自己的不足，並尋求其他專業人士的幫助。我父親是團隊裡的策略軍師，但在其他人沒有空暇幫忙時，他也一樣會負責處理一些瑣事，比如說幫贊助商要幾張溫布頓的門票，或是安排從飯店到比賽舉行的俱樂部的交通等等。在各種大小事不斷發生的時候，就靠我父親幫我維持事物的秩序，保持冷靜和好心情，讓我能在網球場上全神貫注地拿出最佳表現。

這麼說並不是要貶低托尼的角色在我生命中的重要性。儘管我們有過許多衝突，他終究是我叔叔，我愛他。不過，我生活中主要的動力來源，一直都是我父親，他和我母親一起打造了一個堅固、快樂的家，要不是有這個基地，我絕對無法成為今天這樣的網球選手。雖然，對她來說，這也許不是最好的結果，因為她基本上完全犧牲了自己——放棄了自己開的香水店——就為了成全我們，我妹妹、我父親和我。她天生就熱愛與人互動，喜歡學習、探索新事物，但自從我出生後，她的生活就完全被這個家給綁住了。她是自願這麼做的，因為她從不懷疑，確信這就是她的天職。我常覺得她為了我們實在犧牲太多了。但如果她的目標是要讓我們能有足夠的空間和愛來成長，那她做得非常成功。當我父親在外為自己的事業打拼時，她負責形塑我們的價值觀，打點我和妹妹的教育，陪我們寫作業，餵飽我們，陪伴我們，隨時都能為我們提供一切幫助。低估她的角色在我人生中的價值，或是，舉例來說，認為她的重要性不如托尼，這不僅非常不公平，更是相當盲目的論點。就像她偶爾也會抱怨道，「你難道喜歡看到各大報章到處寫滿了，是別人幫你把孩子養大的嗎？」

但也就像我告訴母親的，現在讓他佔據我網球生涯的中心位置是好的，這對我有好處。他教會我許多對比賽非常有用的知識。而我認為我母親，雖然有時候百般不願，但還是能瞭解這個道理。

對於父母所給我的一切，我永遠也無法報答他們，但我能做到的，是努力不違背他們所教導我的人生價值觀，努力做個「好人」，因為我知道，這世界上沒有比不做個好人更讓他們痛心，更讓他們感到被背叛了的事。當然，要是除此之外，我還能以贏得大型錦標賽冠軍，像是溫布頓，來帶給他們更多歡樂、喜悅、滿足，那更是令人激動的紅利。因為我的勝利，就是他們的勝利。我知道這一點，而他們也很清楚。

不過，在溫布頓決賽第二盤，我以四比一落後費德勒的時候，這恐怕不是我腦中最主要的念頭。但是，我能夠相信這只是另一座等待我攻克的大山，這種信念很大一部份來自於家人給我的穩定感，以及值得效仿的榜樣。

然而，當時的情況非常不理想。我面對的是溫布頓錦標賽的萬王之王，而費德勒更拿出了超水準的表現。他打得比我好太多了。在觀眾的眼中，費德勒看起來一定突然變得非常雄壯威武，安逸舒適地徜徉在自己的中央球場王國之中。旁觀者可能會想像我在腦中跟自己說，「我的天啊，我快不行了。二〇〇七年的故事又要重演了。」但事實並非如此。我腦中想著，「這種強度他撐不過這一盤的，再怎麼樣也撐不過接下來三、四盤。我還很好，手感還在。只要繼續照著比賽計畫走，就可以挽回情勢。」最重要的是，絕對不要放棄任何一分。

接著，我便開始得分了。比我預期的還快，或者說，比我預計該發生的時間還早。我保住了自己的發球局，然後又很幸運地破了他的發球局。這是他的一大挫敗，他難以接受，分了神，掉出了他剛才進入的超人狀態，我補上重重一擊，又再破了一次他的發球局。他打了幾顆不太結實的球，通常是因為他在面對我一連串往他反手方向攻擊的球後，整個人處於非常彆扭的姿勢，拱手將他剛才看似輕鬆就能贏下的分數送給了我。他又開始覺得彆扭了，感覺到壓力，臉上表情馬上露了餡。他也咆哮了幾聲，帶著猛烈的怒火。這完全不是費德勒一貫的風格。這個時候，我在表面上看起來比他冷靜許多，也許內心裡也真的是如此。不過，我並沒有突然變得比平常更厲害，我也打出了幾顆壞球，沒掌握好應該可以輕鬆拿下的幾個致勝球。同時，我也不是那種喜怒不形於色的人。我會因挫敗而大吼，或是因為失望而閉上雙眼，看過我比賽的人都很清楚。但只要我在球場上一站好，準備迎接下一輪發球，挫敗感就會消失無蹤，被遺忘、被刪除，唯一重要的，就是當下。

我追到五比四領先，輪到我發球。他拿下第一分，然後我發了一記非常靠近他身體的好球，讓他沒辦法回擊。十五比十五平手。接著，我以一記在他正手位置，深入底線的抽球拿下第二分，這一球和我在比賽開始時拿下的第一分非常雷同。但他緊接著又拿下一分，三十比三十。這是非常關鍵的一分。接下來，就在我拍著球，準備拉起身體發球時，主審打斷了我，「時間違規：警告，納達爾先生。」顯然我在每一分之間的準備時間拖得太長，超過規定的二十秒還沒有發球——這項規定極少執行。但這是非常危險的違規。因為一旦收到一次警告後，之後每次違規都必須接受罰分的處分。這下，我的專注力受到極大考驗。我可以選擇把事情鬧大，因為我看得出來，周圍觀眾和我一樣，都為我抱不平。但我也知道，連想都不用想，在現在這個節骨眼上，顯露出情緒對我有百害而無一益，我極有可能會因此失去眼前最珍貴的資產，也就是我的專注力。再說，情勢還是站在我這邊，我差兩分就能拿下第二盤了。於是，我隨即將主審說的話拋出腦外，接著以非常出色，而且對我而言相當不尋常的一擊，贏下這一分。反手拍切球，對角線出擊，讓他來不及追到網前。那真的是特別大快人心的一分。不只是因為這一分非常關鍵，更是因為無論我贏過幾場錦標賽，我都希望我能夠在這個過程中不斷進步，而反手切球正是我努力了好一陣子，一直希望能更精進的一個技巧。這不是很多網球選手會特別想練習的技巧，因為現在的比賽都講求速度，但是，我相信這個技巧能給我一些優勢，多一個選擇，讓我能改變比賽的節奏，擾亂對手。但剛才這一球，完全超乎我自己的期待。一般來說，反手切球算是防守型的回擊，但是，我剛剛突然變出的那套戲法，卻可以算的上是我職業生涯中最精彩的致勝球之一。而且，這一球也讓我順利拿到盤末點。不過，費德勒也馬上反擊，追平了比分；但我現在手感熱得發燙，感覺自己所向無敵。這一局後來又出現兩次平分，費德勒總共拿下三次破發點，但最終，他不夠果斷的反拍一揮，擊球掛網，輸掉了這一局，也輸掉了這一盤。那是個出現在關鍵時刻的非受迫性失誤，而且，還是在一場非同小可，勢必會出現極高比例致勝球的關鍵賽事中。現在，我以六比四、六比四連贏兩盤領先。只要再拿下一盤，我就可以抱走溫布頓冠軍頭銜了！

但我還聞不到勝利的芬芳，一點也不。這可是費德勒，比賽時對上他，絕對不能輕易鬆懈。除此之外，我知道這一盤最後，比分以六比四做結，結果並不公平，他這一盤從頭到尾都打得比我更好。他只要拿出相同，甚至差一點點的表現，就有可能贏得下一盤。我也許在心理戰上佔了上風，但只要我稍有鬆懈，他就能打敗我。我抬頭看到天空黑壓壓的，好像要下雨了，比賽可能會被迫延期到星期一。但是，不管發生什麼事，我都會正面迎戰。計分板上說我連下兩盤，以二比〇領先，但是在我腦中，比賽還停留在〇比〇。

宗親氏族

塞巴斯提安·納達爾因為他在二〇〇八年溫布頓冠軍賽，觀看兒子和費德勒對戰時所穿的那件外套，被家人狠狠地取笑了一番。那根本不是他的外套，他抱怨道。比賽開始前他找不到外套，所以請兒子的公關長佩雷茲·巴巴迪尤幫忙，沒想到他最後只弄來一件有著銀色直條紋的深藍色外套，再配上他的深色墨鏡，和中央球場的一片粉白色調非常不搭嘎，看起來像個三流的西西里黑手黨老大。至少，他的弟弟們就是這麼形容他的，而這正是他急於為自己辯解的形象。

感覺上，這身黑幫打扮並非全然不稱頭。畢竟，納達爾家族的團結親密，確實有那麼幾分西西里黑手黨的感覺。他們住在地中海上的小島，而且他們除了是家人，更是氏族——好比影視作品中的柯里昂家族和索波諾家族，但是沒有為非作歹，也不會隨身攜帶槍械。他們說著小島上特有的方言，對彼此有著絕對的忠誠，所有生意都由家族的人打點，無論是米格安赫爾和巴塞隆納足球俱樂部的合約、塞巴斯提安的玻璃公司，或是他們全都分了一杯羹的房地產事業都一樣。

就拿他們家族在馬納科市中心所買下的五層樓建築來說，這座建築物位於歷史悠久的七苦聖母教堂旁，而教堂直入雲霄的尖塔，更是鎮上的指標。在納達爾十歲到二十一歲間，整個家族——包括祖父母、父親和他三個弟弟一個妹妹，以及他們各自的配偶和如雨後春筍般不斷增加的孩子——都住在同一棟公寓大樓裡，分層別戶，各家大門不分晝夜地開放，整棟公寓大樓儼然就是一座巨大的家族莊園。

在離馬納科八公里遠的濱海度假村基督港，他們也有一棟類似的房地產。一樓給祖父母住，二樓是塞巴斯提安一家，三樓則是納達爾的教母瑪麗蓮，四樓是拉斐爾叔叔。托尼住在馬路另一邊，米格安赫爾也住在在同一條街上。

納達爾的祖父母正是一手策劃這個住房安排的人，而這樣的安排在像馬約卡這樣家人關係非常緊密的社會中其實不太稀奇。在這裡，兒女到三十幾歲還跟父母同住是很常見的事。「讓大家團結在一起，是我和我太太努力的目標，」音樂家爺爺老拉斐爾．納達爾說道，「我們沒有花太多力氣，就說服了孩子買下那幾間房子。我從他們小時候，就一直灌輸他們要有家族凝聚力，胳膊要往內彎的想法」。

這也就是為什麼，當米格安赫爾簽下職業足球合約時，大家都很有默契地同意由大哥塞巴斯提安擔任他的經紀人，而且分毫不取。塞巴斯提安根本不會想到要跟弟弟抽成任何獎金收入。要是你確實遵從納達爾家族的行事守則，你就是不會那麼做，塞巴斯提安解釋道。塞巴斯提安、米格安赫爾、托尼這三兄弟，以及納達爾他們的做法，是成立「納達爾投資公司」（Nadal

Invest），將錢投入房地產買賣。至於納達爾來自西班牙和國際各大公司的贊助合約，一開始也是由塞巴斯提安親自處理，其中最主要的是早期的Nike合約。塞巴斯提安現在是重大事務的最終決策者，他已經繼承了父親老拉斐爾・納達爾的大家長一職：負責訂定價值觀、維持秩序。

「我寧願失去一切，寧願放棄一切——金錢、財產、車子，一切——也不願意和家人鬧翻，」塞巴斯提安說道，「對我們而言，和家人斷絕關係是連想都不會想的事。這從沒發生過，而且未來也永遠不會發生。我是說真的，不開玩笑。忠於家族是我們最重要的一條規矩。這條規矩勝過一切。我最好、最親密的朋友就是我的家人，然後才是其他朋友。家族團結就是我們的生活支柱。」

因為這項原則被貫徹的如此徹底，所以他們刻意迴避那些應該是非常自然的反應，而從不在納達爾獲勝時恭喜他。納達爾的教母瑪麗蓮曾經這麼做過，結果托尼和納達爾當下的反應，都是一副不可置信地看著她說，「妳在幹嘛？」「他們說的沒錯，」瑪麗蓮說道，「那感覺就像我自己跟自己道賀一樣奇怪。因為我們任何一個人的成功，都是所有人的成就。」

第四章
蜂鳥

現在還是不可以鬆懈。兩盤打下來，我以二比〇領先，還差一盤就能拿下溫布頓冠軍，場邊的觀眾可能會覺得，我畢生的夢想現在已經是囊中之物。但我可不允許自己有這種念頭。我要一分一分穩穩地拿下，我要忘卻其他一切事物，抹滅過去和未來，讓自己專注在當下。

費德勒拿下第一局，我比分掛蛋，他的發球和致勝抽球，在在都顯示出他還沒放棄拼搏，真要說，這也更能幫助我保持專注，提醒我領先也不代表什麼，唯有能夠在長期抗戰後獲勝才是一切。我開始幫自己做心理準備，因為比賽看起來真有可能要變成長期抗戰了。一方面是因為天空又變得黑壓壓一片，很有可能會下雨，但最主要的原因，是因為費德勒持續以剛開賽時的氣勢在打球，頻頻擊出致勝球，輕鬆保住發球局，更一次又一次拿到破發點，讓我必須努力奮戰，才能阻止他拿下這一盤。

有人問過我，會不會覺得自己掃了費德勒的興，會不會覺得自己的出現剝奪了他再創新紀錄的可能？我的答案是，「何不換個角度看看？為什麼不是他掃了我的興呢？」要是沒有他，在二○○八年時，我可能已經蟬聯世界第一的寶座長達三年，而不用屈居第二，眼巴巴地等著出頭的一天。確實，我想要是沒有我或沒有他，我們其中一人都能擁有更輝煌的成就。但是事實上，我們這樣的宿敵競爭，也讓我們獲得更多國際關注——至少我們都引起更多贊助商的興趣——因為這讓網球運動更有趣。一人連勝，這是我們在西班牙的說法，也就是當同一名選手不斷贏得勝利，這對選手本人來說是好事，但是對整個運動項目來說卻不見得有利。而我認為，對整個運動項目有利，其實就是對我們兩個有好處。每當我們兩個要碰頭時，就會點燃球迷的興奮情緒，因為我們是第一和第二種子，因此通常都是在冠軍賽才會碰上，而球迷的情緒也會感染我們。我們對戰了非常多次，其中絕大多數都相當精采刺激，也幾乎都是我們生涯中的關鍵戰役，因為經常都是大滿貫賽的冠軍決賽。表面上看來，我的勝場比較多——在二○○八年溫布頓決賽前，我以十一比六勝出——但那是因為我們在紅土球場上對戰的次數也比較多，而紅土正是我的強項。要是不看紅土球場的比賽，你會發現勝場數比較勢均力敵。

我這麼說的意思，並不是說這世界上就沒有其他厲害的網球選手，有能力，而且也確實曾經打敗過我們。像是喬科維奇（Djokovic）——尤其是喬科維奇——還有莫瑞（Murray）、索德靈（Soderling）、德波特羅（Del Potro）、貝爾迪赫（Berdych）、貝爾達斯科（Verdasco）、大衛・

費瑞爾（David Ferrer）、達維登科（Davydenko）……等等。但根據各項比賽紀錄顯示，自從我在二〇〇六年攀上世界排名第二的位置後，費德勒和我就主宰了各大錦標賽，並經常在各大賽事的決賽上碰頭。也就是說，我想我們兩個都有感覺，我們兩個宿敵競爭的關係，在一般觀眾心中一次又一次變得更加魔幻。大家對我們的對戰期待越高，我的表現也就越好。每次和費德勒對戰，我都覺得我必須拿出最頂尖的實力，必須表現得完美無缺，而且必須維持毫無破綻的表現才有可能勝出。至於他，我認為他和我對打時，攻擊性更強，更積極，比和其他選手對戰時更努力用抽球和截擊創造致勝球，因此，他也必須冒更多險，必須全力以赴才能獲勝。

究竟是他讓我成為更好的選手，或是我讓他更上一層樓，我也說不準。但是，托尼總是不斷提醒我——我也知道他說的沒錯——費德勒在技巧上比我更有天賦；但托尼這麼說不是要打擊我的信心，而是因為他知道，這麼說能激勵我繼續精進自己的能力。有時候我會看費德勒比賽的影片，然後震懾於他的優異表現，更訝異自己曾經打敗他。托尼和我看很多網球的影片，尤其是我的比賽片段，贏的和輸的都看。大家都知道要從失敗中記取教訓，但除此之外，我也會試圖從獲勝的經驗中學習。你得記住，在網球比賽中，就算獲勝也往往都是贏一點點，比賽本身就有數學邏輯上的不公平存在。不像籃球，誰在比賽中累積比較多得分就能勝出。在網球比賽中，結果通常不是取決於整場比賽中誰得了比較多分，而是在於誰能在關鍵時刻得分。那也是為什麼網球運動那麼講究心理素質。因此，你絕對不可以被勝利的念頭分了心。當然，在獲勝的那一刻，好好享受歡騰的狂喜。但接著，當你回頭去看比賽的影片，就會發現——有時甚至讓人不寒而慄——你只差一點點就會輸掉比賽。於是你必須分析原因：是因為我的專注力下降了嗎？是因為我在某方面的技巧還需要精進嗎？或者兩者皆是呢？

重新仔細而不帶情緒地觀看比賽影片，還有另一個好處，就是在純粹欣賞、佩服對手的技巧，觀摩他們擊出真的非常漂亮的致勝球的同時，我也能學著接受那個失分，輸得更心服口服。有些球員在對手打出Ace球，或是因為對手一記精彩的穿越球而失分時，會感到憤怒、絕望，那樣的反應無疑是邁向自我毀滅之路。而且，有那種想法也太瘋狂了，那意思是你真的相信，在某個完美的網球國度中，自己能夠整場比賽，從頭到尾都壓著對手打。只要你能多讚賞對手一點，只要你能接受對手確實打出讓你無法招架的一球，只要你能以旁觀者的角度去看待，並以寬大的度量去欣賞對手精彩的演出，你就能感覺心理比較平衡一些，為自己找回內心的平靜。此外，還能減輕自己的壓力。你在心裡鼓掌叫好，但是表面上雲淡風輕，並且馬上把注意力放到下一分，不要去想說是網球之神在跟你作對，或是你今天狀態不佳，而是要去想，接下來你還有無數機會能打出讓對手無法招架的一球。

說到底，你必須明白的一點是，頂尖選手之間的實力差距極小，基本上可以說根本沒有差異，而我們對戰的結果，往往就取決於那區區幾分。當我說，或是當托尼說，我成功的一大關鍵要素在於謙虛，絕對不是多愁善感，也不是打官腔，更不是要表現得好像我是成熟穩重、品格高尚的人。瞭解謙虛的重要，就是瞭解在比賽的關鍵時刻，保持絕對專注的重要，並知道你不可能光靠老天給的天賦就取得勝利。我不喜歡拿我自己去跟其他選手比較，但我真心相信我在心理素質方面，確實比其他人更有優勢。這不是說我什麼都不怕，我每年也還是會擔心今年的表現。我真的會擔心——而原因正是因為我知道各選手間的高下差距極小。但我也認為我接受困難、克服挑戰的能力，確實比其他選手來得優秀。

也許就是因為這樣我才那麼喜歡高爾夫球，打高爾夫球也必須運用我從網球訓練中得來的技能，在高壓下保持冷靜。當然，你還是需要一點點天賦，再加上大量練習，但在高爾夫球中最關鍵的一點，就是不可以讓一次不理想的揮桿，影響之後的比賽。在網球圈以外，我最欣賞的運動員，非老虎伍茲（Tiger Woods）莫屬了。在他生涯的全盛時期，我在他身上看到我希望自己也能擁有的特質。我喜歡他打球時一副勝券在握的表情，但是，我最喜歡的是他的態度，是他面對比賽決定性關鍵時刻的方式。他也會在揮桿不理想時對自己生氣，但當他下一輪再站上球場準備揮桿時，就重新集中注意力。他幾乎都能在比賽壓力升高時做到該做的事，幾乎不曾做出錯誤的決策。而最好的證據，就是他從來沒有在最後一輪進入領先榜時，輸掉任何錦標賽。要做到如此，你當然必須非常厲害，但光是厲害還不夠，你得要能夠判斷什麼時候該冒險，什麼時候該保守，必須能夠接受自己的失誤，並抓住眼前的每一次機會，知道什麼時候該選擇這個打法，什麼時候該選擇另一種打法。我從來沒有崇拜過任何運動偶像，就連足球選手也沒有。我小的時候，確實特別欣賞來自馬約卡的網球選手莫亞，但從來沒有發展成瘋狂球迷的盲目崇拜。因為我天生的個性、文化背景，以及我的家教方式就是不會如此。但我人生中曾經最接近偶像崇拜的對象，絕對就是老虎伍茲。但我最欣賞的不是他的揮桿，甚至也不是他擊球的技巧，而是他冷靜清晰的腦袋、他的決心、他的態度。我真的超愛。

他是我的榜樣，也給了我很多啟發，不管在網球，或是在高爾夫球上都一樣。在高爾夫球方面可能有點太過頭了，至少我朋友是這麼認為，他們總覺得我把高爾夫球看得太嚴肅了。問題是，他們只是打好玩的，但我卻很難不在比賽中全力以赴。也就是說，當我和朋友一起上到高爾夫球場時，我就會像是要上場面對費德勒一樣，把每天日常的情緒都擺到一邊去。在開始比賽前，我總會說一句話，來將場上的敵對狀態和場下的好感情劃清界線。我會很認真地看著球友，然後說，「決一死戰，對吧？」我知道他們都在我背後拿這件事來開玩笑，但我才不會改。我在高爾夫球場上絕對不會和藹可親，從第一洞開始，一路到最後一洞都一樣。

確實，打高爾夫球所需要的專注力不如打網球時那麼緊湊，在網球比賽中，要是你不小心分神三、四分鐘，可能就會丟掉三、四局比賽；打高爾夫球時，每一次上場揮桿的間隔都超過三、四分鐘。打網球時，你必須在轉瞬之間決定要抽球搶致勝球，切球做防守，或是上網做截擊；而在高爾夫球場上，要是你想的話，可以花三十秒評估情勢，準備揮桿。也就是說，你在每一輪都有非常多時間可以跟旁人說笑，聊點別的事情。但我可不是這麼打高爾夫球的，就算是跟叔叔們打球，或是跟我的好朋友薩爾瓦，更不用說跟我妹妹的男朋友打球了，他可是業餘高爾夫球選手。我謹守老虎伍茲的榜樣。比賽從頭到尾，我幾乎不跟對手說上一句話。當然，我也不會在他們擊出好球時讚美他們。他們常常抱怨，也會生我的氣，說我很沒有禮貌。他們說我打高爾夫球時，比在網球場上還有攻擊性；在網球場上我還會微笑，但在高爾夫球場上我從來不笑，直到比賽結束為止。我和我朋友——他們有些人高爾夫球打得比我更好（我的差點數值是十一）——最大的不同之處在於，我不明白，在運動比賽中不全力以赴，還有什麼意義？

我對訓練的態度也差不多是如此，有時候，我在錦標賽期間選來和我一起練習的選手會抱怨，我的訓練強度太強、速度太快，或是我不給他們時間暖身，他們十分鐘就累癱了。在我的職業生涯中，經常收到這種抱怨，但我可沒有把靈魂出賣給網球，我確實為網球付出非常多的努力，但我不認為那是種犧牲。雖然說，我確實從六歲起就每天從不間斷地練習，而且我對自己的要求也非常高。在我每天嚴格進行訓練的同時，我的朋友們天天開派對、熬夜狂歡。我並不認為我因此而犧牲了什麼，因為我一直都非常熱愛網球。但那也不是說，我從來沒有想要做點不一樣的事情過——像是在前一晚徹夜狂歡後，賴在床上睡懶覺而不去練習。不過，就像我說的，我確實會出去玩到很晚，玩通宵的那種，那是馬約卡式的夜生活，尤其在夏天更是如此。我幾乎不喝酒，但我還是會跟朋友出去跳舞，有時候甚至會一路玩到早上六點。也許我錯過了其他年輕男孩會經驗的一些事，但總的來說，我覺得我做了非常好的取捨。

有些選手過著苦行僧般的出世生活，但我不是，那不是我對過生活的理解。網球是我的熱忱所在，但同時也是我的工作；我盡忠職守，做好分內工作，就彷彿我今天是在父親的玻璃公司或外祖父的家具店上班一樣。而任何職業都一樣，不管收入有多可觀，每種工作都各有各的辛苦。當然，我真的非常幸運，不但是世上少數幾個熱愛自己工作的人，而且我的職業還能帶給我非常可觀的收入，我從來沒有忘記這一點。但不管怎麼說，這就是一份工作，我就是這麼看待這份職業的。否則，我不會這麼認真地進行訓練，比賽時也不會這麼嚴肅、緊繃、專注。訓練不好玩，當有家人或朋友到場看我跟托尼或是其他他們認識的職業選手練習時，我可沒心情開玩笑或是微笑，他們都很識相，知道要保持安靜，就像在溫布頓看我打練習賽的觀眾一樣。

因此，我偶爾也需要放鬆享樂，出去徹夜狂歡，或是和堂弟堂妹踢足球，再不然就是去釣魚，這是對付打網球這項高壓、高強度活動的最佳解方。我的家鄉老友對我來說都非常重要，晚上有空時，不跟他們去我們在馬納科或基督港最愛的酒吧走走，就是任由珍貴的友情被逐漸沖淡，消逝。這絕無好處，因為當你心情好，生活過得很快樂時，對網球表現也有幫助，對訓練情形和比賽結果都有好處。完全剝奪自己享樂的權力，只會適得其反。你會慢慢累積滿腹苦水，開始討厭訓練，甚至討厭網球，或是對網球感到厭倦，我知道有不少過度奉行刻苦耐勞原則的網球選手都是如此。我相信各項兼顧是有可能的，只要確定自己能保持必要的平衡，絕對不能忘了最重要的是什麼。在某些特殊情況下，我甚至會跳過一大早的練習，把當天的訓練改到下午。但是要注意，千萬不能讓特例變成常態。你可以偶爾把訓練改到下午，但絕對不能連續三天都改在下午進行訓練。因為這麼一來，就是讓訓練變成自己的次要目標，當訓練不再享有絕對優先權，就是表現走下坡的開始。這樣一來，你倒不如直接開始準備退休吧！放鬆享樂的先決條件就是要守規矩，嚴格遵循訓練規範：沒有任何協商空間。

話雖如此，我現在的訓練時數，已經不如我十五、六歲時那麼多了。那時候，我一天訓練四個半，甚至五個小時，大都是跟托尼，但有時候是跟體能訓練師佛卡德練習。佛卡德也是馬約卡人，他和一般人想像的體能訓練師很不一樣，不是那種一身肌肉，理個大光頭的士官長形象。他和托尼同年，都是一九六〇年生，非常有文化涵養，熱愛閱讀，也對電影癡狂，他腦筋動得飛快，一頭長髮在腦後紮成馬尾。他讀遍相關領域的所有論文，為我量身打造了一套訓練菜單，針對我網球技巧的每一個層面進行強化。當他在我青少年時期（他從我十四歲開始訓練我），幫助我加強肌力時，從沒想要把我打造成健美先生的體格，或是把我訓練成田徑高手。接受短跑或長跑訓練，對網球沒有幫助，因為網球不是佛卡德所謂的「直線」運動。網球是種間歇式的運動，身體必須承受長時間開開關關的爆發力，突然衝刺然後又急停。佛卡德說，網球選手必須以蜂鳥為學習的榜樣，因為蜂鳥是世上唯一同時擁有體力和速度的動物，牠們能維持每秒振翅八十次長達四小時。因此，我們的鍛練不是為了增肌而增肌。那麼做只會適得其反，因為打網球講求的是力量和速度的平衡，不成比例的大肌肉會拖慢你的速度。佛卡德總在我們一起開車，從我家到海邊健身房的路上，向我講解理論知識。我們的訓練內容千變萬化，不過在我十六、十七歲時，我們經常使用一個專門設計來幫助太空人，避免肌肉在無重力狀態下逐漸萎縮而使用的運動器材。我靠著拉動綁有金屬飛輪的繩索來鍛鍊手臂和雙腿的肌肉，特別是手臂的肌肉，靠著鍛鍊能提升加速度，這也就是我的正手上旋球旋轉速度，和當代其他選手相比之下特別快的原因（他們說有科學研究證實了這件事）。利用這個「溜溜球」飛輪裝置——這個器材就叫這名字——我一度可以不靠任何槓片就達成相當於一一七公斤的重量訓練。那段日子，我也靠著在雙槓上把自己吊上吊下來訓練手臂，增強肌力。我們也做過水中運動，用過踏步機和室內划船機，還有做點瑜珈。我們不只鍛鍊肌肉，還會訓練關節與肌腱，以避免運動傷害，並提升我的柔軟度。至於跑步方面，我們也做了各種訓練組合，讓我能快速改變方向，以及快速地左右來回側向移動。我們做的每一項練習，都是模擬網球運動對身體帶來的特殊壓力，訓練我去適應網球運動隨時必須快速跑動又突然急停的特性。佛卡德還很強調一件事：就算在我完全沒有意願，不管是很累、心情不好，或是其他原因，反正就是不想做的時候，他還是會堅持要我完成既有的訓練規劃。因為在打錦標賽的期間，可能會有幾天我就是覺得不對勁，透過這樣的訓練，我才能確保自己在狀態不佳時，還是有辦法上場比賽。

我從青少年時期開始，就一直保持相同的訓練態度：和比賽時一樣嚴謹。每當我需要有人推我一把時，佛卡德自有辦法。他會利用我的好勝心，跟我說，「你知道這個動作卡洛斯・莫亞

（也是接受他訓練的選手）可以在三十秒內做十次嗎？不過，既然你今天比較累的話，我們做八次就好了。」然後，想當然耳，我就會一口氣做十二次。

我父親和叔叔們每個都人高馬大，身材壯碩，所以我擁有一副高挑、健壯的運動員體格一點也不令人意外。但是，因為我在網球領域平步青雲，進步神速，我在青少年時期，就必須格外努力訓練，來提升肌力，以和成年職業選手對戰。過了好幾年後，我的對手才漸漸變成和我同年或比我年輕的選手。

我以頂尖職業選手身份，在男子職業網球協會主辦的ATP等級賽事中所贏得的第一場勝利，是我十六歲生日的兩個月前，在馬約卡公開賽（Mallorca Open）中，擊敗拉蒙·德爾加多（Ramón Delgado），他整整大了我十歲。贏得這場賽事後，我成功晉級比ATP巡迴賽（ATP tour）低一階的未來賽（Futures tour），更一口氣連贏六座錦標賽冠軍。如此一來，我便獲得了參加ATP挑戰賽的資格，這通常是世界排名一百到三百的選手互相較勁的場合。在這段期間，我的對手年紀大約都落在二十、二十二、二十四歲左右。到了二〇〇二年底，我十六歲半時，世界排名已經來到一百九十九。在二〇〇三年初，我擊敗德爾加多，取得生涯突破性進展不到一年後，我打進了兩個頂級的ATP世界巡迴賽（ATP World Tour）賽事，分別是蒙地卡羅（Monte Carlo）大師賽和漢堡（Hamburg）歐洲公開賽。在蒙地卡羅大師賽中，我再度取得了突破性的成就，而且比打敗德爾加多更不可思議：我打敗了二〇〇二年法國網球公開賽的冠軍，阿爾伯特・柯斯塔（Albert Costa）。而在漢堡歐洲公開賽，我更打敗了自己的良師兼益友莫亞。他們兩個當時都是世界排名前十名的選手，而且都是大滿貫賽冠軍得主。在四個月內，我的世界排名就從一九九迅速攀升到一〇九。但是很不幸地，我卻在最糟糕的時機受傷了；我在訓練時不慎造成肩膀受傷，休息了兩個禮拜才復原，也因此錯過了第一次踏上羅蘭加洛斯球場參加法國公開賽的機會。不過在那之後沒多久，我就得到了第一次參加溫布頓錦標賽的機會，而且一路打到第三輪才被淘汰。那一年，我獲得男子職業網球協會票選「最佳新秀獎」。我是個急躁的青少年，極度過動，充滿活力，不管是在訓練或是比賽，我都以每分鐘一千轉數的速率超高速運轉。

到了二〇〇四年，我的身體終於受夠了，大喊「停！」我這一年的活動，都因為左腳骨的一個小裂傷而被迫大幅縮減，從四月中到七月底都沒辦法出賽。也就是說，上不了羅蘭加洛斯球場，也進不了溫布頓球場。那個時候，我的世界排名已經衝上了三十五，而要在受傷休息——那是我生涯中第一次因為受傷而暫停出賽，不過後來又發生了好幾次——之後重新復出再抓回節奏，非常不容易。當時，那對我來說簡直慘不忍言，但長遠來說，那或許是件好事。因為身體上有了弱點，讓我的心智更加強健。再說，我的腦袋可能也需要一點時間休息。家人的智慧和支持，以及托尼為了幫助我面對困境所做的安排，讓我沒有感到絕望，相反地，在他們的幫助下，我對獲勝的慾望，以及我願意為獲勝付出一切的決心，在這段時間也變得愈加堅定。

休息養傷的那段時間，讓我學到了所有頂尖運動員都應該留心的一課：我們各個都是極度幸運的特權份子，但享有這些特權和好運的代價，就是我們的職業生涯往往都在我們還很年輕時就必須結束。更慘的是，受傷和病痛隨時都可能讓我們的職業生涯中斷，可能就在一轉眼間，你突然就被迫得準備提早退休了。因此，首先你必須喜歡你做的事，再來，眼前的大好機會也許錯過就不再有，你必須竭盡全力，把握每一次機會，鞠躬盡瘁，把每一次都當成最後一次來努力。托尼曾經告訴過我這個道理，但現在，在我焦躁不安地休息養傷時，我親自體會到了。隨著年資漸深，我也能更清楚地聽到生理時鐘的滴答聲響。我知道，要是能繼續留在頂尖級別的賽事中一路打到二十九、三十歲，我絕對會是世界上最幸運、最快樂的人。第一次嚴重受傷的經驗，讓我在年紀輕輕時就體認到，對職業運動員而言，時間過得有多快。而體認到這一點對我非常受用。就像我朋友薩爾瓦說的，我很快就變成了「老成的年輕選手」。我認為我學到的這一課非常寶貴，所以我總是努力在各方面都依照我記取的教訓行事。

但我的努力也不是每次都能奏效。二〇〇四年，在我傷後復出的一個月後，就在美國網球公開賽的第二輪對上了安迪．羅迪克（Andy Roddick）。羅迪克是上一屆的美國網球公開賽冠軍，他是個肩膀寬闊、球技出色的選手，而對那一天的我來說，他的肩膀太寬、球技太出色了。我瞬間掉回現實世界，逼著自己認清事實，無論我取得了多少成就，終究只是個還沒長大的孩子。當時，身材比我壯碩許多的羅迪克，世界排名第二，只落後剛把他擠下第一名寶座的費德勒。比賽在法拉盛草地公園（Flushing Meadow）的快速球場上進行，這個場地我到現在還是不太能完全掌握。面對羅迪克的重砲發球，我毫無招架之力，比賽結果只能說是一敗塗地，心靈重創程度甚至比最後的比分六比〇、六比三、六比四更慘不忍睹。

不過，那年年底我就有了雪恥的機會。

二〇〇四年的重頭戲，就是代表西班牙參加台維斯盃（Davis Cup）；台維斯盃之於網球，大概就像是世界盃之於足球那般。我第一次參加台維斯盃，對上的是捷克共和國的選手，那年我才十七歲，當下馬上就愛上了台維斯盃的氛圍。第一，因為我是個驕傲的西班牙人，這不是什麼陳腔濫調，因為在西班牙，有很多人對自己的國籍認同不太明確，他們對地區的認同比對國家的認同更強烈。馬約卡是我的家鄉，也是我永遠的家——我很懷疑自己會有離開這裡的一天——但西班牙是我的國家。我父親對這件事也抱持完全一樣的看法，最好的證明就是我們兩個都是皇家馬德里的死忠球迷，那是來自西班牙首都的足球俱樂部。我熱愛台維斯盃的另一個原因，就是參加比賽時，能讓我重溫團隊歸屬感，我在十二歲那年放棄足球運動後，這一直是我最大的遺憾。我是個群居動物，非常需要有人在我身邊，因此，命運——化身為托尼叔叔的樣貌——確實很有趣，最後竟讓我選擇了以如此孤獨的運動項目，踏上職業選手一途。在台維斯盃的比賽中，我得以重溫那種集體的興奮感，就像我永難忘懷的童年回憶，也就是我的足球隊贏得巴里亞利群島冠軍盃時的興奮之情。

不幸地，我的台維斯盃大冒險出師不利，連續兩場比賽，一場單打一場雙打，都輸給了捷克隊。比賽在我最不擅長，也就是球速最快的場地舉行：室內硬地球場；這裡的空氣阻力是所有類型的球場中最低的。但是到最後，我卻搖身一變，化身英雄，贏得最後也是最具決定性的一場勝利。整體來說，我的表現並不特別精彩，而且也非常有可能被人指名道姓當成害群之馬（「他小小年紀在這裡做什麼？」），但幸運的是，當你以台維斯盃最小幅的比分差距，三比二，驚險勝出奪下勝利時，其他一切都不重要了。

接著，我們對上荷蘭隊，並贏了比賽，但那跟我一點關係也沒有，因為我唯一出賽的一場雙打比賽，輸了。不過，當我們在準決賽遇上當時實力堅強的法國隊時，情況就不一樣了。那是我第一次在西班牙境內代表西班牙出賽，比賽在地中海沿岸城市阿利坎提（Alicante）舉行，當地觀眾以我從未體驗過的熱情，在場邊搖旗吶喊。我們的隊伍也非常優秀，由世界排名前十的卡洛斯．莫亞和胡安卡洛斯．費雷羅（Juan Carlos Ferrero）領軍，另外，還有世界排名十二的湯米．羅布雷多（Tommy Robredo）。我在雙打比賽中擊敗了對手，但在這些大咖隊友之中，我可不奢望隊長會挑上我去負責打單打比賽。他們確實沒有選我，但是莫亞突然身體不舒服，而且他指明推薦由我幫他代打上場。我順利贏下比賽，而且贏得很漂亮，我們也因此晉級，將在決賽中對上美國隊。

直到這一刻，我才終於感受到參加台維斯盃該要有的緊張感。要是我年紀再大一點，或許我會更清楚意識到，我肩膀上所承受的，全國人民的期待有多重。現在回頭看，我認為當時的自己太過魯莽草率，完全靠腎上腺素打球，而沒有用大腦思考。但就在看到決賽場地的那一刻，我突然清醒過來，倒抽了一口氣。比賽在美不勝收的塞維亞（Sevilla）舉行，但是比賽場地卻不是最美的。那完全比不上溫布頓中央球場，我也不可能在比賽開始後聽見每一次擊球的回音。總之，可以肯定的是，寂靜無聲的環境是不會出現的了。在那裡，絕對感受不到任何緩衝或是與世隔絕的感受。他們利用半個體育場，臨時搭建出一座網球場，四周是總共可以容納兩萬七千人的觀眾席：歷史上觀眾人數最多的一場網球比賽。此外，塞維亞人更是出了名的熱情，你不用奢望到時候場邊會出現像溫布頓球場，或是任何我曾經比賽過的場地上的那種寂靜肅穆的氛圍。那會是一場在喧鬧的足球迷面前上演的網球比賽。不過，在決賽階段，我只確定自己會參加一場雙打比賽，而儘管那場比賽的壓力應該會由我和搭檔羅布雷多一同分擔（實際上，身為我們這個組合中的資深老將，他才會是為比賽輸贏承擔絕大部分責任和壓力的一方），那年才十八歲半的我，卻清楚感受到一股前所未有，在我過去十年馬不停蹄四處征戰的網球生涯中都未曾有過的巨大壓力和緊張感。我們的對手是雙胞胎選手鮑伯・布萊恩（Bob Bryan）和麥克・布萊恩（Mike Bryan），他們是世界排名第一的雙打組合，同時可能也是史上最強的雙打組合。沒有人期待我們會贏，但有種特別的感覺正在發酵，城市裡醞釀的情緒，還有每當有人在街上看到我們時的興奮反應，這是我從沒想過可以在網球比賽前夕所獲得的體驗。

我完全沒有放棄希望，但是根據隊長的計算，我們會輸掉雙打比賽；滿分五分的比賽中，我們會拱手送上一分給美國隊，然後最關鍵的就是我們的第一把交椅莫亞，他負責的兩場單打比賽都必須贏下來。他可以打敗美國隊的第二王牌馬爾迪・菲什（Mardy Fish），但是要打敗羅迪克，這還有很多變數。我們有場地優勢，紅土球場是我們最擅長的場地，卻不是他最擅長的場地。但他是非常難纏的對手，是重砲型的美國選手，而且當時他世界排名第二，比排名第五的莫亞前面許多。大家都看好莫亞，因為他在自家球迷面前比賽，有主場優勢，但是，也不是十拿十穩。另外，費雷羅當時的世界排名是二十五（他的成績應該更好，但是那年因為受傷而排名下滑），我們都預期他會打敗菲什，但對上羅迪克，勝算就一半一半。我們的獲勝關鍵在於拿下兩場對羅迪克的單打比賽，因為我們完全認為我們可以連續擊敗菲什兩次。

至少，按照統計數據來說是如此，我們的估算邏輯很合理。但要是菲什贏了其中一場比賽呢？那不會是網球史上最驚人的事，我們每個人都曾經意外輸掉比賽（莫亞那年也曾經在跟我比賽時輸球，所以他當然也有可能輸給羅迪克），因此我們完全無法放寬心。不過，我們一致同意，第一天對上羅迪克的第一場單打，也就是我們第二王牌對上他們的第一王牌，會是極度關鍵的一場比賽。要是莫亞順利打敗菲什，而且這場比賽也贏了，那就不用擔心我們在雙打比賽中有沒有爆冷獲勝。而且，我們只需要在最後一天，也就是第三天的兩場單打比賽中贏下至少一場就可以了。到時候，壓力小了，莫亞在這場雙王牌之爭中打敗羅迪克的機率自然會隨之增加。而且就算莫亞輸了，菲什接下來也得面對一人輸全隊輸的巨大壓力，這對我們來說也會是一項優勢。

因此，根據我們在開賽前一天的看法，最重要的一場賽事，就是我們的第二王牌對上羅迪克的比賽。而我們的第二王牌應該是費雷羅，他是二〇〇三年法國網球公開賽冠軍，也是美國網球公開賽決賽選手。但是，他卻不是負責出賽的第二王牌，要上場的是我，我要在第一天的比賽中對上羅迪克。而且不是因為費雷羅受傷了，而是因為我們的三名隊長一致決定應該由我代替他出賽。所以，本來應該在場邊觀賽，努力卯足全力為隊友加油打氣的我，突然變成了場上的主角。隊長的勇氣，或說魯莽（很多人都這麼認為），讓我猝不及防、措手不及。費雷羅曾經登上世界排名第一的寶座，而我的排名還沒突破前五十過。再說，我的雙打搭檔羅布雷多當時的世界排名也有十三。要是費雷羅不上場的話，最合理的，自然是由羅布雷多代替他出賽。我只是隊上的小鬼頭，在全隊內外的人看來，台維斯盃決賽面對美國隊是大人的事，我在那充其量就只能負責在旁邊當啦啦隊罷了。

就算隊友之間再怎麼互敬互愛，網球畢竟是種個人運動，而我們每個人都想上場。要是我當時說我寧願不要上場，也不會有人相信我。上場比賽的壓力和隨之而來的龐大責任感，帶給我的興奮感多過於恐懼。要是我因為這樣就害怕得想逃跑，那我不如乾脆當場就宣布退出職業網壇。不，這是我當時人生中最重要的一次機會，我為此興奮到差點喘不過氣。但是同時，我也覺得心裡不太舒坦，有點過意不去。我還很年輕，還有著初生之犢的勇氣，認為我有機會能打敗羅迪克，但我還不至於那麼傻，我知道讓我上場跟他對抗，是違背自然法則的決定。我的家人從小就教導我要尊敬比我年長的人，而他們今天沒有選中的另外兩名隊友，不只年紀比我大，他們——從任何客觀角度來看——也都比我更厲害。雖然說那個禮拜我在訓練時的表現確實很出色，而費雷羅的表現卻略略有失水準，但我們都很清楚，訓練是一回事，比賽時的表現又是另外一回事。而在這樣的大型比賽中，經驗和體能狀態一樣重要，要是費雷羅不能出賽，比我年長四歲，而且擁有兩項ATP大賽冠軍頭銜的羅布雷多（和當時連一次冠軍都還沒拿到的我相比），勢必應該是接替他的不二人選。

事實是，我是全隊四名選手中排名最低的一個，而且跟其他人差了一大截。我那一年狀態不佳，有大半年的時間都在休息養傷；我沒多久前才慘輸給羅迪克；而且我那年才十八歲。再說，我比其他人更有機會參加之後的台維斯盃比賽，因此，要是我換個角度，從莫亞以及羅布雷多的角度出發，我可以想見這場決賽對他們來說可能比對我來說更加重要。隊上的氣氛變得更緊繃，因此我決定，與其讓隊長們為難，不如我直接去跟莫亞談談。我跟他已經有幾年的交情了，我們一起訓練過很多次。我非常信任他，把他當成自己的哥哥一般看待，而且他也是我的同鄉，馬約卡人。

我問他，「說實話，你不覺得要是由費雷羅上場比賽，你會覺得更舒坦、更有信心嗎？我是說，我還這麼年輕，而且他贏過比我更多的比賽……」莫亞打斷了我，而我直到現在都還記得他當時說的一字一句，他說，「別傻了，你就好好上場比賽，你打得很好。對我來說，這一點問題也沒有。」我們又多聊了一會，我繼續提出抗議，提出更多論點反對由我上場的決定，說這讓我覺得很不好意思。但他說，「別這樣，放輕鬆，好好享受比賽，把握這個機會。隊長決定派你上場，就表示這是他們深思熟慮後的結果。他們相信你，我也一樣。」

事情就這樣解決了。要是我再繼續堅持不該由我上場，只會顯得可笑。第一，因為說實話，我真的非常想上場；第二，因為那表示我在質疑隊長的決定。我當時還只是個青少年，那絕對不是我該做的事。而最極端的選項，也就是發動原則性的不服從抗議，則顯得太愚蠢可笑。

所以，我出賽了，接在莫亞後面上場，他也很好心地先幫我贏下了第一場比賽。雖然說，就算我打敗羅迪克，也不表示我們就會贏得台維斯盃，但那絕對能讓我們先把一隻腳跨過冠軍門檻；而要是我輸了，那麼兩隊的贏面就差不多。我非常興奮，準備大顯身手。我很清楚，這場比賽毫無疑問，是小小年紀的我一生中最重要的一場比賽。同時，我也覺得有點害怕——害怕我還不夠格接受這個挑戰，害怕羅迪克會像在美國公開賽那樣把我打得落花流水，害怕被他拿下六比三、六比二、六比二這樣的分數。那不只會讓我覺得很丟臉，而且對整個隊伍一點幫助也沒有。因為，輸球還沒關係，但是至少要在比賽中消耗他一點體力，讓他在下場比賽前感到筋疲力盡。要是他又痛宰我一頓，我不只會辜負了隊長對我的信任，也辜負了隊友、觀眾、所有人。那場比賽對我來說壓力非常大，那是台維斯盃決賽，而且是在西班牙國內開打，我不只是為自己而戰，而且，沒錯，讓我感到最害怕的一點，就是他們冒著無比的風險做出讓我上場的決定。

但當我踏上球場之後，腎上腺素把這些害怕的情緒都推開了，再加上有場邊觀眾沸騰的情緒帶領著我，整場比賽我全靠本能反應在打球，幾乎沒有時間停下來思考。不管在那之前或之後，我從來沒有在任何一場比賽中獲得如此多的觀眾支持。不只因為我在全西班牙愛國意識最強烈的城市裡揮舞著國旗出征，更因為我是居於下風，不被看好的那一個選手，我是對抗羅迪克巨人的大衛。我幾乎想不到還有什麼跟溫布頓球場上高雅的網球禮節（觀賽時保持沉默：想都別想）相差更遠的景象了。我雖然沒有達成小時候想當職業足球員的夢想，但那次比賽的經驗，是我體驗過最接近足球選手在重大比賽前踏上球場，或是在踢進決賽致勝球時所感受到的氛圍。唯一的差別是，在這裡，全場兩萬七千名觀眾在我贏得每一分時，都會像足球比賽進球那般爆出如雷的歡呼。我也必須承認，我好幾次都把自己當成剛進球的足球員一般，回應場邊觀眾的喧騰。我想我從來沒有在任何一場網球比賽中，振臂歡呼或是跳起來慶祝更多次。我不確定羅迪克對此有什麼想法，但我沒有別的辦法能回應場邊觀眾慶典般的歡騰情緒。一般來說，網球比賽的觀眾對比賽結果的影響，遠遠不及足球或是籃球比賽的觀眾。但在這裡，他們卻帶來了影響。我一直都知道所謂主場優勢的意思是什麼，但在那之前卻從來沒有體驗過。我從來沒有體會過場邊觀眾能帶給你怎麼樣的鼓舞，從不知道觀眾的吶喊能把你推上你從未抵達過的高峰。

我確實需要一點幫助。雖然還不至於血灑球場，但這確實是一場硬仗，羅迪克和我，腳下踩著讓人驚艷的球場，頭上頂著塞維亞溫暖的冬陽。那是當時的我人生中打過最長的一場比賽，總共打了三小時四十五分鐘，連續不斷的來回對打，一來一往的長打，他不斷尋求上網機會，我則是堅守在後場底線。就算我最後真的輸了，至少我也完成了我的工作，先消耗他在兩天後面對莫亞的比賽上所需要的體力；莫亞已經順利贏得了第一場比賽。而我也真的輸掉了第一盤，不過，我們一路打到搶七決勝局，這也讓觀眾的情緒更加激動，我最後連續贏下三盤，六比二、七比六、六比二。這場比賽的很多部分我都還記得很清楚。我還記得面對他一次非常外角的二發，我回擊後球不是從上方越過，而是從旁邊繞過球網打進，成了致勝球。我記得在第三盤的搶七決勝局時擊出的一記反手穿越球，這是比賽中相當關鍵的一刻。我也還記得比賽的最後一分，由我發球，羅迪克在一次回擊時反拍打得太深遠，出界失分。我隨即躺倒在地上，閉上雙眼，當我張開眼睛時，只看到隊友們高興地跳起舞來。耳邊嘈雜的聲響轟隆轟隆的，彷彿一台巨無霸客機從我頭頂上低空飛過。

在總共五場的系列賽中，我們這下就以二比〇領先了。第二天的雙打比賽，我們一如預期地輸了。然後在第三天的比賽，我們最實至名歸的英雄，已經挑戰台維斯盃好幾年了的莫亞，打敗了羅迪克——一切塵埃落定。我不必跟菲什對打，我們已經以三比一獲勝，冠軍獎盃是我們的了！那是我人生中最精彩的一頁，而且，那也是整個網球界突然開始注意到我的契機。羅迪克後來說了些稱讚我的話。他說沒有幾個選手真的有能力面對大場面，但是我絕對是個能夠撐起大場面的選手。在他們選擇由我而不是費雷羅出戰羅迪克的爭議之下，我確實必須承受無比巨大的壓力，但這也給了我無比的信心，能夠獨自面對重大比賽，比如說大滿貫賽決賽的壓力。

你就是你打過的所有比賽的總和，儘管在三年半之後，當我在溫布頓中央球場對戰費德勒，並試圖贏下比賽第三盤時，腦海中完全沒有想到這場台維斯盃決賽的任何細節，當時比賽的過程也已經在我身上留下了印記。至少這個印記在前兩盤都對我有所幫助，我都贏了。但在這一盤一開始，費德勒就打得相當出色，擊出許多漂亮好球，而我則陷入了苦戰。到了第六局更是如此，那是我的發球局，我在打出令人失望的反手拍掛網之後，以十五比四十落後。整場比賽到現在，我終於冷靜不了了，發出憤怒的大吼。我對自己感到生氣，因為我很清楚，那一球我沒有做到我該做的事。我在應該抽球的時候卻切球。我的腦袋辜負了我。我知道不該這麼打，但是卻在一瞬間遲疑了，突然感到害怕，但我還是那麼打了。我選擇了保守的打法，我失去了勇氣。在那一刻，我為此痛恨自己。好消息是，費德勒也很緊繃。這一局對我們兩個人而言都非常緊張，而也因為如此，以網球技巧水準而言，那並不是整場比賽中最精彩的一局。我們兩個都打得不好。唯一的差別是，我在關鍵時刻打得稍微沒那麼差罷了。他在第六局取得四次破發點，但是每一次都被我成功守住，直到我終於取得領先分，並在二發時一舉拿下這一局。

比分來到三比三，輪到費德勒的發球局，比賽進入著名的關鍵第七局。其實第七局也不總是像網球大全形容的那麼關鍵，完全不是那麼回事，不過這一次是真的很關鍵：我看到機會就在我眼前，我也覺得我已經準備好了。費德勒沒能好好把握住上一局比賽，現在一定也備受打擊。比賽從開始到現在，他一共取得了十二次破發點，我則只有四次，但是他只成功破發一次，我則是三次。這就是網球比賽結果只受關鍵得分影響的最好例證，證明網球比賽的輸贏關鍵不在體能上的強弱，也不在天分高低，而是取決於心理素質的優劣。而現在，優勢站在我這一邊，整場比賽的緊張情緒來到最高點，但是氣勢卻換了邊。突然之間，在撐過上一局比賽中他帶給我的巨大壓力後，我突然覺得腳步變得輕盈起來，思緒也更銳利。我往上看了一眼，天空已經烏雲密佈，場上不見一絲黑影。看來這個天終究是要下雨的了。這又是另一個我得把握機會，盡快結束這場比賽的理由。

而那就是我準備要做的。他三次上網，我三次都順利得分。他急了，開始躁進。我以四十比〇領先。突然，從我叔叔姑姑座位的方向傳來一聲加油聲。「加油，拉斐爾！」我往上看，讓他們知道我聽到了。但是一轉眼，風水輪流轉，我被龐大的壓力壓倒了。我打出蹩腳的回擊，甚至沒有打過中場，白白送了他一分。接著，我又沒能成功回擊他的發球。但是那一球真的發得很漂亮，所以又進到下一分。我在被他追成平分之前，還有一次機會能破他的發球局。比分來到四十比三十，接下來這一分，是整場比賽中最讓我我永生難忘的一分，是我揮之不去的夢魘。他第一發失誤，然後第二發打到我的正手位置，是個非常容易回擊的發球，但是我卻徹底搞砸了，把球打到網子上。那是我的第三次機會，但是因為錯失了前兩次機會，我被恐懼攫住了。我失去判斷能力，思緒不再清晰。那是測試心智耐力的絕佳機會，而我失敗了，所以這個回憶才這麼充滿痛楚。我敗在我花了一輩子努力訓練加強的地方。又一次，我發現自己想著，「我可能不會再有這樣的機會，這可能就是整場比賽的轉捩點。」我知道，我當下就錯失了贏得溫布頓，或說差點贏得溫布頓的大好機會。

然後，想當然耳，他連續發了兩個好球，拿下這一局。那真的讓人非常沮喪，但是我得立刻將這件事從我的腦海中趕走。我也做到了。我順利贏得下一局，然後他接著又贏下自己的發球局。此時，費德勒來到五比四領先，然後一如氣象預報所說，雨下了下來。我已經做好了心理準備，所以儘管比賽被迫中斷了超過一小時，我還是能夠很冷靜地面對。我信步走向更衣室，托尼和狄丁也很快就來跟我會合。狄丁幫我換掉了手指上的繃帶，我換了衣服。我們幾乎沒有交談。我沒有心情說話。費德勒看起來倒是很老神在在，和他們的人小聊幾句，甚至還有說有笑。他落後兩盤，但我卻比他更加緊張。至少是表面上看起來比他更緊張。

回到場上，輪到我的發球局，順利保住這一盤，然後兩局之後，再次守住這一盤。我們進入搶七決勝局，費德勒靠著他高超的發球對我大開殺戒，以這一盤剛開始時的氣勢結束了這一盤。費德勒打出三記Ace球，還有另一個差不多幾乎算是Ace球的發球，並且以七比五搶下第七局，更以七比六的比分獲得第三盤的勝利。我有過機會，但是在應該加倍堅強時，我因為幾次不合時宜的軟弱而浪費了大好機會。但是無論如何，我還是以二比一的盤數領先。

纖細敏感

你就算沒有特別敏銳的觀察力，也能發現在二〇〇四年台維斯盃決賽前夕，費雷羅和羅布雷多兩人臉上不悅的神情，他們兩人可以名留青史的大好機會，就這樣被突然竄出頭，年僅十八歲的納達爾給搶走了。只要有看西班牙隊在系列賽開打前一天晚上所舉行的記者會，四名隊友接受媒體照相時的姿勢，任何人都會注意到，西班牙隊稱不上是團結愛國的標準典範。第一王牌莫亞，以外交大使般的姿態發言，費雷羅和羅布雷多兩人站在一旁，一臉心不甘情不願的樣子，而納達爾更是坐立難安，低著頭看著自己的腳，雖然努力擠出一絲微笑，但還是難掩他的尷尬。

「當納達爾來找我，說他願意放棄跟羅迪克對打的機會，讓其他兩個更資深的隊友上場時，我跟他說不，這是隊長的決定，而且無論如何，我對他有全然的信心。但是在我內心深處，」莫亞回憶道，「我其實是有點疑慮的。」莫亞向托尼說了一模一樣的話，因為托尼心裡也覺得怪怪的。「他們已經做了決定，」莫亞說道，「而且我覺得再多說別的，製造隊上更多緊張對立，或是讓已經處於兩難的納達爾承受更多壓力，都沒有什麼好處。」

莫亞很直接了當地跟費雷羅說，要他認份接受這個決定，並記住是他之前的付出，幫助西班牙隊打進決賽，台維斯盃的紀錄裡面會幫他記上一筆，再說，莫亞自己和納達爾的勝利，也會是費雷羅的勝利。無論他們是否接受這個說法，納達爾對於自己是否能名正言順上場比賽的疑慮，現在也成了莫亞的擔憂之一。要是納達爾再粗枝大葉一些，不那麼敏感，要是他沒注意到，或是根本不在乎突然籠罩著整個隊伍的惡劣氛圍，他至少可以更心無旁騖地投入這場關鍵戰役，和經驗豐富的美國第一名將交手。但事與願違。莫亞很清楚，在納達爾上場比賽時那副角鬥士般的外表之下，藏著一個戒慎恐懼、敏感纖細的靈魂。他認識還沒變身成超人前，克拉克·肯特版本的納達爾；那個優柔寡斷，必須問過無數人意見後才能下決定的那個納達爾；那個怕黑、怕狗的納達爾。納達爾去莫亞家作客時，莫亞甚至得把家裡的狗關在房間裡，否則納達爾一刻都沒辦法放鬆。

他是個心思極度纖細易感的年輕人，非常擅長察覺旁人的情緒反應，他習慣了安全、和諧的家庭氣氛，對於任何衝突不合都會感到不知所措。台維斯盃的西班牙家族現在就陷入了這種窘境，而且更糟糕的是，納達爾就算稱不上罪魁禍首，至少也是整起事件的核心人物。因此，莫亞也感覺到，對他這個年輕的朋友而言，要在人生中最重大的比賽前好好整理思緒，這下會比平常更加困難。更雪上加霜的是，莫亞忍不住一再想起，納達爾在區區兩個禮拜前，才剛剛輸給一個世界排名四百的選手。再說，他的發球明顯遠遠不及羅迪克的威力，羅迪克的發球球速比納達爾快上五〇%。

但是，莫亞也有非常充分的理由，相信這個年輕的隊友能有出色表現。他從納達爾十二歲就認識他了，他們一起訓練過好幾十次，而且，納達爾還曾經在兩年前的一次重大錦標賽中打敗過他。沒有一個頂尖選手像他這個馬約卡同鄉如此親近過納達爾，也沒有人像他這樣和納達爾保持這麼親密的關係。莫亞的年紀比納達爾大了十歲，他曾經在一九九九年時，短暫地從皮特・山普拉斯手中奪下世界排名第一的頭銜，他知道納達爾有著與眾不同的特質，但他也說不清這個與眾不同之處是什麼，直到他看到這個小伙子在兩萬七千人面前，踏上塞維亞的改裝球場，肩上扛著來自全世界目光的龐大壓力，和世界排名第二的網球好手拼戰，一連打上四盤在體能和心理上都無比吃力的比賽。

「納達爾在六、七歲時，就是馬約卡人津津樂道的話題人物了，」莫亞說道，「雖然一開始你可能會認為，那只是因為他叔叔米格安赫爾，那個足球員，本來就是島上的傳奇人物。但是，那裡的網球圈很小——我的教練喬佛瑞・波爾塔也曾經幫他做過訓練——然後，他又在八歲時贏得了馬約卡U12錦標賽冠軍，人們因此開始談論他。我還記得波爾塔跟我說過，『這一個會很優秀。』他十二歲的時候，就已經是那個級別中全世界數一數二的好手。我第一次認識他也是在那個時候。」

他們初次見面是在德國斯圖加特（Stuttgart）。莫亞去參加ATP的一項錦標賽，而納達爾則是在該錦標賽的青少年組比賽。「Nike的一個工作人員過來問我願不願意和他一起暖身。他們很有先見之明，已經和他簽下了贊助合約。我同意了，去和他一起暖身大約一個小時。老實說，當時我並不覺得他比其他同年紀的選手更有天分。我看得出來他確實非常有鬥志，但是更讓我驚訝的是，他非常非常害羞。我們見了面，握了手，但他卻低著頭不敢看我，好不容易才勉強吐出一個音節。也許他是有點被嚇到了，畢竟我那年才因為以非種子球員的身份，一路打到澳洲網球公開賽（Australian Open）的冠軍決賽，而在新聞媒體上引起不小的轟動。但那個反差確實十分驚人——可以說是非常震撼，場外那個害羞的小男孩，到了場上搖身一變成了超級好勝的小伙子，而且我們當時只是在練習來回對打，不是什麼比賽。」

納達爾十四歲時，開始固定跟莫亞一起訓練，頻率高達一週三次。那個時候，莫亞已經贏得了生涯中唯一的一座大滿貫，法國網球公開賽的冠軍。「有時候，他們會跟我說，『你一定幫了納達爾不少忙吧？』嗯，也許吧，但他也幫了我很多。那些練習對我來說非常有價值。他那時候就已經厲害到可以給我壓力、讓我進步，儘管當時的我已經是世界排名前十的網球選手。我們也會比賽對打，而因為我一點也不想輸給十四歲的小鬼頭，所以，以這方面來說，他也幫了我不少忙，讓我保持在頂尖狀態。我甚至會說，他讓我成為了更傑出的選手。」

反過來說，莫亞給納達爾的幫助可能更顯而易見。在網球界的歷史上，幾乎沒有幾個初出茅廬的職業選手，能夠在年僅十四歲時，就有這種大好機會，能夠和已經贏過大滿貫賽冠軍，而且每次參加各式比賽，都經常和山普拉斯或安德烈・阿格西（Andre Agassi）這些網球大神交手的資深前輩固定練打。要說這個夢想成為冠軍好手的年輕人有多麼受幸運之神眷顧，這也是其中一個好例子。

首先，第一個好運，是家裡有個叔叔，在發現自己無法完成職業網球選手的夢想後，便投入全副心力和時間，去培育一個體能和心智都足夠強健，能夠打進頂尖級別的網球選手。再來，是擁有溫暖、充滿愛，而且極度親密的家人，能夠平衡叔叔嚴苛的訓練風格。家裡有米格安赫爾叔叔能提供運動明星的榜樣，親身示範努力訓練的重要性，以及如何在一片掌聲之中，保持專注、腳踏實地。然後，還有能夠遇見莫亞的福氣。在紐約、倫敦或是馬德里長大的新進職業選手，一輩子作夢都想不到，可以得到擁有如此資歷又無比慷慨的人，做為自己的導師、知己、練習夥伴，這只有在像馬約卡這種小島上與世隔絕的網球圈裡才有可能發生，因為小島上的人天生就非常團結；而且這也真的發生了。

在邁阿密和馬德里都有置產，天性比納達爾更都會化的莫亞，把納達爾當成了自己私人的培育計畫。納達爾的父母在談起莫亞時非常激動，因為換做是其他人，可能會在看到後起之輩逐漸威脅到自己的地位時，就開始疏離。但是，隨著納達爾的成就越來越高——他漸漸取代了莫亞成為新一代馬約卡之王、西班牙之王，甚至是網球之王——兩人的感情也更趨穩固。直到今天，納達爾依舊視莫亞為充滿智慧、仁慈親切的大哥。他一直非常信任莫亞，也非常看重莫亞的意見，重視的程度沒有任何納達爾家族以外的人可以比擬，或許唯一有可能與之相提並論的，就是被納達爾暱稱為「狄丁」的物理治療師兼實質上的專任心理諮商師。

「一開始，我確實很喜歡想說我是在幫助一個孩子達成夢想，而且，想到他可能可以從我身上看見自己，就讓我充滿動力，」莫亞說道。他也承認，沒多久之後，納達爾反而變成了他的動力來源，「光從他的訓練強度，我就可以看出他有非常強烈的企圖心，竭盡全力追求進步。他每一次擊球，都像是在拼命。我從沒看過這種拼勁，沒有人像他這樣。要是拿他來跟任何一個同年的選手相比，就很一目了然，他現在已經是網球界數一數二的頂尖好手。當然，在那個年紀，什麼都說不準。世界上有非常多運動員，不論男女，他們在十四歲時成績都非常優異，表現看來舉世無雙，但是因為人生際遇或是其他隱性的弱點，最終悄然消逝。關於納達爾，我可以肯定的一件事，就是他真的與眾不同。」

他有種勇者無懼的氣質，遮蔽了平時在場外的謙遜舉止。「他十五歲的時候，開始參加未來賽，也就是ATP的初階賽事，」莫亞說道，「有時候甚至會碰上比自己大十歲的對手。一開始我會擔心，對於像他這樣習慣贏球的孩子來說，這種難以避免的失利——甚至是經常輸球——可能會讓他的自信心大受打擊。那是一大風險。但是，我又一次低估了他。才不過五個月的時間，他就開始贏得比賽，過了八、九個月，他開始摘下錦標賽冠軍。」

莫亞對納達爾「穿梭」於一般網球選手蛻變階段的速度感到訝異。「我自己十五歲的時候，夏天在馬約卡打錦標賽，冬天去學校上課。那就是我的極限了。要是我從那個時候就開始打未來賽，我一定每場比賽都被直落二，六比〇、六比〇掛蛋慘輸。結果，雖然我一直到十七歲才開始參加未來賽，我還是碰上了剛才所說的那種窘境。」

「一年後，納達爾十六歲時，就從未來賽升級到了挑戰賽，距離真正的ATP巡迴賽只剩一步之遙。一開始，他確實打得很辛苦。他在室內硬地球場比賽，那是球速最快的一種場地——對網球運動來說，那和他從小習慣的，在潮濕、炎熱氣候中的紅土球場差了十萬八千里。一般來說，我們西班牙選手都不太擅長那種場地，一開始，他也同樣深受困擾。事實上，很多西班牙選手常常是根本懶得參加，因為他們都有經驗，知道自己大概在第一輪就會被淘汰出局。」

「我們第一次在正式比賽中碰頭，那年他十六歲，我二十六歲。那是二〇〇三年初，在德國漢堡舉行的ATP大師賽。在我們過去幾年所進行的練習賽中，我幾乎每次都贏。應該說，要是我真心想贏的話，我每次都會贏，沒有意外。但是那一次對戰，我卻有點緊張，我覺得壓力大得不得了。我當時世界排名前十，而他還只是個孩子，沒錯，他會是明日之星，但當時他的世界排名還不過是三百左右。輸給他會讓我非常沒面子，我深刻地感受到那股壓力。」

「那場比賽是在晚上舉行，天氣很冷。我覺得冷，但他似乎沒有感覺；我們還沒開始比賽，他就一副渾身發熱的樣子。事實上，他甚至沒有拿出自己最好的表現。我也沒有。但是他卻打敗了我，直落二。非常明顯的，那是選手靠著強大的心理素質取得勝利的典型範例。你有時候會在比賽中遇到其他十六歲的選手，他們沒有納達爾那麼優秀，在場上的態度非常混亂，遇到一點點挫折就發怒。我那天在賽場上所看到的對手，不只是個非常有才華的選手，更重要的是，他的專注力、專業度、聚焦能力都比我更勝一籌。他的『不怎麼樣』，也比其他選手的『不怎麼樣』好上十倍。再說——我這麼說是想要再次強調他有多了不起——別忘了，那個時候的我，可是已經擁有一個大滿貫冠軍頭銜，而且還曾打進過澳洲網球公開賽決賽的傑出選手。」

「比賽結束後，我們在網前擁抱，他跟我說『對不起』。他沒有必要這麼說。我以哲學的角度接受了這次失敗，那是我在賽前從沒想過的。我知道，那是我接下來必須面對的無數次失利的開端，納達爾是後起之秀，而我，雖然離終點還有點距離，但也要開始走下坡了。」

隨著時間推移，兩人一個如日升，一個如月落，莫亞也開始注意到納達爾給其他選手帶來的威脅感。「我想他大概永遠不會承認，我也沒有真的問過他，但是我相信他是有意要給對手製造這種威嚇感，」莫亞說道，「私底下的他比他在眾人面前製造的形象更複雜、更脆弱，但他帶給對手的影響一點也不複雜。他們都被他嚇倒了。他上場前的那些準備儀式本身就是一種表演。其他選手，沒有任何一個人有這種儀式。還有就是他的體能準備，他一踏上球場的時候就已經滿身大汗，我從來都做不到這一點，但那是展開比賽的最佳狀態。」

納達爾的經紀人兼前職業選手柯斯塔也同意莫亞的論點，說和納達爾對戰確實有其嚇人之處，並把他給對手的影響，拿來和全盛時期的老虎伍茲對整個職業高爾夫球界的影響來比擬，說那就好比動物社群中的領袖對其他個體的影響。「在我職業生涯的後期，也曾經跟納達爾對戰過，」柯斯塔說道，「而且，沒錯，在比賽的某個時刻，恐懼會忽然溜進你心中。你知道自己對上的是天生王者。納達爾的心智比誰都強健，他的本質就是與眾不同。」

他也有種特別的魅力。莫亞在全盛時期是個超級明星，他是西班牙第一個登上世界排名第一的選手，但納達爾早在登上世界排名第二的位置前，就已經比莫亞更受球迷愛戴，在西班牙國內和全世界皆然。莫亞的外型比較是傳統上認定的帥（一九九九年五月號的《時人》〔*People*〕雜誌曾將他選為「世界五十大最漂亮人物」之一），但卻比不上納達爾的原始魅力；莫亞是個優雅的選手，發球非常有力，但納達爾凶猛的拼勁卻更有吸引力。他能和大眾產生共鳴，那是莫亞一直做不到的。

莫亞很冷靜地接受了這個事實，因為他知道自己無論是現在或是未來，都沒辦法和納達爾相提並論。但兩人的差異不在球技，而在於態度。「納達爾最與眾不同的一點，在於他的心理素質。這一點在場上非常明顯，不只有對手能感受得到，就連電視機前的觀眾也能有所察覺。雖然是看不見的東西，但你感覺得到。反手拍、正手拍，其他人也做的到。當然，他的球技也很出色。我想他也不清楚自己有多厲害，因為他常常低估自己的能力。但是以心理素質而言，他絕對是舉世無雙。我認識很多頂尖運動員，不只是網球選手，沒有人能像他一樣——唯一的例外可能是老虎伍茲和麥可・喬丹（Michael Jordan）。他是關鍵得分的高手，他的專注力無與倫比，而且，他還有個我很缺乏的東西，那就是無限的企圖心。我贏了一座大滿貫賽冠軍，我就很高興了：我一生的成就圓滿了。但是納達爾必須一直贏一直贏，他永遠不會滿足。」

「他面對每一分都一樣飢渴。當我以五比〇領先時，就會開始分心，並因此丟掉一局、兩局。但納達爾從來不會。他從來不會平白給對手送分。他向對手傳達強而有力，令人喪志的訊息：他會竭盡所能以六比〇、六比〇直落二打敗你。」

在莫亞看來，事情沒這麼簡單，他說有更多、更複雜的內情。納達爾確實有個缺點。莫亞認為這和他個人的矛盾有關：私下那個敏感、沒自信的納達爾，以及全世界人面前，在場上橫衝直撞的破城大鎚。莫亞認為，納達爾上場時，並沒有完全擺脫克拉克．肯特的性格。儘管他的意志非常堅強，看起來也很有模有樣，但是他蛻變為超人的步驟，並不是那麼成功。「他在場上其實比你想像得更謹慎。他總是對自己的第二發球充滿擔憂，因此，他從不在第一次發球時使出全力，至少絕對不是他的體格所能發揮出的全力。他在參加各大公開賽時，也是一樣的謹慎。我和他在場上訓練過好幾千次了，但當我看到他在練習時有多凶猛，擊出的致勝球有多少時，總還是覺得非常驚訝。我跟他說過好多次，『你為什麼不放輕鬆一點呢？為什麼不在比賽時多拼一些，多著重攻擊一些？至少在錦標賽的前幾輪，你在那幾場比賽中遇到的選手，通常是你閉著眼睛也能打敗的。』但他卻不這麼做，至少在我看來是應該再多一些。這背後的原因，有一部份應該也來自於他不願意相信自己有多厲害。」

莫亞認為，納達爾的戰士形象不是源自於他的攻擊侵略性，而是來自於他永不放棄的抵抗決心。他總是以阿拉摩戰役將士們的拼鬥精神出賽，觀眾很容易感受到這股氛圍，接受他所製造出來的形象；不論他當時的世界排名為何，他總是以不被看好的挑戰者之姿出賽。就像莫亞所說的，沒有人會將費德勒視為角鬥士般的人物，因為他不是個近身搏鬥的戰士，他不像納達爾表現出來的那樣，總是要拼個你死我活。費德勒的招牌，是他致命的精準度。

納達爾能夠證明自己是堅韌不屈的冠軍，在莫亞看來，其實更不容易，因為他克服了非常多的焦慮，才達到這樣的成就。而這也能解釋他在場上如何獲得這般具有無比吸引力的魅力。相較於毫不費力就高人一等的選手，大眾更能和不被看好的鬥士產生共鳴，因為這種拼鬥的精神更加人性化。有更多觀眾能和有缺點的納達爾產生共鳴，而不是天生的奧運選手費德勒。有時候納達爾會被拿來跟過去的網球大師比約恩・伯格（Björn Borg）相比，但要是他跟伯格再更相似一些，或者，要是他在場上像約翰・馬克安諾（John McEnroe）那麼狂野熱情，也許大眾的共鳴也會少一些。對莫亞而言，納達爾是伯格和馬克安諾的混合體，這兩位選手在納達爾和費德勒出現之前，是網球史上最著名的宿敵。伯格如冰，馬克安諾如火。「他在全世界掀起一股旋風的秘密，」莫亞說道，「就在於你可以看到他像馬克安諾一樣熱情奔放，但是又像冷血殺手伯格一樣自律。要同時保有這兩個人的特色是天大的矛盾，但那就是納達爾。」

第五章
害怕勝利

贏得溫布頓冠軍本身就是個非常誘人的希望，但除此之外，我也知道，在這裡奪下勝利，代表著我很快就能迎來首次登上世界排名第一的機會。而輸掉比賽，意味著我將繼續臣服於費德勒之下，恐怕永遠沒有超越他的一天。但在這場比賽中，我處於領先地位，而且我在第四盤開始先發時，感覺自己非常沉著冷靜，至少是任何處於那種情況下的人所能保有的最冷靜的狀態。雖然不是真的那麼冷靜，但至少我的雙腿沒有打顫，而且體內的腎上腺素也還足夠壓過緊張感。在平手後輸掉第三盤確實是一大打擊，但那已經是過去的事了。我知道他不可能像在第三盤那樣，每個發球局都連續擊出Ace球。我之前說這場比賽贏面是五五波，關於這一點，我還沒改變主意。

畢竟，我曾經在預期自己的獲勝機率僅僅稍微大於零時，打敗了他。那是我們第一次交手，二〇〇四年三月，在邁阿密的一個快速球場上。當年我十七歲，他二十二歲，剛剛登上世界排名第一的位置，但我以直落二打敗了他。隔年，在同一個錦標賽的決賽上，我們又碰頭了，這次對戰由他獲勝，但比分非常接近。我一開場就連續贏下兩盤，他在我們平手後贏下了第三盤，然後又接著拿下了最後兩盤。那場比賽我雖然輸了，但卻是非常振奮人心的一場敗仗。我的排名比費德勒低了三十名，但卻能跟他捉對廝殺，打得難分難捨。在那次對戰後，我的職業生涯開始一飛沖天：到了兩個半月後的法國網球公開賽時，我的排名已經來到世界第五。

邁阿密的錦標賽結束後，我緊接著參加了蒙地卡羅大師賽，這場錦標賽也是年度紅土球場賽季的開端。我愛蒙地卡羅，也愛蒙地卡羅大師賽。蒙地卡羅也是地中海沿岸的城市，離家很近。比賽的場地就在臨海高聳的懸崖上，地勢之高，我總覺得好像可以眺望到馬約卡。而且那裡的街道非常乾淨。我對那座城市的印象，就是井然有序、一塵不染。蒙地卡羅大師賽是我最喜歡的錦標賽之一，而且這場錦標賽對我意義非凡，不只是因為我總能有優異表現，更是因為它具有悠久的歷史，就像溫布頓公開賽一樣。蒙地卡羅大師賽已經有超過一百年的歷史，而且過去許多傑出的網球大師都曾在這裡奪下冠軍，比如說伯格、伊凡．藍道（Ivan Lendl）、馬茨．韋蘭德（Mats Wilander）、伊利．納斯塔塞（Ilie Nastase），還有西班牙早期的傑出選手曼努爾．桑塔納（Manuel Santana）及安德烈斯．希梅諾（Andrés Gimeno）。我的好朋友莫亞也曾在這裡奪冠。

因為腳受傷的關係，前一年我並沒有參加蒙地卡羅大師賽，但這次，我感覺機會來了，可以在我從小打到大的紅土球場上，拿下生涯第一座ATP巡迴賽冠軍獎盃。我在邁阿密跟冠軍擦身而過，但我有信心這一次不會再鎩羽而歸，就算我得再次對上費德勒也沒問題。不過，我終究沒有和費德勒對戰，因為他在八強賽就被淘汰出局；我在決賽對上的，是前一年的冠軍，來自阿根廷的吉列爾莫・科里亞（Guillermo Coria）。

紅土球場適合防守型球員，也適合體能強健的選手。網球選手得要有短跑選手的速度、敏捷，還要有馬拉松選手的耐力。你得不斷停、跑、停、跑。而且得如此不間斷地重複二、三、四個小時，有時候比賽甚至可能長達五個小時。紅土球場的比賽時間一般比較長，因為選手每一分的來回對打通常都比較久，而那是因為在紅土球場上，球彈得比較高，停在空中的時間比較長，所以比較難快速得分，要守住發球局也比較不容易。在紅土球場上，選手的耐力所帶來的影響大過於其他類型的場地。球反彈的角度比較大，你得照顧的防守範圍也比較寬廣。按照我體能訓練師佛卡德的說法，在紅土球場上打球，幾何能力更重要。你得慢慢營造比賽，比在其他場地時更耐心等待，慢慢將對手逼到錯誤的站位上，等待時機成熟，才能考慮打一個讓對手無法回擊的致勝球。此外，在紅土球場上還需要一個很特別的技能，是在其他球類運動中較少見的，我稱之為「滑行」。打網球的時候，他們教你要讓身體重心穩穩地固定在地上，雙腳和身體要以特定的方式擺放，才能更有效地擊球，但是在紅土球場上，有相當高比例的球，在你擊球時，腳下柔軟的沙粒會在瞬間變成一座溜冰場，你必須滑向球去揮拍，得把你過去所學的一切都拋出腦外。要是你沒有從小開始在紅土球場上練習，就很難掌握這個技巧。我有，我一開始學習網球就是在紅土球場上，而且因為我速度夠快、體能夠強，從來不會放棄任何追球的機會，我知道，等到我的體能和心智能力都夠成熟了，我在紅土球場上絕對所向披靡。

我如願在決賽中擊敗科里亞，在蒙地卡羅贏得生涯第一座ATP巡迴賽冠軍——不過這場比賽很奇妙，我在四盤內便取得勝利，但是卻輸掉了第三盤——然後，便一路在各大紅土球場過關斬將，接連在巴塞隆納和羅馬拿下冠軍。羅馬之後，緊接著就是在巴黎羅蘭加洛斯球場開打的法國公開賽，這是紅土球季的最高潮，也是本年度第一個大滿貫賽事。我的世界排名雖然還只有第五，但才即將要滿十九歲的我，已經是最被看好的冠軍人選。

前一年我因為受傷而沒有參賽，但我還是飛到現場看了幾天的比賽。那是柯斯塔和土子兩個人的主意，土子是我的好朋友，也是我在Nike的聯絡人，他替我們安排了這趟行程。柯斯塔認為讓我去認識、熟悉一下環境是件好事，因為他相信，我未來有一天會贏得這個錦標賽的冠軍。但我沒有被法國網球盛會的大場面給嚇到，反而是挫折感很深。我很氣自己不能上場，看著我有信心一定能打敗的選手在場上比賽，我甚至感到有點不舒服。柯斯塔到現在都還記得，我當時跟他說，「明年冠軍就是我的。」溫布頓冠軍是我最終極的夢想，但我知道在那之前，我必須先攻克法國網球公開賽的山頭。要是我沒辦法在法國奪冠，就永遠也沒辦法在英國稱王。

話雖如此，當各大媒體紛紛將我選作二〇〇五年法國網球公開賽的熱門奪冠人選時，我還是有點驚訝。畢竟，當時的我一共才參加過兩次大滿貫賽，溫布頓和美國公開賽，而且連八強都沒打進。當然，我自己也有點懷疑，不確定自己在那樣高壓的競爭環境中，會不會根本喘不過氣來。再說，費德勒也有參賽，而且他只差在羅蘭加洛斯球場奪冠，就能完整收集四大滿貫金盃，完成生涯大滿貫的目標。我一邊試著說服自己，被公認為奪冠大熱門是旁人誇大其詞且不理性的說法（這是我的腦袋中被托尼制約的部分），但另外一部份的我（動機和企圖心都極度強烈），還是堅信自己前一年的預言會成真，我有機會奪冠。我對自己的期望還是給我帶來了一點影響，在前幾輪的比賽中，增添了不少我亟欲擺脫的額外心理壓力。我感受不到能幫助我增加贏球信心的好手感，反而感覺心情比平常更加緊張，身體肌肉也更加緊繃。我的雙腿比平時更沉重，手臂也更僵硬，揮拍擊球時的接觸點也不夠俐落。在這種情況下，你會變得放不開，不敢讓自己的直覺充分發揮，於是一切都變得更加複雜。你在幾週前才輕鬆擊敗的對手，突然間變得像難以打倒的巨人。

我的飲食習慣也對我沒有幫助。那時候的我，不像現在這樣懂得控制自己的食慾，而且我在巴黎的時候，突然瘋狂愛上巧克力可頌。托尼發現了，但他總有自己一套方法來解決問題。當柯斯塔跟他說，「老天爺啊，拜託別讓他吃那些！」托尼只冷冷地回答道，「不，不，不。讓他盡量吃他的巧克力蛋糕，這樣他才能學到教訓，知道這樣會肚子痛。」一如既往，他的方法奏效了。我學到了慘痛的教訓，知道在比賽期間得避開一切不好消化的食物。

儘管心情緊張，還有我自作自受的巧克力障礙，我還是順利闖過了法國公開賽的前幾輪比賽。我的第二教練羅伊格說，就算我只拿出八十分的實力來比賽，我也比其他選手更加出色，因為我的心理素質比他們都更強大。我不確定是不是絕對如此，但也許在紅土球場上是這樣沒錯。在我的最佳狀態下，我確實有辦法快速轉守為攻，讓對手措手不及，甚至感到挫敗。但當你狀態不夠好，一直找不到擊出致勝球的時機，最多就只能做到接好每一球，化身成一座人形高牆時，紅土球場就會是你最好的朋友。

我就是靠著這樣慢慢折磨對手，才成功一步步晉級到準決賽，對戰費德勒；那是我們第一次在紅土球場上交手。那天正好是我的十九歲生日，而我所能想到最好的慶生方式，可能也是一生中最棒的慶生方式，就是贏得比賽——我也確實成功在四盤內拿下勝利。當時天上飄著一點細雨，而急著想將第四座大滿貫金盃收入囊中的費德勒，甚至試圖說服主審暫停比賽。那是個好兆頭。他說是下雨影響他的表現，但我知道我的表現也帶給他不少威脅。最後，主審沒有宣佈暫停比賽，我也順利拿下了勝利。接著，我在決賽對上來自阿根廷的馬里安諾・普爾塔（Mariano Puerta）。阿根廷選手和西班牙選手一樣，都是紅土高手。普爾塔在比賽的大多數時間都表現得比我更好。那個時候，我還沒完全掌握將自己和周遭環境，以及心中的擔憂恐懼隔絕開來的技巧。當然你也不能真的把自己完全隔絕開來，否則就會失去人性。但在那個時候，我還在學習打造情緒防護機制的技巧，讓自己能夠穩定贏球，因此，和較後面階段的職業生涯相比，緊張的情緒更容易影響到我的思考程序。我在那場決賽中唯一不缺的，就是體力。普爾塔打得很好，第一盤就以七比五拿下。但現在當我回想起那場比賽時，印象最深刻的，就是我彷彿從頭到尾都沒有停下來喘氣。我一邊打一邊跑，感覺自己好像可以一直這樣邊打邊跑，跑上兩天都不用休息。我一想到可能獲勝就感到十分興奮，一秒鐘都不覺得累，但是，普爾塔卻累壞了。我一直堅持著，在關鍵得分的表現比他更加穩定，也順利以六比三、六比一、七比五，連續拿下之後的三盤。

在短短六個月的時間內，我就攀上了三座高峰，而且一座比一座更高：台維斯盃、我在蒙地卡羅拿下的第一座ATP巡迴賽冠軍，以及現在，最讓人熱血沸騰的法國公開賽，我的第一座大滿貫獎盃。我的心情簡直難以言喻。在我獲勝的那一刻，我轉過頭，看到我的家人全部都激動地又叫又跳，我的父母興奮地相擁，我的叔叔們大聲歡呼，於是，我馬上理解了，經過這麼多年的努力，我的勝利不單單屬於我一個人。因此，我連想都沒想，在和普爾塔握了手之後，馬上衝向觀眾席，三步併做兩步地爬上看台，去擁抱我的家人，而我第一個擁抱的就是托尼叔叔。我的教母瑪麗蓮姑姑也在，而且她激動地哭了。「我不敢相信，」後來，她回想起自己在最後一分時的反應，跟我說道，「我看著站在場上的你，高大、成熟的一介冠軍，雙臂高舉在空中揮舞，突然間，我的思緒被帶回過去，看見那個一臉嚴肅、身材纖瘦的七歲小男孩，在馬納科家鄉的球場上練習的模樣。」

我的腦海中也浮現了類似的思緒。我很努力奮鬥，也花了很多時間才走到這裡。同時，我腦海中也浮現了家人的畫面，而且在那一天，我比過去都更加清楚，無論你下了多少苦功，你永遠不可能光靠自己單打獨鬥贏得勝利。贏得法國公開賽是給我的獎勵，也是給全家人的獎勵。

此外，我也感到鬆了一口氣。贏得大滿貫，我也能卸下肩上的一個重擔。從今而後，我所獲得的任何成就，都會是額外的獎勵。我的意思不是說，從此之後我的企圖心就會收斂一些；我嚐過了最高級別的勝利，我非常喜歡而且還想要更多。而且我相信，在贏過一次這種規模的錦標賽之後，要再來一次就沒那麼困難了。除此之外，贏得了法國公開賽之後，我越來越相信自己有一天能夠贏得溫布頓冠軍。

不用說，那完全不是托尼的想法，至少那不是他想傳達給我的訊息。他用他一貫直言不諱的態度跟我說，他覺得普爾塔打得比我好，他讓我跑動的次數比我迫使他跑動得更多，我只是幸運才能贏下決定性的分數。他說——儘管老實說，我完全不記得這件事——比賽隔天，在他比我們都提前回家之前，他給我留了一張手寫的紙條，一一列出我在比賽中應該改進的地方，說要是這些地方沒有進步，我之後絕不會有機會再贏得這麼大型的錦標賽。

以那一年接下來的兩個大滿貫賽來說，托尼說的沒錯。溫布頓我在第二輪就出局了，美國公開賽我則是在第三輪被淘汰。這兩場失敗把我拉回了現實，讓我看清未來還有多少工作要努力，才不至於被埋沒在歷史上數不清的一滿貫球員之列，或是淪為又一個只能打紅土球場的西班牙選手。在我贏得法國公開賽之後，大多數的專家評論都是，我可能有機會再次奪下法國公開賽冠軍，但是恐怕永遠無法摘下其他三個大滿貫賽事，溫布頓、美國公開賽、澳洲公開賽等的冠軍獎盃。他們有歷史數據可以支持這樣的推論。過去二十年來，西班牙選手一次又一次在羅蘭加洛斯球場拿下冠軍，但卻沒有任何人贏過其他大賽。而在二〇〇五年，我也步上了這樣的後塵，為這樣的刻板印象又添增了一筆實證。

但是，那一年我才十九歲，無論未來會如何發展，那都是非常了不起的一年。我在加拿大贏得了一座大型錦標賽冠軍，蒙特婁大師賽（Montreal Masters），在決賽中打敗了阿格西，然後，同年年底，我又在馬德里大師賽（Madrid Masters）上奪冠，這是更加艱難的挑戰，也是我最不擅長的一種快速場地：室內硬地球場。以這一點來說，馬德里是個分水嶺，是證明我確實有辦法適應各種比賽條件的一劑強心針。在那場決賽中，我從落後兩盤到反敗為勝，逆轉了發球力道強勁的對手，來自克羅埃西亞的伊凡．留比契奇（Ivan Ljubicic）。他的球風天生適合室內場地，一如我在紅土球場上的如魚得水。

我和費德勒在二〇〇五年各自分別贏得了十一場錦標賽冠軍，而我的排名也因此躍升至世界第二。我開始在西班牙以外的地方小有名氣，且看似相當輕鬆自在地更上了一層樓。二〇〇六年看來精彩可期。至少我本來是這麼想的。但是在馬德里大師賽後，災難接踵而至。之前才因為腳上的小骨頭受傷導致我錯過前一年的紅土賽季，現在同一個地方又受傷了。而且這次受傷比之前嚴重許多，是我的職業生涯截至目前為止，最駭人聽聞的事件。

事情發生在十月十七日，在馬德里對上留比契奇的那場比賽，我感覺到第一次劇痛。一開始我不以為意，而且因為我已經習慣了帶著傷出賽，因此我沒有喊停，繼續比賽。當天晚上，疼痛感明顯加劇，但我還是沒有特別警覺。我以為那只是今天在場上努力奮戰了整整五盤所必然出現的後果，隔天就會好了。但是，隔天早上我醒來時卻發現，腳比前一晚腫得更厲害。我起身下床，但是左腳已經沒辦法承受我身體的重量，只能一拐一拐地走路。因此，我退出了本來接著要參加的，在瑞士舉行的比賽，直接飛回家去找科托羅醫生做檢查。他沒有發現什麼特別嚴重的傷勢，斷定骨頭只是需要一點時間就能自我癒合。果然，幾天後，我又能正常走路，並且飛過大半個地球，到上海參加年度大師賽盛會。但是，等我一開始進行訓練，疼痛感馬上又回來了，而且痛到我連比賽都還沒開始，就不得不宣布退賽。我飛回家，又休息了兩個禮拜，完全無法做任何運動。之後，在我恢復訓練的隔天，劇烈的疼痛感馬上又席捲而來，於是我絕望地發現，我沒辦法再繼續下去了。

我非常信任科托羅醫生。從那個時候開始到現在，他都是我的專屬醫生，而要是交給我決定的話，我會選擇讓他繼續擔任我的專屬醫生直到我退休為止。但是，他卻遍尋不著病根，除了要我多休息以外，也提不出其他專業建議。所以我就接受了，多休息了兩個禮拜。那是十一月，將近十二月的事。我開始感到緊張，因為醫生不斷嘗試各種方法，但還是找不出問題在哪裡。我的腳還是腫的，而且疼痛感不減反增。最後，在米格安赫爾叔叔的建議下，我們去看了一個足科醫生，那是他在巴塞隆納足球隊踢球的時候認識的一位醫生。這個醫生幫我做了一些超音波檢查，但他也坦承，儘管他非常有經驗，我腳上的傷也讓他摸不著頭緒。他所能想到的最後一線希望，就是讓我去給在馬德里的另外一個專家檢查，這個專家的博士論文研究的正好就是給我帶來大麻煩的腳上這塊骨頭。所以我去了，陪我去的還有我父親、托尼、佛卡德，還有胡安東尼．馬爾托雷（Juan Antonio Martorell），他是我在狄丁之前的物理治療師。我的左腳，或說是那個腫起來的小骨頭，就這樣成了我的悲慘世界中心，對我的家人而言也是如此。

好不容易在十二月中，距離我最後一次正式比賽已經過了兩個月，所有人也都越來越緊張的時候，我們終於和這個馬德里的醫生在診間碰了面，他也終於找出了問題的根源。這本來應該是讓人鬆一口氣的好消息，但卻沒有，因為推估的預後結果非常不樂觀。我也因此陷入了人生中最大、最陰暗無光的黑洞之中。

這是種先天的疾病，一種非常罕見的腳部疾病，在男性又比女性更少見，但這位醫生剛好是這個疾病的國際權威。他的博士論文就是研究這個主題。出問題的就是副舟狀骨，這塊骨頭位在腳背處，足弓的上方。要是這個副舟狀骨沒有順利在幼年時期完成骨化，也就是硬化，那麼在成年後就會出現疼痛的情況，尤其是當腳必須不斷承受職業網球選手難以避免的重複受力時，更是嚴重。再來，要是像我這樣，在年紀還小，骨頭尚未完全發育好之前，就讓腳承受高強度的活動，那麼發病的風險也更大。因為如此一來，骨頭會產生輕微變形，比正常尺寸稍大，所以更容易裂開，那就是我前一年所發生的狀況。雖然骨頭已經癒合了，但由於我們並沒有意識到事情的嚴重性，沒有特別注意，導致情況越來越複雜。

這塊殘疾的副舟狀骨——我以前從來也沒聽說過的骨頭——就這樣成了我所獨有的，納達爾版的阿基里斯之腱：我全身上下最脆弱的弱點，最可能給我帶來毀滅性災害的部位。診斷出問題的原因後，馬德里的足科專家也宣布了他的判決。他宣告，我有可能再也無法打職業網球。我可能在十九歲時，就必須被迫退休，放棄我投入了畢生心血的夢想。我整個人崩潰大哭，我們都哭了。但是，我父親馬上打起精神，試圖控制情況。在我們各個都絕望地盯著地板出神時，他擬定了一個計畫。我父親是個很實際的人，而且天生有著領袖本能，讓他能夠在事情演變每況愈下的時候，更顯得冷靜、沉著。他樂天的性格，也讓他總是能保持樂觀，相信世上沒有解決不了的問題。他不是運動員，但是卻有冠軍的心態。那也是為什麼，家裡的人總說我熱愛競爭的好勝心是遺傳自他。也許是如此，但是那一天，我感覺自己離網球場的距離大到不能再大，我既無法保持樂觀，也實際不起來。我只覺得心力交瘁。我這一生中所努力打造的一切，就這樣在我眼前崩塌。

在這一片愁雲慘霧之中，我父親帶來了一線曙光。他提出兩件事：第一，他有信心我們能找到解決方案——他提醒我們，醫生說的是這個傷勢「有可能」會威脅到我的職業生涯；第二，要是所有辦法都行不通，我也可以轉而投入發展我新發現的興趣，高爾夫球。「你那麼有天分，又有無比的膽識，」他說道，「沒有道理不能直接轉行做職業高爾夫球選手。」

那個相當遙遠的可能得先暫緩一下，希望是一直緩下去。現在我們迫切必須先問醫生的問題是，有辦法解決嗎？如果有，是什麼辦法？除了相當冒險，而且幾乎未經驗證的手術之外，他說還有一個可能行的通的辦法。一個非常普通，算不上醫學手段的方法。我們可以試著調整球鞋的鞋墊，透過一連串微調、測試，找到一個最適合的幅度，可以給腳部提供最適當的支撐，減緩我一直以來給副舟狀骨帶來的壓力。但他又警告我們，要是這個方法奏效了，未來還有其他的風險：新鞋墊會導致我的體重分布產生微幅的改變，這可能會給身體的其他部位，像是膝蓋或是背部等，帶來負面影響。

我父親的臉馬上亮了起來，說等我們遇到那個問題時再見招拆招，並馬上擬定了行動計畫。我們會聯絡巴塞隆納的足科醫生，讓他馬上和科托羅醫生跟我一起，開始研究如何打造新鞋墊。說完後，我父親一臉輕鬆，當晚就逕自去了已經排定的晚餐行程談生意，留下憂喜參半的我們，複雜的心情帶著不明確的希望，又摻雜著世界末日般的無力感。但在經過兩個月來的失望，以及骨頭一直無法癒合的沮喪，這時候的我根本無法相信這個調整鞋墊的魔術能奏效。我的腳還是疼痛不已，而且在我看來，這個計畫成功的機率微乎其微，我還是無法從最深沉的抑鬱中解脫，只能準備回家度過這一生中最陰沉的一個聖誕節。

我覺得我的人生好像從此一分為二。當家人回想起那段日子，他們總說我幾乎完全變了一個人。我在家的時候通常都很開心，常常大笑、開玩笑等等，尤其是跟我妹妹更是有說有笑。

現在，我變得愛生氣、冷漠、陰鬱。我沒有跟任何人談論這個傷勢，就連跟我最親近的朋友也沒有。一開始，我甚至沒辦法開口跟我的女朋友瑪麗亞・法蘭西斯卡談論這件事，她漸漸對我的改變感到疑惑，甚至產生了戒心。我們幾個月前才剛剛開始約會，然後我就變成這樣，整天淒淒慘慘猛發牢騷，對一個正值十七歲花樣年華，才要開始享受人生的女孩來說，我這個樣子一點也不迷人。平常非常好動、有活力的我，現在連把腳平放在地上都沒辦法，更不用說打網球了，我要不是躺在沙發的一角盯著牆壁發呆好幾個小時，就是坐在浴室，或是樓梯上哭。我笑不出來，沒有心情微笑，更是完全不想說話。我失去了對生活的一切熱情。

感謝老天，還好有我的父母在。他們的反應正是我所需要的。他們很清楚地告訴我，不管我需要什麼他們都很樂意幫忙，但是又不會給我壓力，讓我喘不過氣。他們沒有試圖逼我打起精神，振作起來，沒有拿各種問題來轟炸我，也沒有在我不想說話時逼我說話。他們開車載我到處去，去看醫生或什麼的，我父親更是帶著一貫的愉悅神情，一如過去他不厭其煩地擔任我的私人司機，載我在馬約卡四處征戰時一樣。他們都很體貼也很善良，更明白地告訴我，不管我之後是不是還能繼續打網球，不管我是不是得為我的人生另尋出路，無論日子是好是壞，他們都會和我站在一起。

托尼也盡了一份力。是他搖醒了我，叫我不要再自憐自憫，唉聲嘆氣。「來吧，」他說道，「我們出門去訓練。」聽起來很瘋狂，但他有個計畫，雖然不盡然是個能幫助我拿下溫布頓冠軍，或甚至巴里亞利群島U12錦標賽冠軍的計畫。聽從他的指示，我拄著枴杖一跛一跛地來到了網球場上，在一張椅子上坐下（一張很普通的扶手椅，沒有任何特殊設計），拿起球拍，開始擊球。托尼說，這樣我才能繼續保持習慣。這麼做對心理層面的影響其實大過一切。這是個打發時間的方式，讓我不再耽溺於那些陰沉的思緒，開始給自己一點希望。托尼負責餵球給我，一開始很近，然後在我掌握要領之後，開始從球網的另一邊餵球。我就坐那張椅子上回擊，截擊、反手拍、正手拍。我們試著在情況允許的範圍內，盡可能讓練習內容更多變，雖然其實變不出太多花樣。但是，托尼的計畫奏效了，這雖然沒辦法讓我的球技進步，對訓練手臂也沒什麼好處，但卻成功提升了我的士氣。我們就這樣，用這種奇怪的練習方式，持續了三個禮拜，每天四十五分鐘，每每總招來旁觀者困惑的眼光。那陣子我也偶爾會去游泳，這是唯一一項我可以用到腳的運動。但我不太會游泳，所以雖然能再次活動的感覺真的很好，但這卻不是能讓我開心的休閒活動。

讓腳完完全全休息的做法，奏效了，疼痛感漸漸消退。儘管一開始馬德里的副舟狀骨專家的診斷結果，感覺像是讓我一槍斃命的子彈，結果證實他其實是我的救星。經過無數次的實驗後，我們終於把鞋墊調整好了，至少是好到能夠派上用場了。雖然這對我的身體來說不是最理想的解決辦法（我們已經知道這個方法會帶來其他後果），但也確實緩解了副舟狀骨造成的問題。身體重量帶來的主要衝擊，現在落到了腳的其他骨頭上，以緩解已經受傷的骨頭所承受的壓力。Nike

也為我打造了一雙更寬、更高的鞋。我需要更大的球鞋，因為我的鞋墊變得更厚更高，尤其是給舟狀骨做襯墊的部位。要適應新鞋墊一開始不太舒服，因為鞋墊改變了我的腳過去自然承重的區域，導致我有點失去平衡。然後，一如醫生所預測的，我開始出現新的肌肉酸痛，都是在我過去從沒有過任何問題的部位，像是後背和大腿。

我們盡力了，但當我開始穿上新鞋子進行訓練時，許多問題又接二連三地冒了出來，所以我們只好不斷針對鞋墊進行微幅但又非常重要的調整。一直到幾年後我們都還在不斷進行微調。這依舊是一項尚未完成的工作，我們到現在都還沒找到鞋墊的最佳狀態。也許也沒有一個絕對完美的解決方案。事實是，過了這麼多年，我的副舟狀骨還是時不時會痛起來，有時候我甚至因此被迫縮短訓練時間，那也是狄丁花最多時間按摩的部位。這個問題我們勉強是控制住了，但永遠不能放下戒心。

最棒的消息是，二月的時候，我就恢復了正常訓練。而且在消失了將近四個月後，我也終於能在這個月上場參加在馬賽舉辦的錦標賽。踏上球場，聽到麥克風大聲宣布我的名字，看到、聽到現場的觀眾，在比賽前進行暖身準備：我一直夢想著這一刻的到來，或說，我幾乎不敢去想像這件事，但是，我終究是回來了。我還沒贏得任何勝利，但光是踏上球場，我就感受到一股彷彿贏得冠軍般的狂喜。我找回了我以為會永遠失去的人生，而且我從來沒意識到我所擁有的一切是多麼珍貴，我能成為職業網球選手是多麼幸運。同時，我也更深刻地瞭解運動員生涯非常短暫，還可能隨時被迫中斷，我不能浪費時間。從現在起，我會雙手並用，牢牢抓住出現在我眼前的每一次機會。因為我從那次的經驗中學到，我永遠沒辦法很肯定地知道，生涯中的最後一場比賽會發生在什麼時候。這個體悟讓我得出了一個結論：我必須把每一場比賽、每一次練習，都當作是最後一次那樣，全力以赴。我曾經那麼接近網球生涯的終點，我曾親眼目睹職業生涯的末路，而這樣的經驗雖然非常慘痛，但另一方面，也讓我的心理素質更加強健，增長了我的智慧，讓我看見生命——任何一種生命——都必須和時間賽跑。

我比我想像的還要更快就重新步上了軌道，在馬賽一路打進準決賽，然後馬上接著在下一個錦標賽中贏得冠軍。那是在杜拜舉行的比賽，我不只在決賽中打敗了費德勒，而且那還是個硬地球場，應該是對我的腳負擔最大的一種球場。那是非常不可思議的自信補給，因為這下我真的知道，我回來了！然後我發現了一件很奇妙，也蠻令人鼓舞的事，那就是在正式比賽時，我的腳沒有平常練習時那麼痛。我對狄丁在各方面的判斷都很有信心，而他對此也有一套解釋。他說，那是因為在比賽時，腎上腺素和腦內啡大量分泌，就像天然的止痛劑一般；另外，在比賽時，我會進入全然的專注狀態，將自己和實體世界隔絕開來，因此，就算疼痛感還在，我也比較感覺不到。

因此，在我傷後復出後，我們做的另一個調整，就是減少訓練量。我的體能訓練師佛卡德從來沒有建議我練習長跑，雖然我知道那是很多網球選手都會做的訓練。我們如果真的去練跑，通常也不會超過三十分鐘。現在，我們直接把跑步練習全部取消了。因為平均來說，我一年會打大概九十場比賽，而這些比賽就足以提供我所需的有氧運動量了。此外，因為我的左腳還是太脆弱了，所以我們把整體訓練量都減少，包括在球場上的實地訓練和在健身房的體能訓練。在受傷前，一直到十八歲的時候，我每天訓練至少五小時，有時候更多；而現在，我每天只訓練三個半小時，而且強度也比過去低。我不再以百分之百的強度，連續訓練兩個小時，我現在拿出百分之百的強度只會連續訓練四十五分鐘，並轉而針對更細節的部分進行訓練，像是截擊或是發球等等。

我不會改變自己，我永遠都會是努力追擊每一球的選手。我的球風依然是以防守和反擊為主。但是當我回頭去看以前比賽的影片，比如說，二〇〇四年的台維斯盃決賽，我對上羅迪克的那場比賽，就看得出過去更有活力滿場跑的風格，現在已經看不到了。我現在更懂得精打細算，盡可能壓低活動量，而且我也很努力提升我的發球品質。雖然發球依然不是我的強項，而且也明顯差了費德勒和其他許多選手一截。但我在二〇〇六年二月重返網壇時，確實很有意識地加強這方面的技巧。托尼也提醒我，我的發球速度明顯增加了不少。他說在受傷之前，我的發球球速大約是時速一六〇公里；但是在馬賽，我的發球幾乎都超過時速二〇〇公里。

發球球速變快，應該會對我上半年在美國參加的兩個錦標賽，印地安泉（Indian Wells）大師賽和邁阿密大師賽有所幫助，但我還是兩場都敗下陣來。在邁阿密，我第一輪對上老朋友莫亞就慘遭滑鐵盧，他對我毫不留情。但是反過來說，三年前，我們第一次在漢堡的比賽碰頭時，我對他也沒有手軟。

然後，我又回到了地中海。那一年再度踏上蒙地卡羅，感覺像是回到家一樣。我又回到了紅土球場，那是我奪下生涯第一座ＡＴＰ巡迴賽冠軍的地方。我再度和費德勒在決賽時碰頭，也再度贏得勝利。然後，我又在羅馬的錦標賽決賽中碰上他。那是場硬仗，是對我傷勢復原情況的最終極考驗。我通過了！比賽進行了五盤，打了五個小時。我救下兩個賽末點，並贏得比賽。接著，我們又回到了羅蘭加洛斯球場，而我也獲得了衛冕法國公開賽冠軍的機會，這是四個月前的我連想都不敢想的。對我而言，重新站上羅蘭加洛斯球場，比我去年第一次參加法網的意義更加深刻。再次贏得勝利，對我和我的家人而言，意味著我們所經歷的夢魘，儘管難以忘卻，但已經結束了，我們可以帶著全然的信心，重返差點被迫提前終結的勝利之路。而且我還想證明一件事：我想告訴大家，我在二〇〇五年的勝利不是曇花一現，我是真的有實力可以加入大滿貫選手的行列。

我非常艱辛地打進了決賽，一路上打敗了許多當時數一數二的頂尖好手，像是瑞典的索德靈、澳洲的萊頓．休伊特（Lleyton Hewitt），以及八強賽的對手喬科維奇。年紀比我小一歲的喬科維奇是個很厲害的選手，脾氣很大，但他實在非常有天分。托尼和我經常聊到他，我也已經默默地從後照鏡觀察了好一陣子，看著他不斷向我進逼。他的排名快速攀升，我也深信他要不了多久，就會和我並駕齊驅，到時候就不只是我，而是我和他一起對抗費德勒。喬科維奇的體格結實，速度很快，發球非常強勁，而且不論正手拍或反手拍都非常出色——甚至到了讓人炫目的程度。更重要的是，我看得出來他非常有企圖心，而且具有王者風範。雖然他比較擅長硬地球場而不是紅土球場，但是他的積極好勝，足以讓我在羅蘭加洛斯球場陷入苦戰。我以六比四、六比四，連續拿下第一和第二盤，然後就在我做好心理準備，要和他纏鬥一整個下午時，他不幸地（但對我來說卻是很幸運地）因為受傷而被迫退出比賽。

決賽時，我又碰上了費德勒。第一盤我以一比六輸給了他，但是之後連贏三盤，最後一盤則是在平手之後拿下。後來，當我回頭去看比賽的影片時，我認為整體來說費德勒打得比我更好，但是在那樣的高壓氛圍之下（他迫切地想完成生涯大滿貫紀錄；我則是努力想擺脫之前暫別網壇的陰影），我成功挺住了。

在莫亞看來，費德勒在和我對打時，總是沒有辦法完全做自己。莫亞說我是靠著消耗戰打贏他的，不斷用疲勞轟炸的攻勢，迫使像他這樣具有傑出天分的選手，出現相當罕見的失誤。那確實是我的策略，但我還覺得，我獲勝的另一個原因在於我前一年才剛拿下冠軍，這給了我平常較為缺乏的信心，尤其是在面對費德勒時通常更加缺乏。無論原因為何，我終究贏得了生涯第二座大滿貫冠軍獎盃。

在經歷了前幾個月的風風雨雨後，贏得這場勝利是讓人心情澎湃的一刻，我和前一年一樣衝上看台，這一次我直接奔向我父親。我們緊緊相擁，而且兩個人都喜極而泣。「謝謝，爸爸，謝謝你所做的一切！」我說道。他不喜歡表露出自己的情緒。在我受傷的那段期間，他覺得自己有義務要保持堅強、冷靜的形象，但是直到現在，我才知道他多麼努力讓自己不要崩潰。然後我擁抱了我母親，她也一樣熱淚盈眶。在我獲得勝利的那個瞬間，腦中唯一的念頭就是，是他們給我的支持幫助我度過難關的。贏得二〇〇六年法國網球公開賽冠軍，意味著我們已經度過了最黑暗的時刻；我們克服了一個原以為會徹底擊垮我們的困難，而且還變得更加強大。我知道，對我父親而言，那是我整個職業生涯中，最讓他感到無比喜悅的一刻。在他看來，要是我的腳可以經得起和王者之王對戰，那表示它可以再撐上好一陣子。因為他非常清楚我經歷了什麼打擊，對他來說，這代表著死而復生。

現在，我終於可以開始思考要怎麼達成我的畢生夢想：贏下溫布頓冠軍頭銜。柯斯塔還記得，我在二〇〇五年，第一次贏下法國網球公開賽時的反應是，「好，接下來換溫布頓。」他後來坦承，那個時候，他認為我太好高騖遠了。他真的不覺得我有辦法在溫布頓拿下冠軍。但當我在二〇〇六年，第二次拿下法國網球公開賽冠軍，並且再次宣告我下個目標是贏得溫布頓冠軍時，他說他也漸漸開始動搖了。一方面因為草地是對我的腳最無害的一種場地，但是最重要的是，他終於相信我確實有實力能在這種規模的大型比賽中獲勝。另一方面，曾經也是頂尖網球選手的莫亞，面對大滿貫賽有著誠惶誠恐的態度，他認為我沒辦法在另外兩大賽事，美國公開賽和澳洲公開賽，有所斬獲。但是溫布頓，是有可能的。於是，他也加入了我的行列，認為我總有一天將會舉起溫布頓金盃。

儘管我外表看來信心滿滿，但事實上，在一個月後，我終於有機會站上溫布頓球場時，我還是非常缺乏獲勝所必要的自信心。我雖然成功打進溫布頓決賽，但費德勒打敗了我，他一派輕鬆的程度比帳面上六比〇、七比六、六比七、六比三的比分，更有過之而無不及。

但現在已經是兩年後，二〇〇八年的溫布頓錦標賽，我以二比一的盤數比領先，而且輪到我的發球局。光就比賽內容的品質而言，第四盤可能是我們整場決賽中打得最好的一盤。我們兩個人都處於最佳狀態，一次又一次在來回對打後以漂亮的致勝球做結，而且失誤極少。因為我先發，因此總是領先一局，費德勒則是要靠保住發球局才不會被淘汰，但他也一次次成功保住發球局。千萬不要說費德勒不是個鬥士。

這一盤又來到搶七局，由我先發球。中央球場的觀眾此時已經放下了所有矜持，一半的觀眾大喊著「費德勒！費德勒！」，另一半則喊著「納達爾！納達爾！」這一局的第一分，我第一次上到網前，然後馬上想起自己為什麼從來不上到網前。費德勒也隨即往我的正手方向打了一記穿越球。不祥的開頭。不過，我接下來突然獲得了一連串好手氣。我充滿信心，充分掌握了比賽的節奏，我在他發球時連續拿下兩分。之後，我再以其人之道，還治其人之身，給了費德勒一記Ace球，然後又打出了讓他難以回擊的漂亮一發。我取得了四比一領先，只要繼續保住剩下的發球局，就能順利拿下溫布頓冠軍。我還是不敢提前想像獲勝的情況，儘管我每一球都打得非常漂亮，但我沒有像平常那樣揮拳慶祝，我很刻意地讓自己盡可能保持冷靜和專注，試著表現出沒有情緒的樣子，不斷提醒自己，這可是費德勒，他比世上任何一名選手，都更有可能在此時突然使出錦囊妙計，上演大逆轉。

現在輪到他發球了，相較於我預測自己在下一局的心情，現在我顯得輕鬆許多，因為我已經破了他兩個發球局，而且處於領先位置。要是我能再拿下他的發球局，那會是意外的加分，但我沒有要靠破發來取得更多優勢。我不像他那麼有壓力，一定要贏下後面兩分，這讓我能稍稍喘口氣，直到我的發球局再度來臨。我告訴自己：「繼續照著比賽策略走，繼續往他的反手方向打高的上旋球。」但他在下一分時，突破了反手拍的窘境，靠著底線的一記強勁正手拍，拿下了那一分。

我以四比二領先，我們換邊。我按照慣例，輪流從兩個水壺中各喝了一口水；他走回場上，我也馬上跳起來走向接球區。下一次來回對打，又漫長又讓人緊張，總共打了十五次來回，我們兩個都非常小心翼翼，我一直克制自己想要以致勝抽球結束這回合的衝動，沒有掌握好的話，那可能是自殺行為，最後，他先失去耐心，打了一個太過外角的反手拍。我讓自己小小慶祝了一下：非常謹慎、收斂、慢動作的揮拳。不張揚，就連中央球場的現場觀眾也看不到的小小慶祝，但我的內心——控制不了——感覺這表示我離目標非常、非常近了。輪到我的發球局，五比二領先，我感覺自己畢生的夢想已經唾手可得。而那就是我走上毀滅之路的時刻。

目前為止，我的腎上腺素都很有效地壓制住了緊張感，但現在，緊張的情緒突然佔了上風。我開始覺得自己彷彿站在高聳的懸崖邊上。在我準備進行第一發時，邊拍球邊想著，「我該往哪裡打？我應該勇敢地瞄準他身體的方向，殺他個措手不及嗎？不過我前幾局才栽在自己這種小伎倆之上。」我不該多想的。我應該繼續堅持我的策略，直接往他的反手拍方向打個外角球。但我卻瞄準了正前方，用力擊出了深遠的一球。現在我非常、非常緊張。我進入了未知的領域，過去從沒有過類似的感覺。在我拋球的同時，我對自己說，「小心雙發失誤，別搞砸了。」但我知道我一定會搞砸的。我整個人是如此的緊繃。果不其然，我的第二發就這樣軟綿綿地，打在網子上。緊張吞噬了我。但不是因為我害怕輸球，是因為我害怕獲勝。我非常迫切地想贏得溫布頓，我想贏得這場比賽很久了，我一輩子都在夢想著這一刻的到來：這是我整場比賽一直努力想忽略的事實，想藉著專注在每一分的過程，轉移自己的注意力，不沉溺於過去，也不妄想未來。但是，想像未來的誘惑實在太大了，勝券在握的興奮感終究背叛了我。

害怕勝利的意思是，儘管你很清楚現在應該要打什麼球，但是你的雙腳和大腦就是不聽使喚。緊張感控制了一切，你無法再等了，忍受不了了。這不是對輸球的恐懼，因為在整場比賽中，我一直都相信我有機會能獲勝，我從沒失去信心。從頭到尾，我都認為我不該輸，我一切都照計畫走，在比賽開始前，我就在各方面都幫自己做了最好的準備。但再次輪到我發球時，比數來到五比三，我的信心已經全然消逝。我失去了勇氣。因為我沒有把剛才的挫敗拋諸腦後，繼續專心在當前的比賽，反而讓剛才的雙發失誤影響了我接下來的發球。我只想著，「無論如何，先把第一球發進再說，不要再冒雙發失誤的險了。先把第一發發進，隨便怎麼做，發進就好。」我發進了，但那是非常無力的一記發球，披著第一發的外皮，骨子裡卻是畏首畏尾的二發，懦夫的發球。沒錯，就是這個字。那是我一時的懦弱。這一球讓他能夠馬上轉守為攻。他的回擊又深又遠，我回得短了，他又再把球打到底線，結果我出現了終極的失誤——在反手拍回擊時，打了一記過低又無力的掛網球。那完全不是什麼刁鑽的球，十次有九次我可以輕鬆回擊。我甚至可能有辦法從中擊出致勝球。但我的手臂太緊繃了，我的節奏大亂，身體也失去了平衡。應該要堅定地將重心擺向擊球方向時，我的雙腿卻不聽使喚，被緊張的情緒搞得七葷八素。

比數五比四，輪到費德勒發球。現在主動權換到他那一邊了。他擊出漂亮的一發，在我正手拍方向的外角球。我奮力回擊，網前短球，他趁機打出了致勝球。我只想著，「我搞砸了，但是現在比數五比五，我們還在搶七局。只要再贏一分，贏下這一分，我就會來到贏下溫布頓冠軍的賽末點。」但他又接著打出一記漂亮的發球，我幾乎要完蛋了。現在，是他取得盤末點，輪到我發球。突然間，我沒有剛才那麼緊張了，沒有那麼擔心再出現雙發失誤。我稍微遠離了懸崖的邊緣。贏球的恐懼消逝了，我處於一個雖然不太舒服，但卻相對更習慣的情況之中：必須奮力保住這一盤。我第一發掛網，但現在我已經把「雙發失誤」的想法趕出了腦海。我的第二發發得不錯，我們進入一長串的來回對打，我繼續連續攻擊費德勒的反手拍方向。接著，我把球往他的正手拍外角方向擊去，但是放得稍短一些，他的機會來了。他決定抽一個致勝球，但是角度太大，出界了。

我們再次換邊。費德勒一如往常地比我更早回到場上。我得好好幫自己擦擦汗，再依序從兩個水壺中各喝一口水。然後我小跑步回到場上，準備發球。我終於擊出漂亮的第一發，開啟新一輪強而有力的來回對打，我們都用力地把球打得又深又遠——但他終究打得太深了。線審喊了出界，他提出挑戰。但是螢幕上的畫面顯示，線審的判決是正確的。那是費德勒最後的掙扎，我懂他的心情。在這種關鍵時刻，換做是我，也一樣會提出挑戰。現在，我來到賽末點，輪到費德勒發球。他拿出真正頂尖冠軍選手的表現，給了我一記強而有力，難以回擊的發球。

為了以防萬一，抱著姑且一試的心態，我抬頭看了看主審，提出了挑戰。挑戰結果是站在他那一邊，球剛剛好就落在線上。我們的比分來到七比七平手，接下來那一分非常精彩，至少對我而言是如此。他打了非常深遠的二發，我們來回對打了幾球，他一記強力正手拍外角球打到了我的正手拍方向，我沿著底線從一端跑到另一端接球，他快速上到網前，我則打出直線低空飛過他身邊的穿越球反擊得分。不可思議的精彩好球。

我再次來到賽末點，現在的我，已經克服了緊張的情緒。我以為我有資格站在這裡，我以為我就要征服溫布頓了。傻啊，真是傻。那是我職業生涯中非常罕見的情況，我在獲勝之前，就認為我會獲勝了。我被自己的情緒給影響了，忘掉了網球比賽比其他運動更嚴苛的黃金定律：在比賽真正結束之前，一切都還有變數。

比分來到八比七，輪到我發球，我現在在賽末點。我做了我該做的，往他的反手拍方向發了一顆外角球。他回擊了一顆落點在中場的短球，而就在那時那刻，在我往前進，準備擊球，但是拍子都還沒碰到球的那一刻，我人生中第一次，全身充滿著勝利即將到手的狂喜。我以正手拍抽球，把球打到他反手拍方向的角落，並立刻上到網前，我深信他要不是來不及回擊，就是只能勉強打出軟弱無力的一球，而我可以輕輕鬆鬆地得分。但是事與願違，他打出了漂亮的反手拍回擊，將球打到底線，我來不及接到。我在腦中重複播放這一球的過程好多、好多次了。那個畫面像錄影帶一樣儲存在我的腦海中。

我當時應該改變哪個步驟？我可以把球打得更深遠，也可以打到他的正手方向。但即使到現在，我還是不覺得把球打到費德勒的正手方向會是正確的決定。原因是：要是我往他的正手方向打，他可能會打出穿越球，或是他會成功回擊，而我卻接不好，這兩個情況都會讓我徹底被打敗。因為那表示我沒有遵照自己的比賽策略，持續往反手拍方向攻擊，我當下馬上就會知道自己犯了大錯。那會讓我的心理狀態大受打擊。而我所打的球，雖然執行層面不盡理想，但是卻是照著比賽策略進行，那一球其實也不算是打得不好。大部分情況下，他都沒辦法好好回擊。平心而論，他確實打出了非常精彩的一擊，而且還是在無比巨大的壓力影響之下。前一分我打出了個人在整場比賽中的最佳好球，而他也馬上回敬了我一記他個人的最佳表現。一直要到一切都塵埃落定了，我才能靜下來回想，並瞭解就是因為這些特別的時刻，當比賽的戲劇張力來到最高潮的時刻，才讓那場溫布頓冠軍賽如此特別。

那一記致勝球讓他一下子上了頭。下一分，他不斷調動我，讓我疲於奔命，他帶著無比的信心擊球，最後以我完全無法回擊的正手拍對角球拿下這一分。比分來到九比八，還在搶七局，輪到他發球，他的第一發打得非常深遠，促使觀眾發出相當不尋常的嘆息，「噢！」觀眾還不希望比賽這麼快結束，他們想繼續看我們打到第五盤，而他們也如願了。他的第二發時，我打了一記深遠的回擊出界，現在，一切真的又重頭開始了。我們二比二平手——或是更實際地來說，就是○比○平手。

馬約卡人

塞巴斯提安和妻子安娜瑪麗亞會拒絕讓兒子在青少年時期，接受看似非常誘人的巴塞隆納網球獎學金，其實說來也不太令人意外。而納達爾面對父母的決定時，也感到鬆了一口氣，這更是完全在意料之中的事。這座島對納達爾有著難以言喻的強大拉力：他出外參加各大國際賽事時，總是會很想家；而且他也總會在第一時間，就趕著以最快的速度返家。

從這一點可以明顯看出他的好勝決心，也看得出他在運動場上和私下性格間的差異，他只有在家的時候，才能完全做自己。網球選手納達爾，不管在世界的什麼角落都能獲得勝利；但是出了馬約卡，納達爾這個人，就像離開了水的魚一般，無所適從。

至於背後的原因，當然和馬約卡人強烈的身份認同有關，但是，同時也是因為馬約卡是全世界唯一一個，能讓納達爾覺得自在的地方。因為這裡的人能夠以他希望的方式來看待他：不在乎他的成就，而是看重他性格中的美德。

納達爾家族的人，最引以為豪的，就是他們既代表了，也遵循著馬約卡的文化傳統，其中最顯而易見的一點，就是他們一家人堅若磐石的團結精神，而這也是納達爾之所以能發展出高超拼勁和心理韌性的基礎。馬約卡人的家庭關係之緊固，即使在具有深厚天主教傳統的西班牙境內都獨樹一格。西班牙人的另一個特色，就是他們對於祖先歷代生活的城鎮、鄉村，具有非常強烈的歸屬感和忠誠度。在這方面，馬約卡人一樣也比其他地方的人更極端，而納達爾家族更是如此，他們所有最親近的人際關係，都來自家鄉馬納科，也是馬約卡島上的第三大城。

塞巴斯提安和安娜瑪麗亞，他們兩個人都在此出生長大，他們的父母和祖父母也一樣都是土生土長的馬納科人。納達爾和他已經交往五年的女友，瑪麗亞．法蘭西斯卡，也是一樣。納達爾和家鄉的感情如此深厚，我們很難想像他會和來自任何其他地方的女子交往。馬納科就是納達爾的自然棲息地，要讓他和來自邁阿密或蒙地卡羅的人談感情，就像讓不同物種雜交一般不自然。

納達爾的大家族，上下三代都居住在馬納科，或是小鎮外圍的濱海度假村基督港。納達爾最親近的男性朋友，也幾乎全部都是馬納科當地人，其中也包括了他的物理治療師梅莫。其中唯二的例外，是莫亞和納達爾的體能訓練師佛卡德，他們不是馬納科人，他們出生在附近的帕爾馬，馬約卡的首都。

至於陪伴納達爾征戰世界的專業團隊中，怎麼會出現兩個加泰隆尼亞人，柯斯塔和羅伯特，這也有個很好的解釋。對馬約卡人來說，「外人」分成兩種：加泰隆尼亞人，以及剩下的其他人。因為語言和地理位置相近（加泰隆尼亞的首都巴塞隆納，離馬約卡搭飛機只要兩個半小時），加泰隆尼亞人被當作表兄弟姊妹一般看待。而同為西班牙人，在納達爾的團隊中非常受人倚重及愛戴的佩雷茲．巴巴迪尤，則來自安達魯西亞，他的行為處事自有一套；他非常外向——大多數安達魯西亞人都是如此——因此，常被看做是團隊中有趣又稍微難以理解的異類。

馬約卡人的團結，助長了他們在其他西班牙人眼中的形象——馬約卡人常被形容為「個性多疑」。讓我們快速回顧一下馬約卡的歷史，就能瞭解為什麼這個看法可能其來有自。馬約卡在歐洲地圖上只是一個小黑點，但是在過去至少兩千年來，卻不斷成為外國侵略者和佔領者的目標。首先是羅馬人，然後是汪達爾人、摩爾人、西班牙人，接著，在五十年前開始的觀光業大爆發後，又充斥著英國和德國觀光客——以當地人的話來說，就是「北方蠻族」——他們之中許多人移居此地，佔據了小島上風景最優美的地段。（馬約卡的永久居民人數大約是八十萬人，而每年卻迎接大約一千兩百萬的觀光人潮，遊客在此儼然自成一個平行世界。）

而在被侵略佔領的期間，以及各路人馬輪番攻佔的間隔之中，還得面對海盜長年不斷侵擾馬約卡的海岸。這大概就是為什麼，一直到一九五〇年代，我們都還很常遇到，一輩子從來沒想過要親近大海——甚至從沒看過大海——的馬約卡人，或是會問你「馬約卡比較大，還是馬約卡以外的世界比較大？」的馬約卡人。他們一直以來和外來佔領者和平共處一室的方法，就是安靜謹慎的不抵抗作為。

塞巴斯提安並不會爭辯外人的這個印象，他只是鼓勵有興趣瞭解馬約卡文化的人，去讀一讀一本深受島民和遊客喜愛的小書，《親愛的馬約卡人》（Dear Mallorcans）。真要說的話，這本書強化了其他西班牙人對島上居民的看法，形容他們為「沉著」且「隨時準備好傾聽，但不一定會開口」。這和塞巴斯提安跟兒子兩個人的個性相當吻合，但卻和愛說話的托尼不太搭嘎，而這恐怕也就是為什麼其他家人常覺得他格格不入。

然而，納達爾今天能夠征服全球網壇，成為世界各地家喻戶曉的名人，也是因為他在某些關鍵層面，和托尼一樣，都違背了島民的刻板印象。「在馬約卡，人們所追尋的成功，大都是指生活的情趣而不是工作，他們對時間的觀念，大多和休閒享樂相關，而和努力而來的物質成果較沒有關係，」《親愛的馬約卡人》一書中說道。納達爾如清教徒般對工作的異常狂熱和投入，似乎和近年來開始出現的德國佔領者更相似，而不是歷代的馬約卡祖先。同樣也是來自馬約卡的網球冠軍莫亞，就坦承自己的野心比納達爾要小的太多，他指出，納達爾和托尼兩個人對勝利的渴望，和被他形容為「輕鬆愜意，近乎加勒比海風情的」典型馬約卡性格南轅北轍。

另一方面，在和網球無關的事物上，納達爾確實擁有小書中所形容的，馬約卡人特有的，對時間滿不在乎的態度。他天生沒有什麼時間觀念，當他在馬納科和朋友玩樂的時候，對於一路在夜店跳舞跳到早上五點這種事，完全不會遲疑。他和其他朋友的不同之處在於，他會打破島民的慣例，堅持在四個小時後起床，到網球場上接受訓練。當他投注了畢生心力的運動呼喚他時，他就會從地中海享樂主義之子搖身一變，成為克盡職守的模範生。

他的馬約卡同鄉都對他所選擇的道路非常佩服，也對他為小島帶來的成就肅然起敬，但他們並沒有因此對他刮目相看。「馬約卡沒有出產很多英雄人物，」《親愛的馬約卡人》一書中說道，「但他們之中的英雄，也不會受到眾人的大肆慶祝。」也因為如此，馬納科才會是全世界唯一一個，能讓納達爾在光天化日之下安心地漫步在大街上，或是到店裡購物的地方，因為他知道在這裡，絕不會被人群簇擁著要簽名或合照，也不會在路上被陌生人突襲。這又是島民個性保守的另一個例子。任何形式的炫耀或張揚都不受人讚賞（要是納達爾的成就讓他覺得自己應該受到特殊待遇，人們的反應會是「他以為自己是誰？」），同樣地，過度地大肆讚揚他人，無論這個人是否值得，也同樣會被視為一種粗魯的行為。「任何想讓自己高人一等的人，」《親愛的馬約卡人》一書中說道，「鶴立雞群的頭就會立刻被斬掉。」當納達爾不在打網球時，他完全沒有要贏過任何人的慾望——事實上，還恰恰相反。因此，做為納達爾的母親，安娜瑪麗亞說道，馬約卡是唯一一個可以讓他完全放鬆充電的地方。「要是他沒辦法在每次錦標賽結束後就回家，他會瘋掉的。」她說道。對納達爾而言，他的網球生涯正處於一片狂熱之中，而回到馬約卡就是平靜的同義詞。

第六章
「純粹的喜悅來襲」

有些比賽，即使打到了最後一盤，我還是覺得遊刃有餘，感覺自己的表現還能再上一層樓。但這次沒有。在溫布頓決賽的第五盤開打時，我完全沒有這種感覺。我已經盡我所能地拿出最佳表現，但是我還是接連兩盤都在平手搶七局時輸給費德勒。現在最大的危機，就是讓這個想法鑽進腦中，動搖我的信念。費德勒現在在做的，也是我常常對其他選手做的事。他把自己從險境中拯救出來，在情況絲毫不樂觀時成功反擊，贏下最關鍵的幾個得分。我剛剛丟了一個獲得勝利的大好機會。讓事情更糟糕的是，現在輪到他先發球了。這在決定性的一盤中是個優勢，因為如此一來，我得確保自己能保住所有發球局，才不會提早被淘汰出局。我們已經連續二十五局都沒有破過對方的發球局了，再加上，我們都已經拿出自己百分之百的實力，我要在這一盤一開始就破費德勒的發球局，感覺頗有難度。但我的思緒很清晰。我的外表看起來很激動，但內心非常冷靜。我坐在椅子上等著比賽開始時，沒有花心思去哀嘆前兩盤的失敗，我不會讓前一盤沒有好好把握住五比二比分優勢的失敗經驗吞噬我。雙發失誤的陰影消失了，忘光了。我以務實的方式思考，就像我父親在面對壓力時的做法一樣。忍耐意味著接受，接受事情本來的樣子，而不是你希望它們成為的樣子，然後向前看，不要耽溺過去。也就是要看清楚自己的情況，然後冷靜地思考。當時我告訴自己：「別急著在第一局就想破他的發球局，先專心在第二局，保住自己的發球局。」要不然，只要我在自己的發球局裡，在某個關鍵分不小心出了錯，費德勒就可能在這一盤取得三比〇的領先，到時候，我的心理狀態恐怕就岌岌可危了。即使他只破了那麼一局我的發球局，我也會感到勝利已經離我遠去。我得先保住自己第一個，以及後面的兩個發球局，那是我現在的第一優先。他現在正能量爆發，非常危險。但我知道我該怎麼做：只要我能確保自己贏下所有發球局，就能讓比數來到三比三平手，到時候，他的衝勁就會被擋了下來。一路推著他前進的風勢不再，我們一直瞞著觀眾互相較勁的心理素質拼鬥，又會回到原點。他只要有任何一丁點的小失誤，我就會再次站上勝利的邊緣；我只要有任何一點小失誤，他就能拿下勝利。我想要確定我能保住所有發球局，撐到比賽進入誰都有機會勝出的階段。

去年的溫布頓決賽，我被費德勒以五盤終結，而且在最後一盤丟掉四個破發點，這件事依舊縈繞在我心頭揮之不去，但當時輸球的經驗，到了比賽的此時此刻，顯得格外有價值。那次交手中，我也曾經離勝利只有幾步之遙。我知道我有機會獲勝，而失敗的原因，就是因為在許多關鍵時刻，我都被情緒給蒙蔽了自己的理性判斷。我當時還沒準備好以適切的冷靜心態來面對不可避免的不安和緊張。

現在的我，非常需要冷靜的腦袋，因為我們即將進入在西班牙被稱為「心臟病」的一盤比賽。我快速瞄了一眼我的家人，看得出來，他們各個都想起了二〇〇七年的經驗，陷入了恐懼之中。我也想起了去年的情況，但是我已經能以更有建設性的角度看待。我從去年的經驗汲取了教訓，也有信心能將這個教訓付諸實踐。第五盤開打，我感到非常放鬆、輕盈，我相信我會獲得勝利。在第四盤與勝利失之交臂，沒有打敗我，反而讓我變得更強壯。因為這一次，我不會再犯下相同的錯誤。我不會再出現蹩腳的雙發失誤。我不會去想要贏下這一局，而是專注在贏得每一分。我會讓我的直覺主導比賽，讓我過去上千小時的練習成果，在比賽時自然發揮。

兩年前，我在法國網球公開賽擊敗費德勒，且在溫布頓決賽——我們一共在溫布頓決賽交手了三次，那是第一次——輸給他的時候，我曾經認為，他在法網打敗我完成生涯大滿貫的可能性，絕對大過我在溫布頓中央球場奪下冠軍的可能性。我從二〇〇六年起，就一直佔據了世界排名第二的位置，在後面對他窮追猛打，但卻無法與他並駕齊驅。這一陣子，我的表現比較是保持步調，而不是戲劇性地大幅躍升。我在二〇〇七年和二〇〇八年的紅土球季都表現優異，分別第三、第四度奪下法國網球公開賽冠軍，打下了法網霸主的稱號，一如費德勒也擁有溫布頓霸主的頭銜。我在蒙地卡羅創下的紀錄更是讓人格外滿足。蒙地卡羅就像我的第二個家，我在二〇〇八年奪得冠軍後，成為了史上第一個在蒙地卡羅完成四連霸的職業選手。我在決賽以七比五、七比五直落二擊敗費德勒，並且馬上就迫不及待地想趕快回家。儘管我很喜歡這裡，但我完全不想再在蒙地卡羅多待一晚；我想馬上直奔回家，而當時唯一的交通工具，就是先搭一班廉價航空班機到巴塞隆納，再從那裡轉機回帕爾馬。我還記得當我出現在尼斯機場，和大家一起在候機室等著登上橘色的易捷航空（easyJet）班機時，其他乘客臉上詫異的表情。他們很驚訝地看著我和其他人一起排隊買飲料、買三明治。其中一個人還問我，為什麼沒有搭私人飛機？事實是，因為我不喜歡。我大可以要求任何一個贊助商提供私人飛機，但那會讓我覺得不舒服。那對我來說太招搖了，再說，我也不喜歡濫用我們的合作關係。但當我登上飛機，千方百計地想把那個頭矮小而寬大的蒙地卡羅大師賽冠軍獎盃塞進座位上方的行李架時，確實也遲疑了兩秒，懷疑自己選擇搭廉航到底是不是正確的決定。就在我一邊嘗試調整各種角度擺放冠軍獎盃時，座艙內爆出一陣嘩然，有人鼓掌，有人爆笑。有個乘客問我，放眼當前網球界，除了費德勒以外，我還有沒有其他對手？我想都沒想，答案就脫口而出。「諾瓦克・喬科維奇，」我說，「再過幾年，他就會給我們帶來非常大的威脅。」

他現在就已經給我帶來了不少麻煩。雖然我在二〇〇七年的印地安泉大師賽曾經擊敗他，贏得我在美國的第一座錦標賽冠軍，但我在緊接著舉行的邁阿密大師賽中，就輸給了他。同一年，我分別在法國網球公開賽以及溫布頓錦標賽的準決賽中擊敗他，但是他隨即在加拿大大師賽上擊敗了我，更奪下該場比賽的冠軍。相隔一年，當我們在二〇〇八年碰頭時，我在印地安泉大師賽中輸給了他，但是接著在德國漢堡以及法國公開賽中都打敗了他。不過，他在那年一月就贏得了一個大滿貫冠軍，澳洲網球公開賽，當時他才二十歲。雖然大家的目光焦點都還在我跟費德勒身上，但我們兩個都很清楚，喬科維奇是剛開始嶄露頭角的明日之星，而他比其他任何選手都更有可能威脅到我們雙王稱霸的情況。更讓我難以招架的是，他的年紀比我小，這對我來說是個全新的體驗。我這一輩子，一直到現在，不管是在網球界或是小時候在馬約卡青少年足球聯盟，都習慣於扮演那個勇於大膽挑戰，並打敗資深前輩的初生之犢。現在，輪到這個年紀輕輕的傢伙要來打敗我了，而就算是我贏球的時候，他也總是讓我贏得非常辛苦。只要我沒有因傷提前引退的話，我可以合理推測費德勒會比我早退休。因此，喬科維奇將會一直糾纏我到我職業生涯的結束，想方設法地要超越我的世界排名。

我在紅土球場上對他還是保有優勢，一如對上費德勒和其他人時一樣；但是一旦來到硬地球場，我對上他就會打得很辛苦，一如對上許多其他選手的時候一樣。硬地球場是我最難以適應的場地。我在球速較快的球場的表現，還沒有長足的進步，目前在澳洲網球公開賽已經稍微往前推進了一些，但是在美國網球公開賽，卻幾乎沒什麼進展，這在目前看來是我打得最艱辛的大滿貫錦標賽。但是，我永遠不會滿足，我會一直追求更多。或者說，無論如何，我想要把自己的各項能力都發展到極限。

在此同時，我的收入高到超乎我的想像，不過我卻從來沒有想過要在蒙地卡羅、邁阿密，或甚至是馬約卡給自己買間公寓。我很樂意繼續住在我父母的房子裡。這不是因為我勤儉持家，我一直夢想著要給自己買一艘船，停泊在基督港。我偶爾也會想給自己買輛豪華跑車，而這個幻想終於在二〇〇八年法國網球公開賽期間的一個六月天有了著落。

當時我跟父親一起在街上漫步，突然間，我們經過了一間奢華跑車展售店。我停下腳步，從窗戶看進店內，看到一輛漂亮的跑車，於是我跟父親說，「你知道嗎？我想我可能會給自己買一台這種車。」我父親看著我，露出難以置信的表情，好像我瘋了一樣。我明白他的反應，我早就猜到了他會有這種反應。雖然沒有任何明文規定，也沒有任何法條禁止，但我和他都很清楚，買這種車會被其他家人，以及我們在馬納科的鄰居——還有，沒錯，就是我父親本人——視為粗俗的張揚炫富。我突然覺得有點羞愧。但是，在我內心最深處，我還是很想要那台車。要是我父親直接拒絕我，跟我說不可以，那我就會馬上放棄這個想法。我絕對不會違抗他的意願去買車。但是，相反地，他想出了一個自認為迂迴的回應。他說，「聽著，如果你贏了今年的溫布頓，那你就可以給自己買台跑車，你覺得怎麼樣？」我說，「還是如果我這個禮拜在巴黎贏下法國公開賽冠軍就買呢？」他笑了笑說，「不不不，你得贏下溫布頓，然後才能買。」我很清楚，他的回應就是仗著他認為溫布頓還離我太遠，他從沒想過自己會輸掉這場賭注。所以一個月後，在中央球場上，溫布頓決賽的最後一盤開打前，我想打敗費德勒，贏得所有選手最渴望的大滿貫獎盃的動機又多了一項。

我盡可能保持冷靜，儘管緊張當然是難以消除的，在我面對費德勒發球的第一分時，表現得不太理想。我們在這一分進行了相當犀利的來回對打，他被我逼的打出鬆散的反手拍回擊，這一球在打到他的球拍框之後，勉強翻過球網。但是我沒有趁機擊出致勝球，反而選擇放小球。通常是只有在別無選擇時，才會放小球，比如說球落地離你太遠沒有別的打法，或是當你看到對手已經完全退到了底線，沒辦法及時上到網前接球時。但有時候，放小球只是因為太緊張了，感覺這一球太難處理，不敢用力打。我就是如此。那一球顯露出了我的懦弱，他很俐落地回擊，把球吊高到我的反手拍位置，我勉強揮拍，打了個外角球出界。不好的開始。

另外一個重點，就是費德勒可能已經開始覺得我變弱了，我不能再強化他的這個印象，讓他覺得我會繼續錯失眼前的每個機會。因此，我當時想道，「你的手感還是很好，剛才只是一時緊張；下一次再有機會，就算只是微乎其微的機會，你也要馬上抓住，用力反擊。」而我在面對他第二發的外角球時，也確實這麼做了。我以正手拍大力一揮擊出對角球，他連摸都沒摸到。我本來是沒有預計要打得那麼好，那麼貼近邊線，但我對這個結果一點怨言也沒有。

他以一記強勁的發球贏得下一分，然後他也像我在第一分的時候一樣，被緊張給擊垮。他又是一記漂亮的第一發，我的回擊略顯薄弱，但他卻沒有乘勝追擊，反而放了一個小球。而且，球還沒有過網。雖然我當下的目標只求保住發球局，但我在三十比三十平手時，突然隱約看見一個出乎意料的好機會；不過，他還是接連打出兩個強勁的一發，贏下了這一局。然後，我在自己的發球局一開始就失掉一分，正手拍擊球角度過大出界。在發球局以十五比〇落後絕對不是好事，但是，現在又更糟糕，因為現在的每一分都無比關鍵。我現在得努力奮鬥保住發球局；隨著比賽時間拉長，情緒也愈加高漲的觀眾，也很清楚這一點。我努力保持冷靜，板著撲克臉。我拿下了下一分，然後費德勒不小心洩漏了自己的焦慮程度，因為他居然對我打出的正手拍上旋球提出挑戰，這一球非常精準地落在線上。我們兩個人的表現已經不像在第四盤時那樣勢均力敵了。我們都神經兮兮地試探著彼此。我們最大的不同之處在於，我的第一發總是發不進，而他卻可以，不過，在雙方都出現失誤後，我還是順利在三十比三十之後，連贏兩分，拿下了這一局。我右手握拳慶祝，抬頭瞥了一眼我妹妹和叔叔姑姑們，他們向我點點頭表示鼓勵，神情非常嚴肅。其他球迷可能有對我微笑，但我的家人可沒有。

我們現在各贏一局，一比一平手，費德勒發球，他的第一發總是毫無懸念地成功發進，至少看來如此。不過，那是他唯一可圈可點的表現。每次我只要表現得稍微強勢一點，他就會開始連一些簡單的球都打不好。接著，完全出乎我意料地，他居然出現雙發失誤，讓這一局比分來到平手。我們兩個都不在最佳狀態，但我打得稍微沒那麼糟糕。他在第四盤時的勢如破竹似乎已不復存在。我開始漸漸佔了上風。結果，我馬上打出了一個太過深遠的正手拍，瞬間把自己給搖醒。我沒有因為憤怒而大吼，雖然我很想這麼做，我很氣自己，現在所有壓力都在他身上，我卻平白無故送了他一分。下一分我又打了一個小球，但這次是攻擊型的小球，像費德勒這樣的天才自然知道不用浪費精力去追。最後，他連續贏了接下來兩分，拿下了這一局。

又一次，我必須努力保住發球局，才不會被他拉開比分。但是，我的信心其實悄悄地在增長，因為我可以感覺出他在前兩盤的急起直追，讓他元氣大傷。我們必須等著看，他是不是還能繼續保持第三、第四盤中所表現出的勇猛，但是那兩盤他都只是勉強小贏。這樣子詮釋當時的情況或許略顯樂觀，但要是不這麼想，要是我讓任何負面思緒鑽進腦中，那無疑等同於自殺行為。

我輕鬆地保住了自己的發球局，比他在前一局保住發球局時更加輕鬆愜意，而這都要感謝費德勒的一個大失誤。我又放了一個軟弱的小球——我的腦袋瞬間僵住——但是，費德勒一個箭步上前，要抓住難得的大好時機擊出致勝球時，卻誤把球打得太深遠而出界，這應該是普通業餘網球員才會犯的錯誤。比賽進行到現在，並非一切都很順利，但是我們現在二比二平手，而且目前為止，我在這一盤比他贏下更多分，雖然那在局數比分上沒有什麼用處，但是相較之下，卻能給他帶來更多壓力。

開始起風了，我抬頭看了看天空。天色很快暗了下來，也讓線審的工作變得更加困難。我們在第五局，也是費德勒的發球局，分別各提出一次挑戰，兩次的結果都對我有利。比數來到平分，然後雨又下了下來。費德勒表示自己想下場休息，主審也同意了。乍看之下，這對我而言不是好消息。第一次因為下雨而暫停時，我領先兩盤，結果重新開始比賽時，他馬上連贏兩盤追成平手；我們兩個在第五盤開始時的表現，都是今天整場比賽中最差勁的，但他打得又比我更糟一些，他的發球儼然是他最好，也幾乎是唯一的武器。儘管如此，我卻不是拼命才能保住發球局的那一個，而是他。我自認為我的狀態比他更好，而且總和來說，現在不要停下來對我是比較有利的。他比我更需要喘息的機會。

從托尼和狄丁進到更衣室和我會合時的表情看來，托尼似乎也是這麼想的。而且，很久之後，我再跟其他人聊到這場比賽時才發現，其他家人當時也都是這麼想的，他們都覺得命運之神在捉弄我。我父親說，比賽中兩次因雨中斷，對他來說都是一場折磨，而第二次暫停時給他的折磨更是有過之而無不及。他的邏輯判斷告訴他，讓比賽繼續進行對我比較有利，因為他覺得我比費德勒更難重新找回比賽的節奏。「我心想，雨會下下來，就表示你注定要輸了。」父親後來跟我坦承道。至於我的母親，她看得出來我當時打得比費德勒更好，而她也相信，下雨對費德勒有利，因為下雨打斷了我的動能。在中央球場現場觀賽的其他家人也都不約而同地開始回想自己究竟造了什麼孽，才會遭到報應，要承受這等磨難，他們幾乎不敢再繼續看下去。而且，他們每個人都忍不住心想，「要是連我都有這種感覺，那拉斐爾的心情不知道究竟如何？」

托尼進到更衣室時，臉上寫滿了憂慮，而跟他一起進來的狄丁，則比較面無表情，成功掩飾著自己的情緒，等著我表態。他後來才跟我說，其實他緊張得要命，只是他成功地用專業職責，來隱藏自己的情緒，把注意力放在幫我更換繃帶、檢查我的左腳等工作。左腳就是會痛的那隻腳，不過幸好今天到目前為止，它都還處於麻木的狀態，沒有給我添麻煩。狄丁低下頭，默默地開始做他該做的事。而托尼當前的工作，就是做好他一直以來所負責的事，找出在現在這個情況下，最應該說的話。但這次他卻找不到話說。他後來承認，當我們打到第五盤又下起雨的時候，他其實已經默默接受我會輸球的事實了。他試著打起精神，強顏歡笑，試圖壓抑自己真正的感覺，然後開始發表一段我早已經聽過了的談話，而且我聽得出來，他其實說得很心虛。我坐在板凳上，他站在我面前，然後說，「聽著，不管獲勝的機率多麼微乎其微，都要奮戰到底。成功的果實太甜美了，你絕不能輕言放棄。歷史上有太多次，選手都是因為氣餒或是體力不繼，而沒有辦法奮戰到底，但哪怕只有一個機會，一個就好，你也必須戰鬥到最後一兵一卒。只要你可以把比賽打到四比四，到時候就不是看誰球技比較好了，而是看誰更懂得控制自己的緊張情緒。」

很顯然地，托尼進到更衣室時，認為我應該會對自己沒有把握好第三和第四盤的機會而感到萬念俱灰，他想像我已經認定那樣的大好機會不會重來，因此，他現在必須進行不可能的任務，試圖讓我打起精神來。他誤會了，他現在是根據去年的劇本在執行任務。當然，那是因為他也和其他家人一樣，對我去年輸球後的那個模樣，留下了內心揮之不去的夢魘。但是，我現在進行的是個全然不同的任務。因此，他對我的回應感到相當意外。「放輕鬆，別擔心。我很冷靜，我可以的。我不會輸。」托尼嚇了一跳，突然間答不上話來。「是這樣，」我接著說，「也許最後他會獲勝，但至少我不會輸得像去年那樣。」我是認真的，不管發生什麼事，我都不會平白把勝利拱手送上給他。我不會放鬆戒心，也不會讓自己失望。他勢必得要全力以赴，一寸一寸地攻克這條成功之路，我也絕對不會讓步。相較於上一次下雨中斷比賽時的情況，這一次，在更衣室裡，費德勒變成安靜的那一個，而我則變得比較多話。托尼從詫異的心情平復過來，發現我不需要靠他幫我提振精神後，我們便開始討論比賽的技術性問題。我提了幾個自己在第四盤時出現的失誤，但不是要打擊自己的信心。我認為，把這些失誤提出來討論，可以確保自己記住出錯的原因，而不會再犯。我提到我在第四盤從五比二領先被逆轉成搶七局的失利，以及錯失的兩次賽末點；在托尼看來，這不算是錯失的機會，反而證明了我離勝利有多近，我把費德勒逼得多緊，以及——要是之後再有機會——我絕對不會輸。此外，我還提醒托尼，截至目前為止，我都還沒有丟掉任何一個發球局，但是費德勒卻被我破了兩次發球局，雖然說他打出Ace球的次數確實高達我的五倍之多。再說，既然我都已經拿下了兩盤，有什麼理由我沒辦法拿下第三盤呢？

包括我父母在內的所有人，後來都坦承，當托尼從更衣室回到觀眾席並轉述我們的對話時，他們都很訝異我的心情居然能那麼正向、那麼陽光。有些人懷疑我只是故做堅強，來欺騙自己或是讓大家冷靜下來。托尼跟他們說，他也一度懷疑我在假裝，但是他從我說話的語調，以及我的眼神中可以確認，我說的都是實話。我知道是我大顯身手的時刻了。

狄丁也很清楚。在那之後，我們又聊到那一天的情況好多次。他也跟托尼一樣，以為自己要面對的，是完全不一樣的情況，但是卻驚訝地發現，在比賽最後一段的掙扎中，我看來更有自信也更神色自若，比前一晚吃晚餐、玩飛鏢的時候，或是當天早上練習、吃午餐的時候，都更加輕鬆自在。半小時後，雨終於停了下來，狄丁離開更衣室時便和我一樣，深深相信，贏得溫布頓冠軍的時刻已然來到。

回到場上，這一盤我們目前二比二平手，費德勒的發球局，比數也是平手。他連續發了兩個Ace球，贏下這一局。沒有什麼我能做的。Ace球就像下雨一樣，你只能默默接受，然後放下。在我的發球局一開始，我就以漂亮的正手拍致勝球先馳奪點，然後我保住了發球局，費德勒只拿下十五分；接著，他再度以一記Ace球做結，輕鬆拿下自己的發球局，這一局我掛蛋。到了下一局，輪到我發球。現在，我以四比三落後，他的機會來了。這一局的第一分就被他拿下，我打了一記正手拍出界。我提出挑戰，是空有希望卻沒有任何期待的挑戰。〇比十五。我們接著打到三十比三十，突然間，他以正手拍擊出一顆直線前進的漂亮致勝球，讓我一時踩不穩腳步，因為我以為球會往我的反手拍方向飛，現在我以三十比四十落後。這是這一盤第一個破發點，也是我這輩子最關鍵的一分。我沒有多想後果會如何，沒有去想說要是輸掉這一局，他就會以五比三領先，之後，按照他一貫的強勁發球，勢必會贏得比賽。相反地，我只是心想：「讓你每一分毫的精力和每一個大腦細胞都全神貫注，將你這一生所有的能量，都專注在贏下接下來這一分。」我有個預感，他會試圖大力揮拍，快速爭取致勝球，因此，我必須想辦法不讓他得逞，而確切的做法，就是要先發制人。是時候了，我要改變比賽策略，出奇制勝，殺他個措手不及。我不要再往他的反手拍方向發外角球，我整場比賽有九成的發球都是這個路線；相反地，我要直直發個近身球，讓他只能彆扭地以正手拍回擊，球會落在中場的位置。我知道他會預期我把球往他的反手拍方向抽高，但我會再次出其不意地回應。在這種關鍵時刻，容不得馬虎行事。克服恐懼，轉守為攻的時刻到了。我張開手臂，往他的正手拍方向大力一抽，擊出又深又遠的一球。他只能伸長手臂勉強回擊，球被吊的老高，最終落在離球網不遠處。我抓住機會，大拍一揮，把球往草地一釘，最後高高彈起飛到中央球場的觀眾席上。我對空氣揮拳慶祝。我在面對如此高壓的關鍵分數時，從沒這麼大膽、聰明地操作過，而且進行得如此完美。我順利再拿下一分，然後再靠著打向他反手位置的正手拍致勝球，讓他一時抓不回重心，最終取得了這一局的勝利。

比分來到四比四平手。我成功達到了我的目標；現在，是時候拼鬥、拿出侵略性，每一分都追求破發，等待最後出擊的時刻。要是你成功打到比賽第五盤這種程度，就表示你實力夠堅強，可以冒險主動出擊。再說，現在我也別無選擇了。托尼說了，要是我們打到四比四平手，更懂得控制緊張情緒的選手就會是贏家。我覺得我控制得很好。我也感覺中央球場的觀眾都在為我加油。前一盤他們大都在為費德勒加油，因為他們希望比賽能一路進行到第五盤，但是，我現在在場上聽到喊「納達爾！納達爾！」的聲音，比喊「費德勒！費德勒！」的聲音更多。我當然喜歡觀眾的支持，但我通常是在比賽結束之後，或是在之後重看比賽的錄影時，才會去享受那種感覺，在比賽的當下倒是沒那麼享受。我在比賽的時候，絕對不允許自己被任何事情分心，就連球迷的熱情支持也不例外。

也許觀眾支持我，是因為他們覺得我打得比較好，所以更值得贏下冠軍。現在比賽即將接近尾聲，我自己確實是這麼覺得。他的擊球沒有我那麼俐落，而且有時候還會出現正手拍擊球失誤，正手拍通常是他最厲害的強項。我覺得我在控制緊張情緒這一點上做得比他更好，我也覺得他似乎比我更疲累。我們之間的差異依舊在於，他擁有一項我所沒有的武器：強勁的發球。他一直靠發球來替自己解圍，現在，他也靠著發球贏下了當前這一局，讓他暫時以五比四領先。現在，我不只要避免他破了我的發球局，還得竭盡全力保住獲勝的機會。

我雖然無法和他強勁的發球抗衡，但我可以靠機智取勝。我成功了，在第一分時就成功發出Ace球，取得十五比〇的領先。我能打出Ace球，不是因為我發球比較大力，而是因為他預期我會打到他的反手拍位置，但是我卻把球往他的右手邊外角方向塞。我很有自信，而且我也想讓他看到我的自信。我還算輕鬆地拿下了這一局，費德勒拿了三十分。接著，換他大難臨頭了。在我從左手邊底線的角落，打了一個帶有弧度的正手拍，直直飛到對面底線得分後，我在費德勒的發球局取得十五比四十的領先。我有兩次破發的機會，手氣正順，但是突然間，碰！Ace球。然後又是一記強勁的發球。他守住了這一局，比分來到六比五。唯一值得安慰的是，我知道這一次跟第三盤那一次，在〇比四十時錯失機會破他發球局的情況不一樣，這次完全不是我的錯。現在，我又多了一項必須克服的心理壓力，那就是在面對費德勒如機器般的超高發球效率時，安撫自己的挫敗感。我知道，我們一旦開始進行來回對打，我就會佔上風，但是，他根本不讓我有機會出手。

又一次，我必須保住自己的發球局，才不會輸掉比賽；而這一次，我一樣是相對輕鬆地拿下了這一局，費德勒只得了十五分。一旦我們開始來回對打，費德勒面對我帶有侵略性的擊球幾乎沒辦法還手，雖然說我不確定我父親當時是這麼想的。我贏下這一局，將比分追到六比六時，抬頭望了父親一眼，他整個人非常激動，站起身來大力鼓掌，他的表情摻雜了怒氣和得意，鼓勵我繼續加油，整個臉扭曲成我從沒看過的樣子。但是現在的我，不能容許自己情緒太過激動。我有預感，只要我能繼續保持冷靜，就能贏得勝利。費德勒揮擊落地球的技巧已經潰不成軍。在比數來到六比六之後的第一分——比賽來到最後一盤，已經沒有搶七局的規定了——他甚至在處理一個簡單的正手拍時，都出現了失誤。接著，在我記憶可及，由他發球時第一次出現的長時間來回對打後，我又贏下了一分。接著，他連續打了三次強勁的發球，取得四十比三十的領先。現在我可以非常肯定地看出，他比我更加疲累，也比我更對自己的擊球沒信心，我對他始終如一的發球效率越來越感到挫敗，但這很明顯是他唯一的出路。因此，我想到，「我絕對打得比他更好，但我還能再多做點什麼？」

我追平了比分，然後我看見了一絲希望，因為，他終於出現第一發失誤。但是我錯了：我用力回擊他的第二發球，打得又深又遠。多了大概半公尺遠，出界。表面上看來，那也許是個很糟糕的失誤，但換個角度來說，並不盡然。因為，這意味著我依舊保持在攻擊位置，我現在打得是孤注一擲的路線。要是我因為球放的短了，讓球掛網而失分，那就表示我的心理狀態快要不行了。但是，那一拍我揮得非常有信心。砸鍋也是比賽的一部份，有時候因為自己失誤而丟分，比被對手擊出致勝球而丟分來的更有意義。

每一分都很重要，但是有些分數又比其他分更重要。而現在，每一分都值千金。當時也在中央球場觀賽的拉斐爾叔叔後來跟我說，換做是他，他絕對沒辦法扛住那樣的壓力，雙腿會完全不聽使喚，他恐怕會直接逃跑，跳上飛機飛到遠方，再也不回來。我和他，以及其他可能也有類似想法的觀眾之間，最大的差別在於，我這輩子所接受的所有訓練，就是為了迎接這一刻的到來。不只是揮拍擊球，還有訓練、強化我的心理素質。托尼嚴厲的訓練方法——隨時向我擊球以訓練我保持警覺，從來不讓我有機會找藉口，或是落入得意自滿的情緒——現在終於有了收穫。再說，雖然不知道是天生的或是後天學來的，但我確實具備冠軍的特質：壓力讓我熱血沸騰。沒錯，有時候我也會被壓垮，但大多數時候，我在壓力之下反而都能表現得更加突出。

目前為止，我今天這場比賽的主題，就是錯失機會。在第三盤時，沒有抓住機會在〇比四十領先時，破費德勒的發球局，在第四盤時連續丟了兩個賽末點，現在，在第五盤比數來到五比五時，錯失在十五比四十領先時破發，或是在六比六時，沒有把握機會在〇比三十時一舉破了費德勒的發球局。現在，比分來到七比六，費德勒領先，又輪到我要靠保住發球局來保住小命。但是，我的興奮大於恐懼。我確實錯過了幾次機會，但那些都是我的機會。那些機會值得我大肆慶祝，而不是哀悼緬懷。再說，遲早——我強迫自己這麼想——我會牢牢抓住自己的機會。

但他還是率先奪下第一分。他面對我的發球，先是打了漂亮深遠的回擊，然後再以俐落的致勝球拿下這一分。面對這一記致勝球，我沒有什麼好說，也不能多做什麼，他打得很漂亮。馬上進到下一分，我很快就恢復了。他先是打了個正手拍出界；然後我發了一個近身球，他沒辦法反擊；接著又是一長串的來回對打，我非常積極地回擊每一球，最後他將擊球力道降低，卻掛網。那一球他連腳步都來不及站穩；他比我更加疲累。看出這一點之後，讓我更加精神百倍。但是，我還是沒有過度自信。我大可以想，「現在我逮到他了」，但我沒有。我想的是，「我還在拼搏，我可以贏的。」同時，我也很清楚，要是我再失分，費德勒離溫布頓冠軍就只差兩分的距離了。而我也確實又失了一分，他打出觸網過的幸運球。

接著，比分來到四十比三十，我們打出了整場比賽最精彩的一分。我往他的反手拍方向發了一顆外角球，他立刻將球回擊到我正手方向的底線；我立刻回擊，但他以強勁的反手拍打出了一記對角球，我也馬上以同樣強勁的正手拍反擊，球筆直地飛到底線；他勉強跑回這一端，除了彆扭的正手拍切球反擊外別無他法；球勉強越過球網，落在中場，我把球撈起來，往他的反手拍外角方向打了一記偏低的上旋球，因此他只能把球吊高，而我大力殺球之後這一分應該就要結束了，沒想到他居然把球救了起來，又吊了一個高球，又高又慢，非常漂亮的高球，迫使我必須退回底線，並在球落地反彈後，以殺傷力較低的殺球回擊，保守而帶有一點旋的球——有點像第二發的特色。他再度成功回擊，反拍切球，球落在中場；我一個箭步跑到球旁邊，將我全身的力量集中到正手拍上，並使出全力加上最重的上旋力道，往他右手邊的底線角落擊出讓他搆不著邊的致勝球。七比七。那是我整場比賽到目前為止，最感受到無比狂喜的一刻。我抬起左膝蓋，往空氣揮拳慶祝，高興地歡呼。我突然感到全身充滿了力氣，自信心高漲，我想，「來吧，就是現在！」

我眼看著就能拿下比賽了。但我還沒開始幻想勝利的模樣，我繼續一分一分地拿。「我的節奏控制得很好，動作也很流暢，而且我打得非常有信心」，我當時的感覺就是如此。我還感覺到，在比數來到七比七的現在，真的是時候放手一搏了；現在一切氣勢都站在我這一邊，我應該好好抓住機會。這是我一定得贏的一局。

在輪到他發球這一局的第一分，我延續了上一局的氣勢，在來回對打後，以正手拍對角致勝球贏下，他只能胡亂揮拍。然後他又出現正手拍失誤，球掛網，我以〇比三十領先。又是一次大好機會。但是，我終究不是機器，不是蒸汽火車頭。到了下一分，換我出現了一個愚蠢的失誤。我在應該抽球的時候，打了個反手拍切球。在那一個瞬間，在千千萬萬個瞬間的那一個，我的腦中出現了一絲遲疑，我也因此失掉了那一分。又是對獲勝的恐懼，但這次不如上次那麼嚴重了。至少我的雙腿沒有打顫，反而感覺非常有力。

我以深遠的長球回擊他的下一個發球，並以快速的反手對角致勝球贏下這一分。我轉動手腕，靠右手的力量控制球的方向，並輔以左手臂的力量——這個技巧我練習了一輩子，等到關鍵時刻到來，就能以最完美的方式發揮。現在，我有兩個破發點，而我現在最害怕的不是自己失敗，而是費德勒又從帽子裡變出更多重砲等級的強勁發球。他確實這麼做了。Ace球。接著，又是一個漂亮的發球。我在草地上滑了一下，失去了平衡；比分又來到平手。

我之前已經走到過這一步了。一次又一次。這一局好像變成了這整場比賽的縮影。我率先取得領先地位；他拼命反擊，拒絕放棄。但是，他依舊比我更常失誤，就像在接下來這一分，他以正手拍打了個外角球，出界，讓我拿下領先分。我們兩個在各方面都已經來到了臨界點，但是，在生理和心理上，他都比我更加筋疲力竭。不過，他還保有發球這項武器，砰！他馬上又發出一顆讓我根本摸不著邊的快速球，我只能勉強用球拍框擦了個邊。但是，只要我能成功回擊，讓比賽進入來回對打，佔上風的就會是我。我靠著他的兩個失誤，連贏了兩分，兩次都是他正手拍的非受迫性失誤，一次打得太短，一次打得太遠。

成功了：終於出現破發！比數來到八比七，輪到我的發球局。時間已經來到了晚上九點，天色很快開始暗了下來。要是我們在這一局結束後又回到平手，主審很有可能就會宣布，將比賽延到隔天再繼續。在打了四小時四十五分鐘之後，現在中斷比賽，只會對費德勒有利。稍早之前，當雨下下來的時候我還沒有意識到，但是現在，毫無疑問地，費德勒比我更需要暫停一下，喘口氣。於是我心想，「無論如何，我都必須贏下這一局。」

我小跑步上場，在底線就定位，費德勒則是用走的走到他的定點。我發球的這個半場，就在我父母座位的前面，他們兩個都站了起來，瘋狂地豎起大拇指對我比讚。但是，我丟了第一分，打得太遠了。在我要出手擊球的那個瞬間，我就預料到會打不好，我太緊張了。我現在必須先戰勝自己的緊張情緒，而唯一的做法，就是把攻擊性再調高一度。我得先打敗自己，才能打敗費德勒。整場比賽下來第一次，我發球後隨即上到網前，這個策略奏效了。我把他打回來的球大力下壓，變成了致勝球。我在發球之前沒有經過縝密地計畫，但從結果看來，這個臨時起意的決定確實相當正確。要是我等球落地反彈後再出手，這一分可能還沒有結果。這下，比分來到十五比十五。

我的下一分也是在網前贏來的，我上到網前準備大開殺戒；在以深遠的長球把費德勒調動到反手拍方向的角落後，再給他一記輕鬆的正手拍截擊。這又是我一時興起決定上到網前的成果，我堅決要掌握比賽而不讓比賽掌控我的決心有了回報。比分來到三十比十五，但我還看不見終點線。我只能專注在下一分。隨著天色漸暗，上到網前是個值得冒的風險，但是這次我的計算出了錯。錯到我居然決定揮拍阻擋費德勒的正手拍回擊，要是我不動作，這一球非常有可能會直接出界，我會有兩個賽末點的機會。但我很坦然地接受了這個失分，這總比因為雙發失誤，或是因為膽怯的反手切球而失分來得好多了。

三十比三十。「我還在。」我心想。重拾我一開始的比賽策略，我在下一次來回對打時，一直往他的反手位置進攻，然後——不知道是天色暗了，還是他累了，或是太緊張——他居然在打對角球時失誤，球出界。

四十比三十，我來到賽末點，我在這場比賽的第三次賽末點。我決定採取更安全、更值得信賴的選項，往他的反手拍方向發一個外角球；沒想到他的回擊相當精采而大膽，一記如閃電般快速的對角球，我勉強出拍，但還是沒有摸到邊。這就是羅傑．費德勒，史上最厲害的網球選手，這也是為什麼即使到了這一刻，我還是不敢讓自己去想贏球，不讓自己有一絲得意。我們的比分又回到平手。

我突然有了個絕妙的點子——現在回想，那的確非常聰明——決定第一發要往他的正手拍方向打外角球，因為他一定會預測，在這種關鍵時刻，我會繼續我幾乎延續了整場比賽的堅持，往他的反手拍方向打。我終於成功使出他整場比賽一直拿來對付我的招式，打出無法反擊的第一發。那不算是Ace球，因為他勉強用球拍頂端碰到了球，但差不多跟Ace球一樣厲害。我來到第四次賽末點。

我發球時猶豫了一下。我應該要再往他的反手拍方向塞，但在我腦袋中的某個角落，還記得他在我前一次賽末點時，那個精彩至極的反手拍回擊，因此，我決定發個近身球。結果，這一球發得四不像，他大有可能趁機改用正手拍打出一個致勝球，或至少給我施加相當大的壓力。但他兩個選項都沒選，輕輕地把球打回來，讓我能輕鬆地以正手拍回擊，但我這一球也打得不夠有信心。球輕輕落在中場的位置，他往前靠近，把球鉤起來，但卻沒有擊出致勝球，反而站都沒站好，很彆扭地，把球鉤進了球網上。

我馬上倒了下來，整個人平躺在溫布頓球場的草地上，張開雙臂，緊握拳頭，發出勝利的狂吼。寂靜的中央球場，瞬間人聲鼎沸，我終於屈服了，屈服於群眾的雀躍狂喜，讓自己沉浸在這個情緒之中，並把自己從心理監獄之中解放出來；整場比賽從頭到尾，包括今天一整天，前一天晚上，甚至是這場全世界最盛大的網球錦標賽舉行的這整整兩週，我都將自己拘禁於此。我終於贏了，這是我第三次挑戰叩關：這是我一生努力、犧牲、夢想的集大成。對輸球的恐懼、對贏球的恐懼、挫折感、失望、錯誤的決定、怯懦的時刻、害怕自己又會像上次一樣躲在更衣室的淋浴間哭泣的心情：現在全部煙消雲散。我的感覺不是鬆了一口氣，我已經超越這個了；那是一股力量和狂喜的情緒湧上心頭，在人生中最緊繃的四小時四十八分鐘內所壓抑的所有情緒，一股腦地全釋放出來，我整個人被最純粹的喜悅所佔滿了。

不過，我還是得收斂一點。我得上到網前和費德勒握手，在經過四年的等待後，我終於即將從他手中奪下世界排名第一的寶座，而且，之後還有頒獎典禮的制式儀式在等著我們。但是，眼淚不聽使喚地掉了下來，我怎麼樣也止不住自己的淚水。此外，在頒獎典禮開始前，我還得做一件事，我還得將情緒完全釋放掉，才能拿出符合溫布頓傳統的莊重舉止去參加頒獎典禮。我跑向看台，奔向我父母、托尼、狄丁、柯斯塔、土子，以及科托羅醫生的座位所在的地方，他們已經全都站了起來，我三步併做兩步地爬上了觀眾席，還拆掉了一堵隔牆才抵達他們面前。我在哭，而第一個來跟我打招呼的我父親，他也在哭，我們大力相擁，然後我擁抱了我母親，也擁抱了托尼，然後我們一家三口就這樣緊緊相擁在一起。

你說，那是我職業生涯最棒的一刻嗎？每一場比賽都很重要；我每一次都是抱著最後一次上場的決心出賽，但這一場比賽，在那個場地、那樣的歷史、那種期望、那樣的緊繃、比賽因雨中斷、灰暗的光線、世界第一對上世界第二、我們兩個都拿出最精彩的表現、費德勒的反攻以及我的抵抗、我對自己在網球場上的態度最自豪的一次、揮之不去二〇〇七年敗下陣來的夢魘，卻成功對抗並擊敗我自己的緊張情緒等等……所以，沒錯，把這一切加總在一起，我確實很難想像，還有其他比賽比這一場更有戲劇性、更讓人血脈噴張，更能給我，以及我身邊親近的人，帶來更大的滿足和喜悅。

最漫長的一天

二〇〇八年，納達爾對戰費德勒的溫布頓決賽，是該錦標賽一百三十一年的歷史上，打得最久的一場比賽；而且，對許多人來說，這也是網球史上最精彩的一場比賽。馬克安諾當時在中央球場為美國的電視台轉播做講評，就說道，這是他所看過最棒的一場比賽。當時人也在現場，不過是坐在看台上當觀眾的伯格，也同意馬克安諾的看法，認為納達爾和費德勒兩人確實打出了史上最傑出的一場比賽；伯格過去曾在溫布頓擊敗過馬克安諾，而且在此之前，兩人的對決一直被公認為溫布頓史上最精彩的比賽。對於二〇〇八年這場決賽，有些國際運動媒體甚至認定，這是不分項目，史上最偉大的一場運動賽事。《紐約時報》（New York Times）甚至為這場比賽，專門撰寫了一篇社論，以彰顯其獨特之處。

「天色漸暗，儘管所有人都能清楚感受到比賽進行至此一路累積下來的壓力，選手們還是只能繼續專注在當下的比賽，」《紐約時報》的社論明察秋毫，「唯有放下已經過去的事，才能繼續回擊對方的發球，而場邊的觀眾個個百思不得其解，他們是怎麼辦到的——不只是想像揮拍擊球，而是他們要怎麼不去多想，不在腦中預設贏球或輸球的景況。他們在比賽時隱藏了自己內心的渴望。但我們的慾望則難以掌控，讓我們感到呼吸困難——甚至不敢繼續看下去。」

要是連《紐約時報》的社論作者都覺得喘不過氣，納達爾一家人沒有集體窒息簡直是場奇蹟。「比賽結束的時候，我高興地哭了出來，」在他最漫長的一天終於結束之後，塞巴斯提安說道，「但我也感覺到，身體好像突然間變輕了，好像有人幫我卸下了肩上的千斤重擔。我整場比賽都備受煎熬，害怕二〇〇七年的事件又會重演，怕他又會跑到淋浴間裡哭，而我卻束手無策，無能為力為他減輕心裡的哀傷。」

「場上有如拳王泰森（Tyson）和何利菲德（Holyfield）的對決，我感覺自己好像也跟他們一起在拳擊場上一般，筋疲力盡，好像我自己被人痛宰了一頓一樣。有人說我在比賽過程中，臉都變了，他們在電視上看到我的時候，幾乎認不出來。那簡直是一場磨難，從頭到尾都是如此。」

托尼比誰都更瞭解網球選手拉法，但就連他都對姪子所表現出來的韌性感到難以置信。「溫布頓一直都是我們的夢想，但在我內心深處，一直都害怕那是個不可能實現的夢，」托尼說道，「我一直督促他，要把眼光放得更遠，目標定得更高，但我其實並不百分之百確定他可以有那麼高的成就。他贏得比賽的那一刻，是我這一生第一次在網球場上掉眼淚。」

納達爾的母親安娜瑪麗亞則是說，這場比賽搞得她整個人，按照西班牙的俗語來說，都要化成灰了。「在比賽過程中，有好幾次，我只希望一切能停下來。我心想，『算了吧。誰輸誰贏為什麼那麼重要？』我一直忍不住問自己，他怎麼有辦法把那些緊張的情緒都壓制得那麼好？我的孩子，他是從哪裡學來的？他怎麼有辦法讓自己不要崩潰？」

莫亞深深相信，換做是他，在那樣高壓的情況下，他自己一定會崩潰。「換做歷史上任何一個選手，對上球風大膽又出色的費德勒，都會敗下陣來。當你已經如此接近終點，卻沒有贏；當你已經一度勝券在握，卻被迫一路打到第五盤，這基本上代表比賽直接重頭來過，那種心情——如果你只是個一般的選手，或甚至是普通的冠軍選手——是非常難以平復的。你記得每一個錯過的機會，那些記憶會將你吞噬，將整場比賽蠶食鯨吞。但納達爾卻不是，這證明了他不只是個普通的冠軍選手。在第五盤開始時，一切指標都導向費德勒會勝出，但是，納達爾卻成功征服了他、馴服了他、擊敗了他。」

莫亞在那一天感覺到，納達爾是個拒絕死亡的怪物。「費德勒會從這場決賽中學到，要擊敗納達爾，你得狠狠地踩他不止一次、不只兩次，而是很多、很多次。你以為他在這一分、這一局，或是這一盤已經沒戲唱了，但他卻一次又一次東山再起。因此，我相信他絕對可以繼續打破各種紀錄。我相信，只要他繼續保持身體健康，他絕對有能力成為史上贏得最多大滿貫冠軍的選手。」

費德勒——他只在世界第一的寶座多待了三週，就被納達爾給篡位成功——被這次失敗擊垮，潰不成軍。「這可能是我目前為止，最慘痛的一場敗仗；我是說，沒有什麼比現在這個更痛苦的，」費德勒說道，幾乎連話都說得不清不楚，「我很失望，」他接著說，「我完全被擊垮了」。

納達爾則近乎羞愧地，在比賽結束後，依然堅持費德勒一直是史上最厲害，而且現在也依舊是最傑出的選手。「他蟬聯溫布頓五屆冠軍，而我現在才拿了一次冠軍。」

納達爾在獲勝後所保持的風度，讓許多人不禁懷疑，他是不是在比賽之餘，還去修了幾門公開演講的課程。他沒有。納達爾在賽後對費德勒所表現出的大方態度，是來自於他在孩提時代，被父親規定在足球比賽後，即使自己的球隊輸了，也要上前去恭喜對手獲勝的習慣，之後慢慢變成了直覺反應。另外一個原因，則是他從小就被教導——包括托尼叔叔和父母——要腳踏實地，從小被灌輸，儘管你的成就可能不同凡響，你自己卻不然。

「當我們看到他雙手捧著溫布頓冠軍獎盃時，確實是非常美好的一刻，」塞巴斯提安說道，「但當你靜下來想一想，就會發現這並不比看到孩子獲得大學畢業證書更加特別。每個家庭都有各自的喜悅。拉斐爾贏下溫布頓的隔天，當一切興奮情緒都緩和下來，媒體的關注也趨緩後，我知道我感受到的滿足感，和將來，比如說，我看到女兒取得大學畢業證書那天的感覺是一樣的。因為，說到底，你只希望看到自己的孩子過得開心、過得好。」

納達爾的母親，安娜瑪麗亞，一樣不願意被兒子的成就給沖昏頭。「有時候別人會跟我說，『妳有那個兒子真是幸運！』而我會回答他們，『我能有那兩個孩子真的很幸運！』我不覺得拉斐爾是超級冠軍這件事很重要，因為對我來說，最讓我感到幸福的一件事，就是知道我的兩個孩子都是好人。他們都很負責任，他們都有親近而要好的朋友，他們都和家人很親，家人對他們兩個來說都很重要，而且，他們都還沒給我們惹出什麼麻煩，這才是真正的勝利。當這一切結束之後，拉斐爾還是同樣一個人，還是我的兒子——這就夠了。」

溫布頓決賽的隔天，全家就都飛回了馬約卡，而且全部都馬上回歸日常生活。他們有舉辦慶祝派對嗎？「沒有，」塞巴斯提安說道，「比賽當天晚上有舉辦官方晚宴，但是拉斐爾得接受一堆媒體採訪，所以我們很晚才到會場，但就這樣而已。我們不太熱衷於慶祝。我記得比賽過程，永生難忘，但是比賽之後發生了什麼？沒什麼。」

托尼被問到相同的問題時，也給了跟哥哥一樣的答案。「不，沒有。我不是很愛在獲勝的時候慶祝。伴隨勝利而來的滿足感非常大，這毫無疑問。全家人都感受到無比的滿足。但我們馬約卡人，就是不太熱衷於慶祝。」

不過，在溫布頓過後，還是有兩件事改變了。第一，納達爾買下了他夢寐以求的跑車；儘管父親還是懷有疑慮，但是願賭服輸，他也沒有理由繼續反對。第二，納達爾又獲得了一座獎盃，能和其他大大小小無數的獎盃一起陳列在家中。後來有一次，他的教父和他一起坐在展示著各式獎盃的客廳，並問他，他最珍貴的獎盃是哪一座？納達爾連想都沒想，立刻指著溫布頓金盃說，「這一個。」

第七章
精神勝於物質

如果說溫布頓中央球場最大的特點是寂靜，那麼我在二〇一〇年參加美國公開賽決賽的紐約亞瑟艾許球場，最大的特點就是嘈雜。在其他地方，每一局之間的休息時間，都是安安靜靜的，但在這裡，總是有各式各樣的節目輪流上演。各種響亮激昂的音樂在耳邊炸開，廣播系統和場內的巨型螢幕傳來——令人屏氣凝神的——抽獎結果。電視螢幕不斷重播上一局的精彩好球，或是——更讓人興奮的環節——拍攝在場觀眾的精彩鏡頭：情侶接吻、可愛的孩子微笑、名人揮手、抽獎的得主慶祝，還有偶一為之，紐約人衝突鬥毆的畫面。這些喧鬧聲從不曾完全停止，頂多在比賽開始進行時，音量壓低成一種綿綿不絕的耳語聲。理論上來說，這裡的觀眾應該會和全世界其他地方的觀眾一樣，被要求在比賽進行期間在位置上坐好，直到比賽停下來，選手回到休息區坐下為止。但是亞瑟艾許球場實在太大了——這是全世界最大的網球場，可以容納高達兩萬三千名觀眾──老實說，大概只有坐在較低樓層的觀眾真的有在注意比賽動態。在更高的看台區，觀眾不只一直走來走去，而且比賽期間禁止說話的規矩似乎也只是供人參考罷了。話說回來，要強迫所有觀眾遵守這項規矩，似乎也沒有多大意義，因為沒有任何一條規則禁止飛機飛過球場上空，而美國網球公開賽的比賽場地，也就是位於法拉盛草地公園內的網球場，正好也位於拉瓜迪亞機場（LaGuardia Airport）的航線上，也就是說，你非常有可能在關鍵的一分進行到一半，或是即將進行令人緊張的二發時，整個球場忽然被低空掠過的噴射機轟轟作響的引擎聲給淹沒。

這裡完全沒有一絲溫布頓的影子。

就一個公開的賽事節目而言，它的活力、無禮，以及從不停歇的喧嘩，是美國網球公開賽和其他三項大滿貫賽事最不一樣的地方。這是純然的美國文化──純粹的紐約風──我愛死了！當然，場邊的喧嘩和瘋狂，對我的專注力是一大考驗，但這是我的強項。總的來說，我總是能夠有效地將自己和周遭環境隔絕開來，不管是在喧鬧的法拉盛草地公園，或是在莊嚴的溫布頓球場都一樣。紐約大概是我所能想像得到，和馬納科最天差地遠的地方，但是只要和我的團隊成員在一起，不管到哪裡，我都能有家的感覺。

有這些專業人員陪我一起在世界各地巡迴比賽最棒的一點，就是他們讓我的工作感覺起來沒有那麼像在工作。要不是有他們帶來的友誼──要不是他們和我如此親近，對我如此忠誠，又這麼好相處──我的生活就會像個孤獨的游牧民族一樣，一個機場換過一個機場，從一個不知名的飯店房間換到下一個不知名的飯店房間，從選手休息室到餐廳，其中大部分的地方感覺上和看起來甚至幾乎一模一樣，不管我現在身在世界的哪個角落。

每次我到紐約時，「土子」裘帝・羅伯特都會一路作陪，他是我第一個贊助商Nike的員工，但更重要的是，他是我的朋友。我希望Nike也像我一樣看重他。要是Nike的其他競爭對手開出更優渥的條件要來挖角我，我會深思熟慮，再三考量的最主要原因，就是我和土子的友情。他可以說是Nike的金礦脈。光從他的工作內容來看，他其實不見得需要跟我這麼親近，但是，他已經成為我團隊中不可或缺的一名成員了。他陪我去訓練，在比賽前後和我一起吃飯，陪我在飯店房間裡聊天，也跟我一起下榻在溫布頓那棟租來的房子裡。土子大概比我年長十歲，但是他的穿著打扮，光看他那副有型的眼鏡，加上色彩鮮豔大膽的服裝，你恐怕會覺得我才是年紀比較大的那一個，因為我的造型打扮相當傳統。我最尊敬土子的一點，不只是他幫我和Nike建立起的美好關係，而是他總是笑臉迎人，隨時都有好心情。他個性和善又忠誠，有他在身邊讓人感到非常舒服。他也會提醒我工作的事，有時候——老實說——即使是在我不大想工作，寧願做點別的事情的時候。但最重要的是，他就是個超級友善的大好人，他總是能讓周遭的氣氛充滿信任感，變得更平和，這都是我要在網球場上拿出最佳表現時最需要的東西。

卡洛斯・柯斯塔和土子一樣，都不是直接受雇於我的團隊成員。他的雇主是大型國際運動經紀公司IMG，但他從我十四歲起，就一直跟我並肩作戰。柯斯塔負責幫我協調合約條款，並在我們收到各種贊助邀約時，進行初步判斷。同時，他也是個非常好的朋友，要是我遇到什麼問題，我有絕對的信心能夠向他求助。他的每一個意見對我來說都非常寶貴，尤其是因為我知道，他提出的所有商業建議，都不是以賺錢做為優先考量，而是以讓我能拿出最佳表現做為考量。能夠找到這樣的經紀人實屬難得。更難能可貴的是，他自己也曾經是頂尖職業網球選手，甚至一度達到世界第十的排名。做為我在運動界的導師，他剛剛好能和托尼互補。你可以說他很精明，他很清楚我每一個對手的特質。當托尼製造的壓力——通常是很有用的壓力——變得太龐大時，柯斯塔就是有辦法緩和氣氛。比如說，我們在巴黎公開賽期間下榻的飯店房間裡，突然間，我和托尼僵持不下。柯斯塔會跟我說，「拉斐爾，我們出去走走吧。」然後，我們兩個就會開始在巴黎街頭漫步，把話說開，換個角度看事情，然後，我就能換個心情再回到飯店裡。柯斯塔對團隊最大的貢獻就是秩序和穩定。因為他不是我們的家人，因此，他也更能用理性而不是感性的態度去做判斷、下決定。我很樂意在網球生涯之後還繼續跟他保持專業合作關係。要是我哪天要開公司，我一定會想招募他加入。士子也一樣。因為我們在工作上合作愉快，在私底下也很合得來。

不管是在紐約或是世界上其他地方，這一行有很大一部份的工作，是和媒體打交道，因此，對我來說，團隊裡能有個像我的公關長這樣的專業人士實在非常重要。班尼托・佩雷茲・巴巴迪尤是整個團隊中最具有大都會性格的人。他能流利地說上四種語言，這是他的一大優勢，因為他的工作包括要和來自世界各地的媒體記者打交道，而且我知道他在工作上面對的一個艱難挑戰，就是常常要扮黑臉，幫我拒絕媒體的採訪，替我擋下數不清的採訪邀約。因為，要是我全部照單全收，那我可就沒有時間做其他事了。他和柯斯塔都很瞭解，我不只需要時間進行訓練，也需要留點時間給自己，過過安靜平穩的生活，需要能讓我獲得內心平靜的時間，以訓練自己封閉的內在世界，畢竟這對我在場上的表現至關重要。佩雷茲．巴巴迪尤不在的時候，我會有點想念他。他一點也不嚴肅，很機智，又愛開玩笑。他對於全球政治情勢和各種事務都非常有見識：在我們團隊成員的小泡泡中，他是我們和這個大千世界的接口，一如他也是我們和媒體聯繫的窗口一般，而且，他也很懂得要怎麼跟我們報告各種新聞。他總是非常幽默，也常常提出具煽動性的意見，但他完全不會自視甚高，我們也學會了不要完全相信他所說的話，因為他總是喜歡誇大其詞。他是我們的宮廷弄臣，負責在高壓的環境中緩和氣氛，讓事情不會那麼容易變得太過嚴肅、緊繃。

法蘭西斯．羅伊格，我的第二教練，也是個很擅長緩和周遭氣氛的人，只是他的做法比較低調一點。他跟柯斯塔一樣，過去也曾是頂尖職業網球選手，他非常擅長剖析對手，也對網球史上各個著名的對打瞭若指掌、如數家珍。他對我的能力非常有信心，也給了我相當的自信，幫助我更加瞭解網球運動。他也和柯斯塔一樣，非常容易相處，是個充滿樂趣——也極富教育性——的團隊夥伴，自從我們第一次在二〇〇五年，一起到南非參加比賽開始，就是如此。當托尼不在時，就是由他陪伴我，也就是說，大概整年的巡迴賽中有四成的時間吧，都是由他擔任教練陪同我出賽。

安赫爾・魯易斯・科托羅從我十四歲起就一直擔任我的私人醫生。在那一陣子，我因為嚴重傷勢而無法出賽的期間，他也一直陪在我身邊，不只提供許多聰明的醫學見解，更不斷給我信心，讓我繼續努力，鼓勵我要相信自己身體的復原能力。不論我在世界的哪個角落，他總是願意撥空給我，隨時準備好回應我大大小小的緊急情況。此外，他也很清楚我身為運動員的特殊需求，因為他曾經擔任過西班牙網球協會的醫生，早在我們認識之前，就經常跟西班牙的頂尖網球選手共事。在我參加許多大型錦標賽時，他都會以團隊成員的身份一起隨行，但即使他不在身邊的時候，他的精神也總是與我同在，就像我的體能訓練師瓊安・佛卡德一樣。科托羅醫生時時和佛卡德保持聯繫，以掌握我的體能狀態，並遠距指導狄丁相關的治療處方；狄丁總是跟我形影不離。

要是把狄丁從團隊成員中剔除，我就會變成像個孤兒一樣無依無靠。我不知道沒有了他，會對我的比賽表現有什麼影響，但是，沒有了他，我絕對快樂不起來。在比賽期間，他總是陪在我身邊，我有問題時，他也是我第一個求助的對象。他是我的物理治療師，他的專業能力非常出色，但相較於他的專業角色，我更看重他在私底下所扮演的角色，因為，雖然這世界上有非常多的物理治療師，但是，要讓他們取代狄丁，填補狄丁離開後留下的友情空缺，那幾乎是不可能的事。他不只是個好人，他更是個誠實耿直的人。要是他覺得有必要跟你說些什麼，他就會直截了當地告訴你。

要是我像其他許許多多的選手那樣，團隊成員總是不斷換人，我的比賽表現絕對好不起來。我對團隊成員的需要主要是在個人層面，因為，在網球這項運動中，情緒狀態就是成功的關鍵。你內在的狀態越穩定，越有機會能有好表現。我常常強調「耐力」一詞的重要性，但對我來說，另一個也非常重要的詞彙，就是「延續性」。我一點都不喜歡任何更換團隊成員的想法。我身邊的團隊成員，一直以來都是同樣的人，我也希望在未來，他們能夠一直留在我身邊。最早開始訓練我的托尼，為這樣的合作模式打下了基礎，我希望永遠不會有人打破這個模式。

我們到紐約參加美國網球公開賽時，也有個既定的模式。我們總是會下榻在位於曼哈頓中城，靠近中央公園這一帶的飯店，白天開車來回法拉盛草地公園後，晚上就到飯店附近，走路就可以到達的那四、五家餐廳吃飯；我們通常是吃日本料理，因為只有好的日本料理店能提供最高品質的魚。其他時候，我們就會聚在我的飯店房間裡，聊天、看電影，或是看足球比賽。我們也常常看我比賽的錄影畫面，托尼和我會很仔細地看，試著從錯誤中汲取教訓，同時也學習我精彩表現的經驗。看我自己精彩的對打表現，或是打出漂亮的正手抽拍致勝球，對我的士氣都是非常大的鼓舞，但更重要的是，這能幫助我將自己的好表現視覺化，把那段影像刻印在腦中，讓我上場比賽時能隨時存取使用，攫取那股流暢的擊球手感。雖然有點難解釋，但是這個方法很管用。

在曼哈頓的時候，我真的很希望可以到處走走，感受當地的活力，參觀各個景點，但是，那邊的人在看到運動明星時一點也不害臊，因此，根據我的個人經驗，要像個普通人一樣在第五大道上逛逛而不被人發現，簡直是不可能的任務。不過抱怨這種事沒什麼用，這就像比賽遇雨中斷時，生氣也沒有用。這就是工作的一部份，而你必須接受。因此，我能離開飯店到遠一點的地方的唯一機會，就是當贊助商邀請我參加他們舉辦的宣傳活動時，活動通常在市區的百貨公司舉行，或是像Nike有一次舉辦了大型運動盛會，地點選在哈德遜河（Hudson River）畔的一個碼頭，據說當初鐵達尼號若是順利完成處女航的話，就會在這個碼頭靠岸。一樣地，整個團隊都一起出席。不只是土子，還有狄丁、柯斯塔、佩雷茲・巴巴迪尤，以及任何跟我們一起來的人；無論做什麼，我們都會一起行動。

在二〇一〇年的美國網球公開賽期間，第一個禮拜的天氣非常炎熱，但後來就變得涼爽了不少，到了決賽那天，大雨下個不停，比賽被迫延後了整整二十四小時。這對我的對手喬科維奇來說，不是件壞事，因為他在準決賽打得比我更久、更辛苦，和費德勒纏鬥了整整五盤才分出勝負。要是我是他，我會非常歡迎多出來的休息日。

狀態好、體能強健的喬科維奇，是個令人敬畏的對手。我們兩人的對戰，沒有費德勒和納達爾大戰那樣的光環，至少對觀眾來說是如此，但對我來說，這個挑戰也一樣讓人望而生畏。他是個全方位的選手──托尼說，他比我更加全方位──讓人看不出任何明顯的弱點，而且在像法拉盛草地公園這樣的硬地球場上，他打敗我的次數比我擊敗他的次數更多。他最大的強項，就是他在場上傑出的站位直覺，以及能夠在球剛反彈時，及早揮拍擊球的能力。他的反手拍和正手拍一樣厲害，而且他看球的眼光非常精準，所以他在場上時，總是能有餘裕，把球打到對手最難以發揮的角度，讓自己打起來更輕鬆。

對上費德勒時，獲勝的黃金原則，就是要耐心地堅持不懈，知道你遲早可以迫使他出現失誤。但是對上喬科維奇，我沒有清楚的戰略計畫。你就是只能拿出自己的最佳表現，以最高的強度和侵略性進行攻擊，確定自己能保有比賽節奏的控制權，因為一旦讓他佔了上風，他就勢不可擋。

電視轉播喬科維奇對上費德勒的準決賽結果，證實了我的看法，喬科維奇在救下兩個賽末點後，贏得了比賽。我不止一次心想，「真是了不起的選手，強悍又有才華！」我也忍不住想，要打敗他不知道有多困難。當我看其他頂尖選手比賽的影片時，我總是覺得他們比我更優秀。在美國公開賽比賽期間，這個想法其實不太合邏輯，因為，這個時候的我已經成功占有世界第一的寶座，坐了將近兩年之久。再說，我打敗費德勒和喬科維奇的次數，都比他們打敗我的次數更多。我也不確定，是不是大部分的冠軍選手都像我這樣看待他們的對手。我想一般來說，應該是其他選手會這樣看待冠軍選手。我會這樣，應該都是受到托尼的影響，他從我小的時候，就不斷灌輸我，讓我覺得每場比賽都是場硬戰。我不確定這是不是上場比賽時，最健康的心態，因為這有時候會讓我的自信心打折，讓我不敢打得更具侵略性。但是，這種心態的好處是，我非常尊敬每一個對手，從不會自得自滿。也許也是因為如此，我很少會輸給那些就排名來說，我應該能輕鬆擊退的對手。

但在二〇一〇年決賽對上喬科維奇的前夕，我也不是特別緊張——無論如何，不是因為眼前的挑戰而緊張。我比在二〇〇八年溫布頓冠軍賽前夕要冷靜的多了。我睡得很好，兩個晚上都睡了整整八小時。我能休息兩個晚上，是因為外面下大雨，比賽被迫延後了一天。那兩個晚上，我都在飯店房間裡，打開電視播電影，然後直接倒頭就睡，沒有翻來覆去，也沒有花時間去想像最糟糕的情況。一方面是因為我沒有像是出賽溫布頓之前那樣，因為過去的創傷，而留下揮之不去的夢魇；一方面也是因為我現在經驗更豐富、更成熟，也打過了好幾次大滿貫決賽。不過我想，還有另一部份的原因，大概是因為我沒有抱著太高的期望。我從青少年時期，就不斷幻想著自己贏下溫布頓的那一幕；但是，一直以來卻都覺得，美國公開賽是太過遙不可及的夢想。

這並不表示我就抱著注定會失敗的心態，上場面對喬科維奇。很顯然地，我覺得我自己會贏，但我也覺得，要是我真的贏了，那會是我職業生涯一個意外的驚喜，而不是我一定得達成，否則將會一輩子抱撼的目標。

我一直都覺得，美國公開賽對我來說，是最難贏的一場錦標賽。在溫布頓，即使在我還沒贏過冠軍之前，就能有不錯的表現；但是，在美國公開賽，我從來沒有拿出最佳表現過。在這之前我曾經打進準決賽兩次，但是那兩次我在場上都覺得打得不夠暢快。原因除了球速特別快的場地之外，美國公開賽所使用的球也不一樣，這裡的球比其他賽事的球都來的軟，因此我沒辦法像平時擊球的習慣那樣，給球施加強勁的上旋力道，沒辦法把球拉高。這是我比賽時最能給對手帶來威脅的技巧，也是最能給我帶來優勢的擊球方法。另外，還有一個原因：美國公開賽是四大滿貫賽事的最後一個，舉辦的時間已經是漫長而艱難的夏季賽事尾聲，我每次抵達紐約時，往往都拖著疲憊的身軀，以及倦乏的心靈。

二〇〇八年，我抵達紐約時，比往常更加筋疲力竭，而那一年我在準決賽輸給了安迪・莫瑞（Andy Murray），但是我感到特別疲憊的原因，不完全是因為我投注了全副心力去拚溫布頓冠軍。在溫布頓和美國公開賽之間，我還跨越了半個地球，去參加北京奧運，那是我第一次參與這場全球最大的運動盛會。我玩得開心極了，也學到了很多——其中最深刻的體悟，就是瞭解我有多麼幸運。

我跟其他選手一起住在選手村，這一次，也像在台維斯盃時一樣，我又再度有機會體驗到運動員的團隊精神，那是我小時候踢足球時，最喜歡的一點。和我的西班牙隊友一起，住在同一棟宿舍裡，認識西班牙籃球隊、田徑隊的選手（他們之中的許多人，在走廊上，或是在我們一起洗衣服的公共洗衣間裡，會有點害羞地叫住我，跟我要簽名照），和他們交朋友，並和他們一起穿上相同的制服，並肩站在開幕式的現場——這些都是我永生難忘的回憶。但在我深切感到自己有多幸運的同時，也有一股義憤填膺的心情。

這次的經驗讓我更清楚地意識到，身為職業網球選手，我們有多麼幸運，以及有多少奧運選手的處境相當不公平。他們花費極大的努力去訓練，至少也跟我們差不多，但是他們得到的報酬，往往卻相對少了許多。世界排名八十的網球選手，就能享有相當的經濟利益、社會地位，以及令田徑、游泳、體操等領域排名第一的選手都難以想像的知名度。在網球圈，一年之中的所有事情都有人幫我們打點好，我們的收入也足夠讓我們能有儲蓄，防患未然。但是我在奧運會看到的許多選手，他們遵循苦行僧般的嚴格紀律，拼命訓練四年，就為了能夠上場參加那一個最盛大的比賽，奧林匹克運動會，但是，他們之中絕大部分的選手所獲得的支持，相對於他們付出的努力，簡直是微不足道。他們光是靠著對各自的運動項目所抱持的熱情，以及參與競賽時所獲得的成就感，就能夠持續堅持不懈，做出極大的犧牲，這實在太讓人敬佩了。這其中的價值當然不是金錢可以衡量的，但我們也不應該覺得這樣就足夠了。國際奧林匹克委員會（International Olympic Committee）靠奧運會——完全靠著選手們獻身參與才能成就的賽事——賺取了大筆收入，你會期待他們更公平地和選手們一起分享這些錢。以我來說，我很幸運不需要接受任何資助，但是，四百公尺賽跑，或是馬拉松選手，都需要非常多資金投入，以幫助他們獲得取得奧運資格所需的訓練，並參加競賽，爭奪終極大獎。我知道，網球對觀眾更有吸引力，至少在一年中能吸引到更多的觀眾，但我還是覺得非常不公平，相關單位應該更努力，讓那些全心奉獻於訓練和比賽的運動員，都能過上更好的生活，都能有更好的訓練環境。

不過，那些都是我在奧運結束後才有的醒悟。我在北京時的生活不是唉聲嘆氣和抱怨。那次經驗讓我印象最深刻的，是選手間的同袍情誼，以及我因此而有機會認識許多新的運動項目，並發現我們這些選手間的許多共通點。對我來說，光是能夠參與、接觸那個我以為我永遠都沒有機會踏入的世界，就夠讓我興奮的了。然後，在準決賽打敗喬科維奇，又在決賽打敗智利好手費南多・岡薩雷茲（Fernando Gonzalez），贏下男子單打金牌，站在頒獎台上，看著西班牙國旗伴隨著國歌緩緩升起：我得說，那是我這一生中最驕傲的時刻之一。一般人通常不會把網球跟奧運聯想在一起，至少在我小時候從沒有這樣想過。網球一直到一九八八年，才又重新被列入奧運比賽項目之一，在那之前，有長達六十四年的時間，網球都不屬於奧運項目。但對網球選手而言，奧運金牌已經成了新的追逐目標。繼大滿貫賽冠軍後，奧運金牌成了眾家網球選手爭相競逐的大獎。

每年的第一個大滿貫賽，是在墨爾本舉行的澳洲網球公開賽。這是個很不錯的錦標賽，沒有美國公開賽那麼喧鬧，比溫布頓更輕鬆，也不像法國公開賽那麼華麗——雖然說他們幫我訂的飯店套房，大到幾乎可以來一場五人制足球比賽。我很喜歡墨爾本的食物，飯店樓下也有一家很棒的日本料理店。我很喜歡從飯店到舉行比賽的墨爾本公園之間，那短短五分鐘的車程，沿路都是翠綠草木。那裡天氣很炎熱，尤其是因為一月的歐洲還處於嚴寒之中，我通常會提前一個禮拜飛到澳洲，以調整作息，適應那裡和西班牙高達十小時的時差。對我來說，調整作息沒那麼簡單，因為在西班牙，一月是足球的大月，所以我在澳洲反而得在清晨一大早爬起來，看皇家馬德里的比賽。如果他們的比賽時間非常非常早，我就會設鬧鐘，爬起來看比賽情況如何，然後再決定是要起來看比賽，或是再回去繼續睡。要是比賽還有三十分鐘，皇馬已經以三比〇領先，我就會轉身繼續睡。但要是比分還是〇比〇，就表示賽況非常緊張，我得起來看完整場比賽。但是，要是我那天自己也有比賽的話，不管那場足球比賽有多重要，我都不會讓自己太早爬起來看轉播。工作還是比較重要。

參加二〇〇九年澳洲公開賽時，我覺得自己獲勝的機率，跟六個月前的溫布頓錦標賽差不多。換句話說，我的鬥志非常高昂。比賽的場地是硬地球場，但是這裡對我的比賽表現，影響不如法拉盛草地公園的球場來的大。在這裡，球反彈的比美國公開賽的球更高，所以球速相對沒那麼快，我也比較能順利施加上旋力道。我唯一沒有料到的，是我在準決賽對上同胞選手費南多・貝爾達斯科（Fernando Verdasco）時陷入苦戰。這場比賽最後由我獲得勝利，但是整場比賽我打得非常辛苦，比賽結束後整個人完全筋疲力盡。決賽前，在為迎戰費德勒做準備的那一天半內，我深深相信自己完全沒有機會能贏得勝利。我唯一一次在大滿貫決賽前有這種感覺，是二〇〇六年的溫布頓，但那是因為我對自己沒信心，在我內心深處，我不相信自己有任何獲勝的機會。但是，在二〇〇九年澳洲公開賽的決賽前夕，提出抗議的是我的身體，苦苦哀求我喊出暫停。我從沒想過要退賽——除非天塌下來，否則你絕不能在大滿貫決賽時退賽——但是，我給自己做好心理準備，事先預期的比賽結果，是費德勒會以六比一、六比二、六比二，直落三擊敗我。

我對上貝爾達斯科的那場準決賽，是澳洲公開賽史上最長的一場比賽。整場比賽的節奏都很緊湊，他打得極為出色，打出致勝球的比例無與倫比的高，但我撐住了。雖然一直處於防守的角色，但是我的失誤極少。最後，在打了五小時十四分鐘後，我以六比七、六比四、七比六、六比七、六比四，拿下最後的勝利。場上的天氣之熱，我們兩個在每一局之間的休息時間，都急著去拿冰袋掛在脖子和肩膀上降溫。在比賽的最後一局，在我們打出最後一分時，我的眼眶不自覺地濕了。我不是因為覺得自己要輸了所以哭，也不是因為覺得要贏了而喜極而泣，這只是我對於整場比賽令人難以忍受的緊繃氣氛，所產生的自然反應。第四盤，我在打到平手後輸掉了；在那樣無比高壓的比賽中，要不是我還能喚醒最後一絲，我在過去十五年來四處征戰所培養出的強大心理能量，我絕對會潰不成軍。但是相反地，我還能夠把剛剛的致命打擊馬上拋出腦外，抱著還有機會獲勝的信心，展開第五盤的拼搏。

我的機會終於來了。第五盤我以五比四領先，這一局比分來到四十比〇，貝爾達斯科的發球局。挾帶著三個賽末點的優勢，我應該能夠這樣一舉拿下，結果卻不盡然。我連續丟了兩分。終於，我因為再也承受不了這股壓力而崩潰；我的金屬鎧甲終於崩裂，球迷自認熟悉的戰士拉法，突然在他們面前變成了赤裸裸、脆弱的凡人拉斐爾。唯一沒看出這一點的，就是貝爾達斯科。要不是如此，就是他的狀態比我更糟糕，因為他自己也被緊張的情緒給擊垮了。我突然獲得了不可思議的好運（對他來說則是難以置信的壞運），他出現雙發失誤，我連拍子都沒揮，就收下了他拱手奉上的勝利。我們兩個都隨即躺倒在地，準備讓身心都筋疲力竭的自己休息一下；最後是我先站了起來，蹣跚地走上前，跨過球網去擁抱貝爾達斯科，告訴他比賽太精彩了，我們誰都不該輸。而托尼看出了我在最後一局抵擋不住壓力，心理防線被徹底擊潰，他後來跟我說，要不是貝爾達斯科出現雙發失誤，準決賽的贏家很可能就是他。我也同意托尼的看法。

那場比賽一直打到凌晨一點才結束，而我則是一直到早上五點才上床睡覺。首先我得先出席大會規定的賽後記者會，然後還有多家媒體的單獨訪問。我的雙腿都幾乎快要撐不住我的身體了，天知道我在訪問中說了些什麼。最後，我終於回到了飯店，叫了一點吃的到房間。睡覺還得再等等。我吃過飯，給身體充飽電，然後就把自己完全交給狄丁處置，他的工作是要把我今天被打得不成人形的身體給復原，並幫我準備好出戰接下來面對費德勒的比賽。在我和貝爾達斯科的比賽結束後，士子在更衣室看到我，像一灘死水一樣，他的第一個反應是，「我的天啊！狄丁這下可有得忙了！」士子說的沒錯。

幸運的是，狄丁和往常一樣冷靜、沉著。他做出了每次遇到棘手困難時會做的事——尋求體能訓練師佛卡德的幫助；於是，他打開電腦，用Skype打給人在馬約卡的佛卡德求救。佛卡德和狄丁是朋友，也是盟友，他們兩個有個共同的目標，就是為我提供任何身體上所需的幫助，防止我受傷，提升我的體能狀態，並在我的身體幾經摧殘後，幫助我在下一場比賽到來前，盡快恢復到該有的體能水準。現在，我的身體處於這輩子前所未見的浩劫。他們——我們三個——現在所面對的挑戰，在我看來，需要靠奇蹟出現才能克服。但是，佛卡德可沒有這麼容易被打倒。

佛卡德從我大概九歲、十歲的時候就認識我了，他比我對我自己還更有信心。他是個了不起的體能訓練師，也是團隊中至關重要的一個成員，但他比其他人更常在幕後擔任藏鏡人。他以前會跟我一起到處巡迴比賽，但現在他很少這麼做，他寧願待在馬約卡家裡，離各種明星光環以及媒體目光越遠越好。他是個很特別的人，平常有一份自己熱愛的正職工作——馬約卡公立學校的老師——他加入我的團隊不是為了賺錢，而是因為他喜歡這份工作，而且他非常關心我，把我當成家人一般。

我無意間聽到他和狄丁的對話。他們都同意，我們現在需要大量的冰塊，還有大量按摩，讓血液能重新在體內順利循環。在跟科托羅醫生分析過情況後，佛卡德堅信我現在需要大量攝入蛋白質和維他命補充品；同時他說，現在最重要的，是要讓身體再次動起來。他建議我們隔天做一點伸展運動，刺激肌肉重新獲得活力，然後踩個健身腳踏車，之後再到網球場上做實地練習。佛卡德非常樂觀，一邊提醒狄丁說，我們在聖誕節期間進行季前訓練時，就做好面對這種情況的準備了，早上做三、四個小時高強度訓練，然後下午再做一個半小時。「最重要的一點，就是要讓他的身體重新動起來，」佛卡德說道。

我聽到他的話了，我也瞭解其中的邏輯，但是現在，在澳洲的凌晨三點鐘，我能做到的唯一一件事，就是消極地、動也不動地癱在沙發上，任由狄丁發揮他巧妙的療癒技能。他和佛卡德通完電話後做的第一件事，就是用冰塊填滿整個浴缸，然後要我坐進去；這是他在我疼痛不堪的大腿上，重新啟動血液循環的第一步。接著，他開始幫我按摩，一開始先用一袋冰塊按摩，然後換成一塊肥皂。一般來說，在決賽前一天，我都會在早上進行訓練，但這一天，我卻睡了一整個早上，過了中午才醒來，然後驚恐地發現，慘了，我的身體感覺比昨天更加僵硬。無論如何，我還是靠著踩腳踏車擺脫了僵硬感；慢慢踩，狄丁說，這只是要幫助促進血液循環。接著，我來到球場上，柯斯塔在球網另一邊陪我練習。我大概只打了二十分鐘就不行了。是柯斯塔發現我撐不住了，「這沒有用，你動不了，」他說，「我們得停下來。」頭暈目眩、筋疲力竭的我，拖著重的像兩塊鉛塊的小腿，一跛一跛地走下場，驅車回到飯店，直接走進浴室去泡冰塊澡。狄丁不眠不休地要讓我恢復體能，幫我準備好面對隔天的決賽，但在那個時候，我因為剛才在場上當機的情況大受打擊，我覺得在普天下，甚至天上，都沒有任何東西能夠幫我達成這個目標。

那天晚上，我抱著極度消沉的心情上床睡覺，而隔天早上起床時，感覺身體的僵硬感也只有稍微減緩了那麼一絲絲而已。當我在下午五點，上到練習球場準備進行賽前最後一次訓練時，我幾乎感覺不出身體狀態有比較好，那時候離表訂的比賽時間只剩兩個半小時。又一次，我覺得頭暈目眩；又一次，我雙腿的肌肉感覺沉重又僵硬——其中一邊的小腿甚至突然抽筋痙攣。托尼也在場，在花了半小時拼命想找出一點練習的節奏感之後，我跟他說我不行了。我看起來一定非常悽慘，因為他居然說，「好，停下來吧。我們回去更衣室。」這下，輪到托尼面對難題，克服挑戰。

我叔叔最厲害的才能，就是他的話語，他總是能說出激勵我的話。他跟我說，在我小時候所做的訓練中，最寶貴的，不是我們在場上的練習，而是我們一起開車到五十公里外的帕爾馬參加比賽時，來回的路程上所做的練習：去的時候，我們會先沙盤推演待會上場的策略；回來的時候，我們則會分析剛才比賽時犯了哪些錯誤。我記得他常拿足球來舉例，尤其是用皇家馬德里做例子，來吸引我的注意，讓我確實把他的話聽進去。托尼說的沒錯，他的那些談話，教會了我在場上獨立思考的能力，也教會我要做一個戰士。他很喜歡引用一個西班牙作家的話，說什麼開啟戰爭的人都是詩人。而詩詞之類的，也是他在這個看似完全沒有希望的時刻拿出來的法寶，因為比賽根本還沒開打，但在我腦中，我已經輸了。

「聽著，」他說，「現在已經五點半了，而且我可以跟你保證，當你在七點半踏上球場時，身體的感覺也不會比較好，說不定還會感覺更糟。所以，現在就靠你了，看你能不能克服身體的疼痛和疲憊，給自己找到贏得比賽所需的一切慾望。」我回答道，「托尼，我很抱歉，我辦不到。我就是沒有辦法。」「別說你辦不到，」他說，「因為不管是誰，只要努力往內心深處挖掘，都有辦法找到他們所需要的任何動力。戰爭時，人們能做出看似不可能做到的事。想像一下，要是有個人在球場上，坐在你背後，拿著一把槍指著你，要你現在立刻跑起來，而且不准停下來，否則他就會開槍打你。我想要是這樣的話，你應該一定會跑起來吧。所以，來吧！現在就靠你了，靠你自己找到贏球的動力。這是你的大好機會。儘管你現在感覺很糟糕，但你之後可能再也沒有像今天這樣的好機會，可以贏得澳洲公開賽了。再說，即使你只有百分之一的機率贏下這場比賽，那麼，你就得好好把握，搾乾那百分之一的每一絲機會。」托尼看出我遲疑了，看到我把他的話聽進去了，於是打鐵趁熱，緊接著說，「你還記得巴拉克．歐巴馬（Barack Obama）說的那句話嗎？『我們可以！』每一次休息換邊時，就要這樣跟自己說，因為，你知道嗎？事實就是，你可以做到！你絕對不可以做的，就是因為失去信念而失敗。你可以因為對手打得比你更好而輸掉比賽，但是你絕對不可以因為自己沒有盡力而輸球。那簡直跟犯罪無異。但你絕不會那麼做，我很清楚。因為你總是全力以赴，而今天也不例外。你可以的，拉斐爾！你真的辦得到！」

我聽進去了。這是托尼給我的訓話中，最激勵人心的一次。但是我的身體有沒有聽進去，那又是另一回事。所以，我們又去找佛卡德求救。狄丁一直用Skype和他保持聯繫。佛卡德講話的時候，很喜歡穿插一堆複雜的科學術語，他說，我們得用符合「人體工學」的方法來比賽，他的意思是，我得根據當前的體能狀態限制，來調整比賽的策略。也就是說，我得比平常更小心調配我的步調，把身體所剩無幾的能量留到更關鍵的時刻，而不要再像平常那樣，把每一分都當成最後一分一樣拼命奮戰。另外，就是要縮短每一分的時間，而那麼一來，就是要我冒更多風險。

計畫擬定後，我就按照平常的習慣，去沖冷水澡了。沖完澡後，我確實覺得舒坦了一些，之後，在更衣室開始進行我的賽前準備步驟時，也覺得信心逐漸增長。當我踏上球場時，走路已經不再一跛一跛的了。雖然疼痛感還在，而且在和費德勒進行賽前暖身練習時，我也還是覺得有點遲緩無力。想當然耳，我的左腳——副舟狀骨——又開始痛了起來。但我已經有經驗了，我現在只希望腎上腺素和我的專注力可以再次幫助我克服腳上的疼痛感。我還是有點懷疑，不確定身體是不是真的撐得住，不過，好消息是，整體來說，我感覺自己的狀態已經比兩個小時前好了一點，也比前一天睡了一個早上醒來之後更好的多。最重要的是，我稍早之前深信自己會失敗的想法已經消失了。我找回了要贏得勝利的鬥志，以及堅信自己能成功的信念。突然之間，要克服那個艱難處境的挑戰，不再讓我感到恐懼，反而讓我覺得值得細細品味。托尼的訓話，狄丁的治療，以及佛卡德的建議就像變魔術一樣，起了作用。

比賽一開打，疼痛感就開始消退。我甚至贏下了第一局，破了費德勒的發球局。接著換他破了我的發球局。但是，隨著比賽逐漸展開，我很開心地發現，我沒有出現喘不過氣的情況，此外，雖然小腿還是有點沉重，卻沒有像我害怕的那樣，出現抽筋的徵兆。而且儘管比賽最後一路打到第五盤，我的腿也沒有出現抽筋的狀況。說到底，就像狄丁說的，疼痛感只存在腦中；只要你能控制自己的腦袋，你就能控制你的身體。我在比數來到二比一領先時，輸掉了第四盤，就像對上貝爾達斯科的那場比賽一樣，但我立刻振作起來，喜出望外地發現自己居然成功走到了這一步，沒有崩潰，因此，我的決心突然大增，精神也提振了起來。當第五盤的比分來到二比〇領先時，我轉向托尼、柯斯塔、土子和狄丁座位的方向，以只有他們能聽的到的聲量，用馬約卡語說，「我會贏的。」而我也真的贏了。托尼是對的，是的，我可以！我最後以七比五、三比六、七比六、三比六、六比二，拿下了澳洲網球公開賽的冠軍。在驚訝之餘，我突然大夢初醒，意識到我拿下了四大滿貫中的第三個冠軍頭銜，也是我生涯的第六座大滿貫金盃。

費德勒在比賽結束後的心靈受創程度，跟我在比賽前的體能創傷相比，有過之而無不及。要換做是我，我也會跟他有相同的感覺。他最後一盤打得很糟，而我打敗他也意味著我能愈加鞏固世界第一的寶座。那些在看完這場比賽後就認定費德勒將從此一蹶不振的人，說來還不少，但事實終究證明他們是錯的，他的火力還很充足。這場賽事，本來是他追平山普拉斯十四座大滿貫冠軍紀錄的機會，但他失敗了，至少目前是如此。對我來說，他依舊是史上最優秀的選手，一如我每次接受訪問時都會一再提到的。在接下來的幾年，他也不斷向世界證明自己寶刀未老，陸續又拿下了許多大賽冠軍，更成功打破了山普拉斯的紀錄。至於我，我從這次的勝利中學到了寶貴的一課，那是托尼這麼多年來，一直處心積慮要灌輸給我的一個觀念，但我直到現在，才知道他說的確實是真的。我現在知道，無論如何你都必須堅持下去，不論你的贏面看起來有多微乎其微，你都必須把自己逼到極限，放手一搏。那一天，在墨爾本，我比過去都更清楚地看見，網球運動的關鍵在心裡，只要內心夠強大，思路夠清晰，你就能克服任何障礙，包括生理上的疼痛。精神勝於物質。

一年半後，在二〇一〇年美國公開賽決賽前夕，這次看來不是我，而是我的對手喬科維奇得想辦法克服身體疼痛的難關。他現在面對的，正是我在那年澳洲公開賽決賽前夕所面對的情況。

現在，在法拉盛草地公園，我變成了那個相對更神清氣爽，一盤未失就晉級決賽的選手，而喬科維奇在準決賽跟費德勒纏鬥了五盤才剛剛脫身，而且他好不容易救下兩個賽末點才贏得勝利。然而，他比我在墨爾本的時候更幸運一些。紐約大雨導致比賽延後一天，這對他來說簡直是天大的福音。因此，當我們在九月十三號星期一踏上球場的那一刻，我們兩個人在體能上，是處於勢均力敵的狀態。

在我的團隊成員間，氣氛不像在二〇〇八年溫布頓決賽前那樣緊繃。我的父母都在場，我妹妹瑪麗貝，以及我的女友瑪麗亞．法蘭西斯卡這次也有一起來，而我們甚至趁著在法拉盛草地公園訓練和比賽的空檔，大膽地出了一兩次門——鼓起勇氣面對熱情的群眾——到第五大街的店裡逛逛，去我們最愛的餐廳用餐，甚至還去看了一場百老匯演出。（我們大可以選擇下榻在法拉盛草地公園的飯店裡，以免去往返比賽場地的通勤車程，但是來參加美國公開賽卻不住在曼哈頓，會讓我們錯過許多新鮮事。）同樣地，和溫布頓那次的經驗非常不一樣，我不只在面對喬科維奇的決賽前，和在這兩週錦標賽期間的每一晚一樣，睡了一晚好眠，我還有辦法敞開心胸地談論這場比賽。不像在溫布頓那時，被視為一個禁忌話題，因為我沒有被在淋浴間崩潰大哭的回憶嚇得夾緊尾巴。但是，有件事我們卻一直沒有去討論。我不需要發佈禁制令，但是大家都很清楚，我們絕口不提的，就是大家，包括我自己的腦中所想的：要是我成功擊敗喬科維奇，我就會成為自一九六八年「公開賽時代」開始以來，第七位獲得四大滿貫冠軍頭銜的選手，而當時才二十四歲的我，也會是史上達成這項成就最年輕的選手。一九六八年是職業選手獲准參加大滿貫賽事的第一年。最近這段時間，只有拉沃、阿格西、費德勒三個人，成功拿下四大滿貫金盃，達成這項成就。光是贏得美國公開賽，對我來說最為困難的大型錦標賽，就是非常了不起的成就了，但是在我連續贏下溫布頓、法網、澳網之後，再贏得美網冠軍，絕對是——這對我們每個人來說都很明顯——我職業生涯最至高無上的榮耀。

然而，完全沒有人在我面前提起這個話題，而且他們後來告訴我，他們彼此之間也從沒有討論過這件事。要說我們有多團結，說我的家人和團隊成員在某種程度上也是我的一部份，看看他們極有默契地對此事絕口不提，光從這一點就能略知一二。他們都感覺得出來，要是走漏任何一點風聲，都會導致整個團隊垮台。我們永遠不會知道，我們決定保持沉默的計謀是不是真的起了作用，是不是真的有必要，但是我身邊的每一個人都知道，在這種關鍵的比賽前夕，我的心理狀態極端緊繃，也極其脆弱，因此，他們和我相處起來，必須格外小心謹慎。正因如此，托尼、狄丁、柯斯塔、佩雷茲・巴巴迪尤、土子等人，不只得要是專業人才，也要身兼我的好友，我需要的團隊成員必須瞭解我的性情，也要非常勤奮地照顧我的需求，我需要我的家人在我身邊。因此，我在賽前必須在更衣室進行一模一樣的準備步驟，我得在每次暫停時，從兩個水壺中依序各喝一口水。這就像是一個巨大的火柴棒建築模型：要是其中有任何一個部分沒有對稱地擺放好，一切就都會垮掉。

《東方快車謀殺案》

冰浴、按摩鉛塊般的雙腿、維他命補充品、踩健身腳踏車等，每一項都對納達爾在墨爾本的成功起了不少作用。但是，佛卡德對於自己在危急時刻獻上的妙計絲毫不居功，他認為納達爾在澳洲公開賽能夠及時恢復體能、贏得冠軍，每個環節都只是龐雜的整體中的一個元素罷了。「你得用《東方快車謀殺案》（Murder on the Orient Express）來想，」納達爾的體能訓練師說道，「才能真的瞭解納達爾成功的秘密。」

佛卡德既不矯情，也不是要故弄玄虛。事實上，他會引用阿嘉莎・克莉絲蒂（Agatha Christie）的偵探小說，是格外具有啟發性的，因為他平時說話總是時不時夾雜著「整體的」、「認知的」、「軀體標記」（somatic marker）、「不對稱」、「情感意志」（emotive-volitive）等術語。他的大腦總是不斷尋找著頂尖運動界和莎士比亞的悲劇、德國哲學、聖多瑪斯・阿奎那（Thomas Aquinas）思想，或是神經生理科學研究最新潮流學說之間的關係。

「《東方快車謀殺案》的重點是，有一個人被謀殺了，但是偵探赫丘勒・白羅（Hercule

Poirot）卻發現，有十幾個人同時參與了這場謀殺案——每個嫌犯都殺了他，」佛卡德接著解釋道，「要找出納達爾在澳洲公開賽，以及他生涯中的其他成功秘訣，這才是你應該採取的方法。要是你只專注在其中一個層面，去推敲他的體能是如何復原的，就會錯過更宏觀的全貌。」

當納達爾回到家鄉馬約卡時，會花很多時間和佛卡德待在一起，但是在其他時候，佛卡德總是對各項國際錦標賽的紛紛擾擾敬而遠之。他旁觀者清的身份，加上善於分析的腦袋，讓他成為納達爾團隊的核心成員中，最適合扮演白羅探長，並揭露這個他已經訓練了超過十年的年輕人的成功秘訣。經過努力抽絲剝繭，將證據一一拼湊起來之後，佛卡德得出了一個核心結論：納達爾的成就比所有人付出的總和更大。這是讓佛卡德最趣味盎然的一點——而不是去探討納達爾訓練菜單的細節。去解釋為什麼納達爾不做重訓，為什麼他不做長跑訓練，只做一些非常短距離的衝刺練習，或是為什麼他做甲運動或乙運動來強化腳踝或肌腱，或是他為什麼用某個機器、震動板、彈力帶等器材，來訓練肌力，讓他能夠在全力衝刺的情況下連續打上五小時的比賽，或是靠這些練習來強化左手臂的加速度，這些對他而言很無趣——他甚至感到非常厭煩。讓佛卡德更感興趣的是，納達爾每次到健身房跟他訓練時，不論他的狀態好壞，所帶來的那種狂熱執著，還有就是他在訓練時，非常冷靜而有意識地讓自己維持在最高強度，也是這一股力量讓他能在球場上無往不利。其中最有趣的一點，就是下面這個問題，這股力量是從哪裡來的？沒錯，他是很優秀的網球選手，因為他很有網球天分，但光是這一點還不足以解釋他怎麼有辦法接二連三地拿下大滿貫金盃。這世界上有很多天才，光靠天分就可以成為頂尖網球選手，而常常被他擊敗的許多對手，事實上，可能都比他還更有天分。

「誰能確實將自己的天賦潛能發揮出來，這個問題就有點像爆米花，」佛卡德說道，「有些玉米會爆，有些不會。那為什麼納達爾這顆玉米能爆地這麼萬眾矚目呢？」

我們首先要探討的，不是他的雙腿或手臂，而是他的腦袋，根據佛卡德的說法，那是「全身上下最脆弱的部位」，也是在頂尖運動競賽中，對於比賽勝負最具有決定性關鍵的部位，尤其是在像網球這種單人運動項目中。

「網球運動就是處理緊急事件，在一長段時間內，不停解決一個又一個的危機。每一分都完全不同，選手必須在每個瞬間不停地一次又一次的作出決策。能夠在失誤後馬上抹除這段記憶，或是在打出好球領先比賽時，控制得意的心情，繼續穩扎穩打，將每一個當下的球都視作獨立事件，快速在偌大的時間壓力下做出判斷的選手，就是能夠在一幫頂尖選手中脫穎而出，一而再、再而三的奪下勝利，成為長期稱霸的冠軍。在這樣一連串瘋狂的決策過程中，保持腦袋冷靜非常關鍵，而要保持腦袋冷靜，靠的是情緒幸福感（emotional well-being）。而這正是納達爾所擁有的最重要的特質。他能夠在高度警戒的狀況下，維持好幾個小時，這簡直是種超人的能力。這就是一切的關鍵。」

如果說納達爾成功了，那就是因為他的腦袋、身體、情緒完全交織在一起而且處於和諧狀態，或者，按佛卡德的話來說，「起了完美的加乘作用」。而這背後的原因，來自於他的快樂童年、有紀律的青少年時期，以及他和每一個家族、團隊成員長久的關係等等，一直以來所帶給他的正面影響。這就是佛卡德所謂的「社群情感」因素，翻成白話文的意思是，納達爾的背景和許多頂尖選手相比有點不同，因為他一輩子都受到非常穩固、幾乎沒有衝突的家庭環境庇蔭。「還有一點，就是他的父母和托尼叔叔從他小的時候，就不斷慣輸給他的想法，那就是光有天分，沒有謙遜和下苦功，也不會成功的。謙遜就是認清自己能力的限制，而認清這一點之後，就能靠著這個體悟，化成讓自己願意勤奮吃苦克服限制的動力。因此，納達爾——世界各地孩子們的榜樣——在健身房訓練時展現出的熱情和獻身，比我所看過的任何一個網球選手都要高出許多。因此，儘管他已經擁有如此高的成就，他還是會在每一次訓練時全力以赴，以繼續提升自己的比賽表現。」

納達爾極度看重的「持續性」，在菁英選手間是非常罕見的，佛卡德說道。他的教練已經和他合作了二十年；他的體能訓練師和經紀人，各十年；他的物理治療師和公關長，各五年；還有他的家人，幾乎也是他的一部份，非常團結地在他背後做靠山，從他出生的那天起，就沒有過任何爭吵、嫉妒。「納達爾的成就，是那種你知道自己會名流青史的成就：這是很難應付的。這種等級的成就會讓人自大，把人逼瘋。因此，你需要有穩固的家族來確保你能繼續腳踏實地地前進。有關這一點，納達爾也真的非常幸運，有個非常親近，而且嘗過了足球界的成功、金錢、名氣等滋味的叔叔。人們常常問，冠軍選手究竟是天生的，還是後天培養的？從米格安赫爾叔叔的經驗，他知道一開始是看不出來的；兩者可能同為真。因為，要是你光有天分，但是不花功夫訓練，不對這件事產生熱情，那你也不會有所成就。納達爾有一點很棒的，就是他對於持續學習和進步的渴望非常強大，那是他天生性格的一部份。他知道沒有人是全能的神，更不用說他自己了，但是他自我犧牲的精神——我自己親身見證過，年復一年，即使他已經登上了奧林帕斯山峰——實屬超人。」

米格安赫爾叔叔、托尼叔叔、腳踏實地的父母親、大家族中的龐大支撐網、穩定交往的女友、成員固定且都是朋友的專業團隊，還有，佛卡德特別強調，馬約卡人靦靦、不愛出風頭的天性，再加上納達爾天生的網球才能、聰明才智、強大動機，這一切一切的總和，造就了比顯而易見的原因更碩大的成果。「納達爾身後複雜精細的情感保護網，讓他的身心可以毫無後顧之憂的追尋自己的最佳表現。沒有了這層保護網，我給他的體能訓練成效絕對達不到現在的十分之一。沒有了保護網，我很難想像他還能成為今天這個獨特、強健、有力的網球選手，很難想像他還能培養出那樣強大的心智，讓他成功在大滿貫決賽上，那樣肩負著眾人期待又極其緊張的環境下，在轉瞬間做出能左右一切結果的決策。因為，重點就是，你沒辦法把他這個人跟他的運動員身份給分開。而且，他這個人又是最重要的一環。納達爾之所以能成功，是因為他先是一個好人，又擁有一個好家庭在背後撐腰。」

第八章
失樂園

音樂停了下來，這表示亞瑟艾許球場的比賽即將正式展開。在暖身時，巨大的噪音不斷重擊著我的耳膜，怦怦作響——在這裡可聽不到你自己擊球的回音。現在，我們開打了。二〇一〇年美國網球公開賽決賽正式展開，喬科維奇率先發球。經過了前一天的傾盆大雨，今天，我們在午後的豔陽下進行對戰。

第一分我們就來回對打了二十一球，對球迷而言這是相當精采的好球，對我來說卻不是如此，因為這一分被喬科維奇給拿下了。不過，我總是試著樂觀看待每件事，而現在的情況還非常容易挽救。在那一次來回對打中，我差不多就把自己所有的擊球招式都用上了一輪，先是用深遠而低角的反手抽球，回擊他的發球，然後是幾次強勁的正手拍，再來一記強力的反手拍。我每一球都打得很好，也一直把這一分的節奏掌控在手上，讓他只能處於防守狀態——直到我打出了一個小球。這不是猶豫不決或怯懦的小球，而是經過縝密計算的攻擊型小球。但是，他的速度實在太快了——喬科維奇速度真的非常快，早點體認到這件事也好——我只能很遜地用反手拍回應喬科維奇打回來的吊高球，讓他順利打出一個落在中場的簡單致勝球。

我以十五比〇落後，但是還沒有必要感到氣餒。我能感覺到之前那種好手感，能夠清楚地看見、聽見球的運動。「聽見」球，是佛卡德很喜歡的用詞，意思是在每一次擊球時，發出正確的音調；也就是說，球拍和球的接觸很順暢，你的腦袋和身體也很協調一致。

我沒有錯估我的勝算。喬科維奇在下一分時，用力過猛，一個正手拍把球打了出界；然後他也放了一個小球，但是沒拿捏好，讓我逮到機會打出一記反手對角球，而他連邊都沒摸著。接著，他又打出一記凶猛深遠的反手拍，讓我再趁機擊出一個致勝球。我在第一局就破了他的發球局，恐怕沒有比這個更好的開場了。現在，我取得一比〇領先，輪到我的發球局：這又是另一個值得慶賀的一點。在我整個職業生涯中，幾乎沒有任何一場比賽的發球，比這次在美國公開賽的發球表現更好的了。我一盤未失就成功晉級到決賽，而且在九十一局的比賽中，我只被破發了兩次。這背後是有原因的。

在這場錦標賽一開始，我就做了一個決定，要改變握拍的方式，雖然這麼做會削弱我對切球的掌控，但卻能提升擊球力道，讓拍頭在擊球時，和球的接觸面更完整。這很冒險，但也確實奏效了。一直以來，發球都不是我的強項，我在發球時就是沒辦法像揮擊落地球時那樣有自信。舉例來說，我的身體動作就是不如費德勒那樣機械化，而且有時候，尤其是戰況緊張時，我的節奏也容易被打亂。我拋球時會拋得不夠高，身體會變得僵硬。這可能是我雖然天生是右撇子，卻用左手打網球，導致我自己腦袋打結的一個案例。腦袋和身體的協調性，就是沒辦法做到永遠萬無一失。

但是，在這次的美國公開賽，我的發球表現如夢似幻，打出好多漂亮的第一發，也比往常贏下更多「免費分」。我一直都很羨慕其他選手，能靠著強勁的發球替自己省下不少得分的功夫，但在這次錦標賽中，我不必羨慕別人。這一次打進冠軍賽，我比往常少跑了很多步，保留了非常多體力，而能在對上喬科維奇的決賽，處於相當好的體能狀態，感覺跟我前一年打進澳洲公開賽決賽前的狀態，簡直天差地遠。

我從沒有在打美國公開賽的時候，感到如此神清氣爽過。我的身心都很放鬆，在錦標賽開始前一週的星期一抵達紐約，當天就去打了一場高爾夫球，然後隔天又去了一次。接著，托尼在星期三從馬約卡抵達紐約，代表著我得重新上緊發條，火力全開，全力投入訓練。

我特別努力加強發球的功夫，終於在決賽的第二局有了回報。我把握住了意外從喬科維奇那得來的大好機會，早早取得了二比〇領先。但是，他也馬上一記回馬槍，保住自己下一個發球局，又接著靠一連串絕妙的精彩好球，破了我的第二個發球局，將比數追成二比二平手。在這麼關鍵的比賽，又是對發球選手有利的場地上，非常出人意料地，我馬上又接著破了他的發球局

——五局之內出現三次破發。在一次又一次互相追成平手之後，我終於往他的正手方向打出一記深遠的致勝球，贏下這冗長的一局。比賽恢復了應有的秩序，我們各自保住接下來的每個發球局，最後，我以六比四贏下這一盤。

根據統計，我在大滿貫賽事中，贏下第一盤之後輸掉比賽的紀錄，在過去一〇七場比賽中只有一次。但是，沉浸在漂亮的統計數字中非常不明智。任何事都有第一次——或是以這個例子來說，第二次。喬科維奇不僅僅是個非常有天分的選手，狀態好時表現得極其耀眼，他更在我們過去三次在硬地球場交手時，都輕鬆擊敗了我。我很感激能有機會扳回一城；在過去慘痛的經驗還沒完全走入歷史之際，我很感激能有機會站上今天的舞台。在短短十二個月前，也就是二〇〇九年中，我根本不敢想像自己能有機會打進美國公開賽決賽，爭奪個人生涯第四項大滿貫冠軍。二〇〇九年起頭非常精彩，我拿下了澳洲公開賽的冠軍，但是一切就此每況愈下。

在從澳洲回家的第一段路程，也就是從墨爾本到杜拜的飛機上，我父親跟我說，家裡最近不太平靜，他和我母親之間出現了一點問題。我馬上就猜到，那表示他們可能談到要分居了。幸好，他很貼心地沒有提早幾天，在決賽前跟我說，否則，我恐怕會完全沒有力氣讓自己從跟貝達斯科打完準決賽後的虛脫狀態中恢復過來。但那也只是這整件事中最微小的一點安慰。我被這個消息嚇傻了，那之後的整趟旅程，我都沒有再跟我父親說上一句話。

我的父母是我生命的支柱，而現在，這根支柱卻垮掉了。我最重視的延續性就此被一分為二，我最仰賴的情感穩定性也受到了正面衝擊。對其他家中都是已成年小孩的家庭來說（我當時二十二歲，我妹妹十八歲），也許比較能夠輕易地度過這樣的婚姻危機。但是，對於像我們這麼親近又團結的家庭而言，簡直是不可能的任務；我們幾乎不曾看過父母親有過任何衝突，我們看到的都是和諧、溫馨的互動。聽到我父母在結褵近三十年後，居然碰到難以化解的危機，實在讓我心痛不已。我的家庭一直都是我生命中最神聖不可侵犯的核心、我的定心丸，包含了我美好童年回憶的活動相簿。突然間，讓人措手不及地，這幅甜蜜家庭的肖像就這樣破裂了。我為父母、妹妹一起感到難受，他們也都過得很辛苦。再說，所有人都受到了影響：我的叔叔、姑姑、舅舅、阿姨、祖父母、堂表兄弟姊妹等等。我們的世界突然失去了重心，而我也第一次注意到，家人之間的聯繫變得彆扭而不自然；一開始，誰都反應不過來。回家一直以來都是很快樂的事，現在，回家卻給我一種不舒服的奇怪感覺。

這些年來，我不斷到處旅行、四處征戰，隨著我的名氣越來越響亮，工作也漸漸佔據了我更多時間，但馬納科和鄰近的基督港度假村，一直都是能讓我保持內心平靜理性的泡泡，是一個能讓我暫時擺脫名人身份的紛擾，與世隔絕，完全做我自己的私人天地。我在那裡釣魚、打高爾夫球、和朋友聚聚、和家人共進午餐晚餐的傳統——現在一切都變了調。我父親搬出了我們在基督港的家，現在，當我們上桌吃飯，或是坐下看電視時，他都不在了。以前充滿了笑聲和玩笑話的地方，現在被令人喘不過氣的沉默給取代。我的天堂樂園變成了一座失樂園。

但是說也奇怪，這件事卻沒有馬上影響到我在球場上的表現。我一直連勝，這股動能推著我過了幾個月。我接連在蒙地卡羅、巴塞隆納、羅馬都獲得冠軍，更令人驚訝的是，我甚至在印地安泉的硬地球場上，也奪下了勝利。我在獲勝的當下沒有任何開心的感覺，但是我的身體就這樣自動自發地運作著。我的態度很差勁，人也變得很憂鬱，對什麼都提不起勁。表面上，我依舊是個打網球的機器人，但是在金屬外殼底下的那個人，卻已經對生活心灰意冷。

我的團隊成員個個束手無策，不知道該怎麼面對我的消極和陰沉。對柯斯塔、狄丁、佛卡德，以及代替托尼陪我出戰印地安泉的羅伊格而言，我完全變了一個人，疏遠而冷漠，談話內容變得簡短而犀利。他們很擔心我，也擔心父母分居會影響我的比賽表現。他們知道，我不可能就這麼一直連莊贏下去，他們知道遲早會出問題。他們猜的沒錯，而第一個出狀況的是我的膝蓋。三月底，在邁阿密比賽的時候，我第一次感到疼痛。然後一週過一週，疼痛感逐漸加劇，但我忍著痛繼續打，直到五月的馬德里大師賽，我終於撐不下去了。我的精神力量終究無法戰勝身體的疼痛，我只好暫時放下比賽去休養。

幾週後，我重新復出，參加法國公開賽。也許我不該急著去巴黎參賽，但我已經連續衛冕了四屆法網冠軍，無論獲勝的機會有多渺茫，我覺得我有責任為了這個頭銜而戰。想當然耳，我在第四輪就輸給了瑞典的索德靈，慘遭淘汰，這是我第一次在法網輸球。而這便是壓垮我的最後一根稻草。我非常努力訓練備戰，拼命克服父母婚變對我的打擊，以及膝蓋的疼痛，要以最佳狀態登上羅蘭加洛斯球場，但現在我終於看清楚了，我的身心靈都疲憊不堪，沒辦法再繼續下去了。於是，我滿心悲痛地退出溫布頓錦標賽，放棄為了保住前一年辛苦得來，且對我意義非凡的冠軍頭銜而戰的機會。我膝蓋的傷勢是退賽的近因，但我知道，追根究底，原因出在我的心理狀態。我的好勝鬥志消退了，腎上腺素也乾涸了。佛卡德說，心理壓力和生理狀況之間，有著「全面的」因果關係。他說，要是你的內心一直處於高壓狀態，會導致睡眠不足，注意力無法集中——那不偏不倚就是我當時的症狀——這對身體的影響是非常大的。這些壓力都會傳導到肌肉上，再加上比賽的壓力，就會導致身體受傷。我相信佛卡德說的沒錯。

待在溫布頓而沒有回家，更是每分每秒都提醒著我，我們每個人的生活都發生了戲劇性的改變，這也加深了我內心的思考和哀傷。儘管我持續到健身房接受佛卡德的訓練，做些能幫助膝蓋復原的運動，但是，訓練的強度已經不如以往，因為我的意志也已經不如過往。那一年，費德勒第一次奪下法國公開賽冠軍，一個月後又再度在溫布頓稱王，並一舉將我差不多剛好在整整一年前從他手上搶走的世界第一排名，又重新奪回手中。這固然是個不小的打擊，但我相信，要是在普通情況下，這件事帶給我的衝擊一定會更深刻。現在的我，還忙著為家中的劇變感到失落。

但我可不是在裝病。要是我真的覺得自己還很健康，絕對不會裝病翹掉錦標賽。在退出溫布頓休養生息之後，那年的八月初，我重回北美巡迴賽事，首先出戰多倫多，接著再到辛辛那提。我的膝蓋勉強還可以，但是我兩個錦標賽都輸了。而且，在辛辛那提時，我又遭遇了更進一步的挫敗，我拉傷了一個腹部的肌肉。這算是蠻常發生在網球選手身上的運動傷害。這裡受傷，影響最大的就是發球，因為發球時，你得完全伸展，然後轉動身體去擊球；不過一般來說，要是你的體能狀態沒問題，這點小傷是很容易忍的。接下來是美國公開賽，這次，我沒有選擇退賽。相反地，我表現得比本來（有鑑於體能狀態不佳）預期的還更好；一路打進準決賽，才被阿根廷好手胡安・戴波特羅（Juan del Potro）給淘汰出局，他很輕鬆地以六比二、六比二、六比二直落三擊敗了我，之後也順利奪下冠軍。但這就夠了。是時候叫聲暫停，給自己一點時間和空間，去面對家中的新局面，試著學習去接受、調適，暫時不去想網球的事，給身體一點時間休息、恢復元氣。

我從來沒有走到討厭網球那一步，雖然我知道很多職業選手都有過這個經驗。我總覺得，你不可能討厭那個幫你養家活口，讓你功成名就的東西。當然，也總會有那個時候，你開始感到疲倦，然後一路以來支撐著你打進網球最高殿堂的狂熱漸漸消退。我一直都相信，就像托尼說的，要繼續比賽，你就不能打破自己一直以來遵循的模式。你必須繼續努力訓練，無論你想或不想，都必須堅持長時間的訓練，因為任何一絲怠慢，都會反應在你上場後的表現。但是，儘管如此，還是會有那麼一天，你就是沒有辦法繼續堅持日復一日的全力以赴，你的身體和心靈無以為繼，這個時候，你所能做的最好的事，就是按下暫停鍵，等待內心渴望的力量重新回歸。

到了二〇〇九年聖誕節，也就是我第一次聽到父母出現婚姻危機的十一個月之後，我們終於開始學著適應新的家庭關係。我的母親——她經歷了糟糕透頂的二〇〇九年——終於重拾過往的興趣，我也終於下定決心，要邁向新的篇章。各家媒體充斥著各種討論分析，猜測我究竟有沒有辦法恢復往日的榮光，有些專家甚至推測，也許我過去大量依賴體能的球風，終於讓自己的身體消磨到無法完全復原的程度，而這些評論，在在都更加深了我想重返球場的慾望，我想證明給那些懷疑論者看，我想證明他們錯了。托尼自己也受到家中劇變的影響，整體來說，他變得更善解人意。但現在，在這個多事之秋的尾聲，他說，夠了，是時候上緊發條，重返工作崗位了。「很多人的生活都出了問題，但他們還是繼續努力，」他說道，「你覺得自己很特別，你覺得自己是唯一例外嗎？」雖然他一如往常地口無遮攔，但他說的沒錯。我膝蓋的酸痛感一直沒有完全消退，但是我還是恢復了正常訓練。隨著二〇一〇年的到來，我非常努力地調適體能狀態，以為接下來的澳洲網球公開賽做好準備。

雖然我不指望自己能贏，但最後還是對自己被淘汰的方式感到失望透頂。我是在八強賽上，對上莫瑞時被淘汰的。我因為膝蓋的傷勢，被迫在第三盤進行到一半時，宣布退賽。莫瑞已經拿下了前兩盤的勝利，而基於比賽之公正和運動員精神，我其實很希望能一直打到最後，儘管事實非常明顯，不管我有沒有退賽，他都一樣會拿下這場比賽的勝利。不過，膝蓋實在讓我痛得受不了，而且硬撐可能會對膝蓋帶來更嚴重的傷害，因此，我只能選擇喊停。在我付出如此多的心血為澳網備戰後，這無疑又是一次沉痛的打擊。更糟糕的是，我的醫生說我得休息兩週，然後再復健兩週，之後才有可能重新上場比賽；這又是另一項清楚的事證，說明頂尖運動員的生活模式，對身體健康一點好處也沒有——關於這一點，佛卡德完全同意我的看法，而在我看來，他可是這方面的國際權威。

現在，看衰我的人又有更多理由了，但是，我拒絕相信自己已經開始走下坡了。我沒有像五年前，當左腳的副舟狀骨出問題時那樣消沉沮喪。我還是可以走路，只是不能快跑。我不必撐著枴杖一跛一跛地走，也不至於像上次那樣，只能坐在椅子上擊球。

一個月之後，我的身體恢復了應有的水準，我感覺自己的狀態已經足夠在三月的印地安泉和邁阿密出賽，兩場錦標賽我都一路打到準決賽。然後，這一次又是在蒙地卡羅，我獲得新一波的突破。再次回到紅土球場，我又找回了我自己。我在五場比賽中，一共只丟了十四局，而且我還在決賽中，以六比〇、六比一的成績，直落二，打敗了貝爾達斯科（我跟他之前在澳洲公開賽連續五盤，長達五小時的纏鬥，讓我差點絕望地哭了出來），拿下蒙地卡羅六連冠。同時，我還有另一個值得高興的理由：我父親和科托羅醫生一直到處想方設法，要解決我膝蓋的問題，現在終於出現了一線曙光。我在結束蒙地卡羅的比賽後，就要直奔西班牙巴斯克地區的首都維多利亞（Vitoria），去一間醫學中心看診，他們有一項特殊療程，醫生相信可以一勞永逸地解決我的膝蓋問題。不過，這項治療得要在沒有麻醉的情況下，在我的膝蓋進行注射，關於這一點我可是一點也不期待，但我願意付出一切來恢復健康。我已經被這個問題困擾了一年，我只想趕快解決它。

不過，在星期天蒙地卡羅的決賽結束後，要在星期一抵達維多利亞去看診，事實上比我和兩位同行夥伴，我父親和狄丁所想的更有挑戰性。一般來說，我們可以直接從尼斯搭飛機，經巴塞隆納轉機過去。但問題是，現在幾乎整個歐洲的航空交通，都因為冰島火山爆發的緣故而停擺了。盛行風把巨大的火山煙灰雲往南吹，一路吹到了西班牙，航空業主管機關宣布取消所有航班，以避免火山煙灰粒子跑進飛機引擎，造成飛機在半空中故障。因此，我們唯一的辦法，就是走陸路從蒙地卡羅到維多利亞，路程全長大約一千三百公里。因為我們約的看診時間是星期一中午，我們得連夜趕路才來得及。此外，還有另一個問題：那個星期天晚上，皇馬有一場非常重要的比賽，我們無論如何都不能錯過。因此，我們先去了佩雷茲．巴巴迪尤的家（他住在蒙地卡羅），叫了披薩一起看比賽，皇馬也順利贏球，然後，比賽結束後我們才趕在午夜前上路離開，由我父親開車。

才剛上路沒多久，我們就意識到，我們每個人都太累了，根本沒辦法開整晚的夜車不休息。因此，我們打給佩雷茲．巴巴迪尤，請他幫我們找個地方休息，讓我們可以停車，打幾個小時的盹。佩雷茲．巴巴迪尤馬上著手，一下就幫我們在法國南部的納磅（Narbonne），也就是大概在三分之一路程的地方，找到了一間路邊的旅館。佩雷茲．巴巴迪尤是非常有說服力的人，但他卻很難說服旅館的夜間櫃臺人員，自己不是在惡作劇——沒錯，是真的——納達爾一行人真的會在凌晨三點半，到旅館來租房間。

幾小時後我們就起床了，嚴重睡眠不足，也沒心情面對眼前長達七小時的車程。幸好，我們成功把約診時間改到了下午，讓我們還能在趕路中插進一些休息的空檔。沒有打任何麻醉就進行注射，跟我想像的一樣痛。醫生插針的時候，我痛到得在嘴裡咬一條毛巾，努力相信這個療程可以達到效果：讓膝蓋的肌腱再生，並能強壯到不只讓疼痛就此消失，還能讓膝蓋的傷勢再也不會復發。

又經過一段強制休養的時間後，我在兩週後趕上參加羅馬大師賽。我明顯感覺狀態好多了，雖然我也很清楚，七月的時候還得再到維多利亞，接受第二輪的注射治療。我接連在羅馬和馬德里都贏得了冠軍，扼殺了許多預告我的網球生涯死期不遠了的傳言，而測試我究竟是不是就此死而復生的最大考驗就在眼前：法國網球公開賽。我在將近一年半前贏得澳洲公開賽冠軍後，就沒有再贏過任何大滿貫賽，但這一次，我還是以最被看好的選手之姿，進入了法國公開賽。

這一點卻讓托尼很擔心，他總是很擔心我會被成功的前景沖昏頭。這已經成了他本能反應的一部份，雖然有時候，他的反應大到顯得近乎荒唐。比如說，在法國公開賽的頭幾天，有一天我跟他還有柯斯塔三個人肩並肩，一起走在巴黎街頭寬廣的人行道上，我走在中間，托尼和柯斯塔兩個人一左一右地和我並肩齊步。突然間，托尼停下腳步說，「等等，我們不能這樣。」柯斯塔和我兩個人望著他，帶著一臉糊塗又略顯不悅的表情，像是在說，「現在又怎麼了？」「我們不能這樣，」他說道。「不能怎樣？」「你這樣，拉斐爾，這樣走在中間。」對托尼來說，我們這樣是在對路人傳遞，我是三個人之中最特別的那個，彷彿他和柯斯塔是我的保鏢、侍從之類的。柯斯塔對托尼不如我這樣有耐心，所以他馬上提出抗議，「我的老天爺啊，托尼……」。但對我來說，在這種情況下，我寧願「乖乖聽話以換得一絲平靜」。所以我接受了托尼的念頭，並照他的意思，換成走在最靠外側的位置。

我那次在巴黎取得的最大成就，就是一舉消滅那些認為我大勢已去的評論。我終究沒有辜負自己身為最被看好的選手的身份，一盤未失地打進了決賽，而我在決賽要對上的，是在去年的法國公開賽將我淘汰出局的索德靈。索德靈在八強賽中擊敗了費德勒，因此，也就是說，只要我能在決賽中打敗索德靈，我就能取得足夠的積分，一舉奪回世界排名第一的寶座。我做到了！我以六比四、六比二、六比四直落三擊敗了索德靈，抱得生涯第七座大滿貫獎盃。

下一場大型賽事，是一個月後的溫布頓錦標賽。因為去年的我根本沒有參加，而且狀態糟糕至極，今年我對參加溫布頓的慾望特別強烈，也對奪下個人第二座溫布頓冠軍更加躍躍欲試。我非常有信心能夠成功奪冠。柯斯塔說我就像個柴油引擎，一開始也許不是跑得特別快，但是一旦跑順了，就勢不可擋、天下無敵。他可能有點誇大其詞了，但在這一刻，二〇一〇年六月，他說的沒錯，我感覺到比賽的氣勢又和我站在一起了。

由於我父母的事情已經塵埃落定，現在我有精力能把更多心思放在網球上，光是這一點就足以扭轉情勢。父母離異給我帶來的災難性影響，再次證明家庭和家人關係的穩定，對我在網球表現上的穩定性，有著不容質疑的緊密關連。這兩個圈子之間的關係太過錯綜複雜，很難不互相影響。但時間已經過去了好一大段——自從父親在我們從墨爾本返程的飛機上跟我說了這個壞消息以來，已經過了將近一年半——我也重新調整了自己的心態，去適應新的現實。還好有我的父母，這一切沒有像我一開始害怕的那樣，成為更嚴重的大災難。他們沒有復合，但是他們把我妹妹和我兩個人的福祉放在最優先的位置，好好地處理每件事。有些夫妻鬧翻之後，會試圖拿孩子來當籌碼，互相報復。但是在我父母身上完全沒有這回事。他們各自都竭盡全力，要把瑪麗貝和我可能受到的衝擊降到最低。除了最一開始難以避免的針鋒相對之外，沒有更多惡言相向，而隨著時間慢慢過去，他們甚至又重新變成了朋友，甚至又開始一起到球場看我比賽。伴侶分手可以很優雅，也可以很難看。他們兩個人把事情處理得很優雅，而我也因此對他們敬愛有加。

然後，在贏得法國公開賽之後的隔天早上，帶著前一晚跟碧昂絲（Beyoncé）等一幫大明星慶祝狂歡後的好心情，我跟我父親、狄丁、佩雷茲·巴巴迪尤、土子一行人，動身前往巴黎迪士尼樂園。我們要去那裡進行拍攝工作。儘管有一點睡眠不足，但這是個我非常樂意履行的職業義務。這不是我第一次去巴黎迪士尼，我在那裡總是玩得很開心。我很愛跟小朋友相處，我總是能很自然地和他們玩在一起。

唯一的缺點是，我們得搭直升機過去。因為工作需要，我偶爾得搭直升機移動，但我總是感到心驚膽顫。還好，直升機安全降落，這讓其他遊樂設施都變得更好玩，也讓我在捧著法網冠軍獎盃跟高飛狗還有超能先生及彈力女超人合照時，能在鏡頭前笑得更加輕鬆開懷。拍攝工作結束後，我們就又馬不停蹄地趕回巴黎市中心，準備搭火車前往倫敦。

溫布頓錦標賽的前奏曲，同樣也在草地球場舉行的女王俱樂部錦標賽（Queen's Tournament），還有一個禮拜就要開打了，我想盡快到場練習，重新熟悉一下草地球場的感覺。所以，在大約一個小時後，當火車從英吉利海峽底下竄出，抵達倫敦火車站時，我們沒有先到飯店休息，而是直奔女王俱樂部。當時天空下著雨，倫敦幾乎總是在下雨，因此，我只好和包括羅迪克在內的其他選手，一起在更衣室裡等待太陽再次露面。我們沒什麼事好做，只能盯著更衣室裡的一台電視瞧，就那麼剛好，電視上正在重播我和費德勒對打的二〇〇八年溫布頓決賽。我和其他選手都全神貫注地看著電視，但是比賽開始播出才沒多久，我就發現外面雨停了。於是我跳了起來，跟狄丁說，「天啊，快點！我們去外面練習！」更衣室裡其他選手都還在看電視上的比賽，他們一臉驚訝地望向我，好像覺得我應該好好坐下來重溫自己最著名的勝利，而不是急著要出去場上練習。但是，對我來說，現在分秒必爭，一刻都不能浪費。在將近兩年沒有在草地球場上比賽後，我必須盡快找回在草地球場打球的手感。

我曾經在二〇〇八年拿下女王錦標賽的冠軍，但這一年卻與冠軍無緣，止步八強。不過，這個結果還不算太糟糕，因為這麼一來，我有更多時間能調整腳步，備戰溫布頓。我從飯店退房，轉移陣地來到了我們在英國的家，也就是在全英俱樂部旁邊那棟租來的房子。能回到這裡感覺真的很好。從我缺席二〇〇九年溫布頓，可以看出家中劇變對我個人的打擊有多大，而二〇一〇年的回歸，則象徵著一切塵埃落定，重返平靜。

柯斯塔用「柴油引擎」為我形塑的這個形象，用在這次錦標賽中更為貼切。我起步時走得拖泥帶水，但一旦跑順了，就沒有什麼能阻擋我前進。我差點在第二輪就被淘汰，努力纏鬥了五盤才勉強讓自己留在比賽當中，但隨著我一步一步邁進，對手越來越強——至少以排名來說是如此——我的比賽表現也越來越出色。我在八強賽中，在四盤內就擊敗了索德靈，在準決賽更以直落三擊敗莫瑞。我和莫瑞對戰的那場比賽，中央球場的觀眾表現無以倫比。英國人從一九三六年弗雷德・佩里（Fred Perry）奪冠以來，就日夜期盼著能再有英國選手拿下溫布頓冠軍，而當天的觀眾也從比賽一開始，就擺明了讓我知道他們支持的選手是誰。莫瑞是這次錦標賽的第四種子，也是英國多年來最有希望的一名選手。但是，我可以感受到他們在整場比賽中對我也非常尊重，不僅沒有在我雙發失誤時大聲歡呼，也會在我擊出精彩好球時鼓掌祝賀。而當我以直落三贏得比賽，讓絕大多數人感到悵然若失時，他們依舊毫不吝嗇地給予我溫暖的掌聲。

我本來以為要是我打進了決賽，就會第四度和費德勒上演決戰戲碼，但是沒有。我這次決賽的對手，是大會的第十二號種子，來自捷克共和國的湯瑪斯・貝爾迪赫（Tomas Berdych），他在這次錦標賽的表現非常亮眼，先是在八強賽擊敗費德勒，又在準決賽將喬科維奇淘汰出局。儘管我沒有一絲得意自滿的情緒，但我也沒有像兩年前進入決賽時那樣緊張。一如從沒打進過溫布頓決賽的選手在比賽時會稍微居於劣勢，但有了相關的決賽經驗——以我來說總共是四次——就能給人一種熟悉的安全感。最終，我打出了一場完美比賽，以六比三、七比五、六比四直落三，收下了我個人生涯第二座溫布頓冠軍，以及第八座大滿貫獎盃。

比賽雖然提早結束，但那天晚上我卻沒什麼睡。在溫布頓官方晚宴上，我按照慣例，穿上燕尾服，和女子組冠軍塞雷納．威廉斯（Serena Williams）跳舞。晚宴一直持續到過了午夜才結束，在那之後上床睡覺也沒什麼意義，因為我得在兩個半小時內，和父親及狄丁一起前往機場，趕搭凌晨起飛的班機前往畢爾包（Bilbao），然後再從那裡開大約一小時的車到維多利亞，去接受第二次，也是最關鍵的膝蓋注射治療。我們本來可以把看診時間約晚一點，但我急著想盡快回到馬約卡，展開我每年在溫布頓錦標賽結束後的暑假。有人說，小島居民的歸巢本能特別強。這一點在我身上確實非常明顯。對我來說，當我被想回家的念頭給征服時，就連睡覺都可以不在乎了。

結果，我們發現其實不必起那麼個大早趕路，因為醫生檢查之後，懷疑我的膝蓋可能出現感染，判定現在還不能進行注射。於是，我們又立刻回到畢爾包，再搭飛機回帕爾馬，之後才又另外安排時間到維多利亞完成後續療程，治療結果非常成功，我的膝蓋問題解決了。一如既往，我給自己放了個長長的暑假，因為我覺得，在面對今年最後一個大挑戰前，我需要好好休息一下，而這個大挑戰就是：贏下美國公開賽冠軍，完成生涯大滿貫。

我暫時放下網球，給自己放了三個禮拜的假，但這次不是因為受傷休養，也不是因為被心理壓力壓得喘不過氣，而是比較正向的，因為我自己主動覺得需要放空一下，重整旗鼓再出發。我想跟過去一年半各種場內場外的壓力劃清界線，拋下過去的包袱，重新出發。這段期間，我每天去釣魚、到海裡游泳、打高爾夫球，也會和朋友去夜店跳舞，常常都玩到深夜才回家，當然，也花很多時間和瑪麗亞・法蘭西斯卡相處。這一陣子，我整個人覺得鬆了一口氣，不會一天到晚被記者圍堵，不用每天都出現在報紙上，不用每天從早到晚，跟同樣那些選手混在更衣室或球場的餐廳裡，不用看到電視轉播對手的比賽，不用每天開車通勤，從飯店到俱樂部去比賽、訓練，再回到飯店，有時候甚至會忘了自己早上幾點起床，搞不清楚自己現在在哪個城市裡。雖然我很能適應這樣的生活，也很清楚這就是我這個領域要面對的挑戰，但就像所有每天上班工作的人一樣，我偶爾也需要休息放個假。在我這一行，職業倦怠（burnout）的風險非常之高。我當時認為，在衡量自己有沒有機會贏得美國公開賽之前，我得先把腦袋清空，讓我在接下來重返球場時，能夠再次燃起對比賽以及對勝利的渴望和熱情。

一直到八月初，也就是北美巡迴賽開始前十天，我才恢復正常訓練。這可是最新紀錄。過去我給自己設定的最低標準，是至少要在巡迴賽開始前十五天開始進行準備。但是這一次，十天感覺很剛好。雖然還是不夠讓我贏下多倫多大師賽（我在準決賽被淘汰出局），也不夠贏下辛辛那提（我在八強賽就提前畢業）。但是，儘管我在這幾場賽事中表現得沒有特別出色，但內心有個聲音告訴我，好戲還在後頭。有時候，最好不要一路火力全開地打進大滿貫賽事，因為你可能會因為一開場時沒有維持自己的最佳表現，而感到灰心，導致士氣低落。

結果，我想的是對的，儘管一開始我不是非常肯定。我在法拉盛草地公園的表現，一開始不太理想，一部份的原因是因為我跟托尼起了點爭執，結果我們之間這麼多年來累積的種種心結就這樣一觸即發。這一切都始於他在二十年前，剛開始訓練我的時候，就不斷對我耳提面命的一件事：比賽的時候，臉上一定要有「*una buena cara*」，也就是西班牙文的「好臉色」。

好臉色指的是要在比賽時，擺出嚴肅、專注的表情，顯現出的負面情緒越少越好，要反應出堅忍不拔的態度和專業的紀律。和擺出好臉色恰恰相反的，就是把憤怒、緊張、擔憂、恐懼，甚至是得意的心情，全寫在臉上。對托尼來說，這不僅僅是美不美觀或是有沒有教養的問題。佛卡德和托尼都一致同意，這個要求背後的理論，在於你臉上的表情，對你內在的心理狀態具有相當大的影響，而對於網球選手而言，這甚至會對身體的動作和機能帶來影響。換句話說，只要你在比賽中能控制好自己的臉色，就表示無論剛剛的擊球結果是好是壞，或是剛才的一分是得或失，你都能絲毫不受影響，全神貫注地專注在當下，專注在手上當前的這一項工作。這是實踐托尼「堅忍原則」的另一個方式，也是佛卡德所謂頂尖選手的「全人教育」之一。

大體上來說，我也同意他們的看法。因此，我總是努力在全世界面前擺出好臉色，就像我在二〇〇八年溫布頓決賽時所堅持做到的，我應該是做到了。因此，我也不意外，我對那場比賽感到最驕傲的一項回憶，就是我從頭到尾所展現出的態度。所以，沒錯，托尼是對的。保持好臉色，能讓你在網球比賽中佔有競爭優勢。但是人非聖賢，我沒辦法永遠壓抑、掩飾自己的情緒。而也正是因為，根據托尼的說法，我在二〇一〇年美國公開賽第一輪對上烏茲別克選手丹尼斯・伊斯托明（Denis Istomin）時，沒有展現出好臉色，而導致我們之間發生口角爭執——在我看來，這是很沒有必要的爭執——因為他一口咬定，這個表現會對我接下來在紐約的所有賽事結果造成傷害。

事情的經過是這樣的，在第一輪比賽開始之前，托尼就跟我說我應該打得保守一點，把球打高，把來回對打球數拉高，把重點放在讓自己找到比賽節奏，為接下來更艱難的比賽備戰。我照他說的做了，也贏得了比賽。但是我沒有全力以赴，我猜我的臉上可能也透露出了一點焦慮。比賽之後，我們回到更衣室，托尼指責我剛才在場上沒有擺出好臉色，態度不佳。我提出抗議，說道，「我不懂，我完全照著你說的去做了，為什麼你還有這種反應。我也不懂你為什麼要這樣責備我，幾乎全世界的人都對我在場上的態度讚不絕口。就算我的表情確實像你說的那樣不夠嚴肅，那也是因為我心裡很緊張，我怕會輸掉比賽，那應該是誰都能體諒的人之常情。而且無論如何，我在整場比賽都成功維持高度專注，沒有分心，再說，我贏了。所以，有什麼好大驚小怪的？」

「好，」他說道，「好。我只是告訴你我的想法，要是你不喜歡，那我就先回家了，你再想辦法給自己找個新教練。」

我對他的反應非常不以為然。托尼很清楚，我是整場錦標賽中最好相處的球員之一。幾乎沒有其他選手像我這麼尊敬自己的教練。我聽托尼的話，我照他要求的去做，而且，就算在我們出現衝突時，我也極少回嘴。我在場上彬彬有禮，每次訓練都全力以赴，在日常生活中，我也盡量不讓自己給身旁的人帶來壓力，尤其對托尼更是如此。因此，那天他在法拉盛草地公園球場的更衣室那樣回應我時，我覺得非常不公平。但我還是努力控制自己的情緒。

「聽著」，我說道，「你老是重複一樣的話。一般來說，我都同意你的看法，但這一次——這一次——我認為你說錯了。」

他不聽我的話。「好啊，」托尼說道，「如果要這樣子的話，我也沒興趣繼續當你的教練了。」然後，話一說完，他就氣呼呼地離開了更衣室。

這件事讓我開始反思一切。我叔叔在我生活中所製造的緊張情勢，本身就帶有微妙的平衡。根據過去的紀錄顯示，一般來說，都是正向、有創造性的。但是有時候，他拿捏不好自己的用字遣詞，像現在這個狀況就是很好的範例，這導致他非但沒辦法提振我的情緒，反而讓我感覺更糟糕，進而威脅到我的比賽表現。舉例來說，我得忍受的類似情況之一就是：我們下榻在隨便某個地方的飯店，約好一個時間，說直接到一樓車上碰面去訓練。然後他自己晚了十五分鐘才姍姍來遲，但我一句話都沒說。但是，下次要是換成我，明明約好了時間，結果卻遲到十五分鐘，他就會開始抱怨我實在太不應該。

我另外再舉一個例子。比賽的時候，有時候我會聽到他在我要回擊對方發球前說，「卯起來打！」意思是他要我大力擊球。我用力揮拍，如果球被打出界了，他就會說，「現在還不是時候」，儘管那個時機確實是對的，我只是不小心把球給打壞了。但要是球落在界內，他就會說，「漂亮！」

還有一件事，就是他在美國公開賽期間跟記者透露了一個小故事，那是五年前，在上海的一座電梯裡所發生的小插曲。當時我們正搭著電梯下樓，準備到餐廳用餐，結果佩雷茲・巴巴迪尤說，餐廳有服裝儀容規定，一定要穿長褲，而我當時剛好穿著短褲，所以他接著說，「不過別擔心，你可是網球巨星，我相信他們會通融一下的。」而托尼在說這個故事時說，他當時馬上對佩雷茲・巴巴迪尤說，「你還真是給我姪子樹立了好榜樣！」然後馬上轉向我說，「快點上樓去換衣服。」

重點不在這幾句話是不是一字一句都沒有錯，差不多吧。重點是，我根本不需要等托尼叫我回房間去換衣服，當佩雷茲・巴巴迪尤提到餐廳有服裝規定的那一刻，我就已經決定要去換衣服了。

諸如此類的小插曲，意味著有托尼在場的時候，團隊內的氣氛就會比較緊繃。而我非常清楚，這股緊張的氣氛在平衡狀態下，對我的比賽表現極有幫助。我也不會忘記，要不是因為我真的打從內心尊敬托尼，我也不會受他影響那麼大，無論是好是壞。當我對他有所批評時，是因為我認為那是他自找的。但我也得先澄清一件事：就算我們爭吵，也不能撇開我們在這麼多年的合作之下，所累積的信任和深厚的情誼。我不會嫉妒他的名聲和成就。也許他確實是因為我而出名，但我在網球場上所成就的一切，我這一生所獲得的機運，都得歸功於他。我尤其特別感謝他，打從一開始就不斷強調要我保有腳踏實地的態度，不可躊躇滿志。

我不認為自己被成功沖昏了頭，而要是我到現在都還沒被成功沖昏頭，我想未來也不會發生了。我不需要再接受「保持謙遜」的訓話，我不再需要有人叮嚀我，要我得「擺出好臉色」。要是我偶爾在球場上出了錯，說真的，那也是比賽的一部份。我比誰都更認真檢討自己。儘管托尼的緊迫盯人有其價值，他確實能不斷督促我進步再進步，但同時也可能造成反效果，因為他讓我對自己很沒有安全感。我常常有這種感覺，尤其是在錦標賽的前幾輪。事實就是，儘管我職業生涯中的亮眼表現都得歸功於他，但是，我今天之所以會對自己這麼沒自信，也得怪罪於他。

好笑的是，托尼最近居然開始說我總是低估自己的實力。他說，以我所取得的種種成就，還這樣低估自己實在太不像話了。在面對排名很後面的對手的比賽前，他會跟我說，「你見過這麼多大風大浪了，不會再為這場比賽擔心了吧，會嗎？」要不然，他就會說，「你已經登上世界排名第一、第二好幾年了，你還不相信自己是出色的網球選手嗎？你還會怕跟排名一二〇的選手比賽嗎？在賽場上昂首闊步地賣弄固然很蠢，但是拜託，你得照照鏡子，看看自己是誰！」他說，我對所有對手都抱持極高的尊敬，這導致我在球場上放不開，拿不出自己的最佳表現。他說的沒錯。他說的當然很對，但當初也是他在我腦中安裝這套軟體的；他這麼多年來給我的訓練，把我培養成了和他現在所要求的完全相反的選手。

所以現在的重點是，要在我從托尼身上學到的知識之上，加入更多我自己的判斷，努力在過於謙遜和過度自信中取得平衡。當然，你必須尊敬你的對手，不要忘了他總是有可能會打敗你；在對上任何世界排名前五百的選手時，都要當成他們是排名第一或第二的選手。托尼幫助我看清這些道理，但我可能也看得有點太清楚了。而我現在想教會我自己的，就是把蹺蹺板稍微推向另一邊，對自己的人生奪回多一點主權，更公開地提出和托尼不同的意見，就像我在美國公開賽開打時這樣。這也許在某方面來說，也是因為我看見了托尼自己也有疑慮和不安全感，他常會說些自相矛盾的話；在我眼中，他不再是小時候那個全知全能的魔術師了。

我們解決了那天在更衣室的紛爭，像過去一樣合好了。我們需要彼此，而且我們都很清楚，奪下第四座大滿貫的機會眼看就在眼前，我們不能在這個時候上演家庭失和的戲碼。根據我自己的經驗，不論大小，我總是能在克服危機後，讓自己以更強大的姿態回歸。在那之後，我在美國公開賽的表現也漸入佳境。當我在決賽碰上喬科維奇時，我感覺自己處於顛峰狀態。我的正手拍表現一整年都非常出色，在決賽第一盤也沒有讓我失望；反手拍的表現也非常穩定；發球更是我的生涯最佳。

不過，儘管如此，我在第二盤時還是陷入了四比一落後的局面。不過，那主要也是因為他突然手感爆棚，打出的每一球都奏效，而不是因為我自己失了手感的關係。我知道他沒辦法一直保持這種程度的好運，也覺得自己應該能取得更好的結果。就這樣，我抱著非常有自信的心態，成功破了他的發球局，我先是救下了關鍵的一分，讓他不至於來到五比二領先，又接著一路將比分追到四比四平手。

我的氣勢開始回升，而他看起來似乎因為錯失了拿下這一盤的大好機會而有些沮喪，然後，就在他的發球局，比數來到三十比三十平手時，下雨了。剛才的陽光普照，一下變成了烏雲密佈，我甚至可以看到遠方時不時的閃電亮光。主審暫停了比賽，大會裁判來到場上，跟我們說，「這場雨恐怕不好對付。」他說的沒錯。我們在更衣室裡都能聽見雷聲，就這樣，我們在更衣室裡待了兩個小時，才在晚上八點時重新上場，繼續比賽。

因雨暫停對喬科維奇比對我更有利，就像兩年前在溫布頓決賽上，第一次因雨暫停時也對費德勒更有利一樣。我氣勢正盛，但喬科維奇需要一點時間來調整自己的狀態。他確實這麼做了，也順利在重回球場後，拿下了被中斷的這一局，取得五比四的領先。接下來，我保住了自己的發球局，他也保住了他的，然後我再次靠著自己的發球局，以六比五緊追在後，暫時拖住了這一盤。

下一局開始，我打出一記角度刁鑽的正手拍，他也無能為力，於是我率先拿下第一分。接著，因為我回擊時球觸了網，結果，球沒有翻過去，而是往回掉進了我這一邊的球場，他很幸運地拿下了下一分。這一盤似乎就是如此。我自認為我們的表現不分上下，我甚至打得比他更好一點，比他有更多的控制權，讓他完全居於劣勢，迫使他四處奔波而無法進行攻擊，但他還是表現得很出色，救回了好幾顆幾乎不可能的球，甚至還以七比五拿下了這一盤，這也是我在整場錦標賽中丟掉的第一盤。

事實證明，這場雨對他有利。儘管在二〇〇八年的溫布頓決賽上，結果證實下雨其實是對我有利。比賽來到一比一平手，一切又重新開始。現在，就讓我們看看，網球之神會不會再次眷顧我呢？

納達爾背後的女人

納達爾的生命中有三個重要的女人：母親、妹妹，還有女朋友。她們三個人自持的方式，都奉行納達爾的母親，安娜瑪麗亞．帕雷拉所謂的「教條」。這個教條的概念非常簡單，但有鑑於納達爾享譽國際的名氣，也顯得有些奇怪；對安娜瑪麗亞而言，最能囊括這個概念的，就是字典裡最無趣、最平凡無奇的「常態」這個詞。

刺激和魅力，是一般大眾眼中的納達爾，但是，在安娜瑪麗亞眼中，他永遠是自己的孩子。當他離開家時，就得面對外界的喧鬧混亂，而她身為母親的職責，就是要做他穩固的靠山，給他一個安全的避風港，遠離來自各界的種種轟炸；尤其是，他在這個年紀，就成為了聞名全球，深受世人愛戴的運動選手，在她看來實在太過年輕了。

這就意味著要避開媒體的鎂光燈，並以稀鬆平常的態度看待兒子的成就，好像一切都沒什麼大不了的，而她的女兒瑪麗貝，以及納達爾從二〇〇五年開始交往的女朋友瑪麗亞．法蘭西斯卡．佩雷羅，也追隨她的榜樣，承襲了這樣的態度。理論上來說，她們每個人，都可以自由選擇是否要擺出這個態度。安娜瑪麗亞可以靠著向媒體揭發兒子的內心世界，以及一些私底下的怪癖、毛病而闖出一片天；身材高挑又迷人的金髮美女瑪麗貝，大可以藉此一躍成為八卦雜誌的追逐焦點；而瑪麗亞．法蘭西斯卡，更是可以毫不費力地讓自己成為和納達爾一樣享譽國際的名人。

她們沒有這麼做，因為她們很清楚，這是納達爾最不希望，也最不需要的事，她們不會落入不安全感所設下的陷阱；安娜瑪麗亞深信，那些四處追隨富豪名流的瘋狂追星族，正是被這樣的不安全感所驅策。此外，也因為這本來就不是她們的行事風格；她們都是馬納科人，而馬納科人的天性和文化就是不愛張揚，對外人保有戒心。

「我總是很小心不輕易流露自己內心的感覺，」安娜瑪麗亞說道，「真要說的話，拉斐爾的名氣讓我更加謹慎，更小心翼翼地守護私下的家庭生活。我不喜歡對不認識的人敞開心胸。有些人喜歡追求名氣，那些人如果坐到了我的位置，就會滔滔不絕地談論自己的兒子，享受他的成就所帶來的榮耀。但我不是那種人。在我內心深處，我對他的成就感到無比驕傲，也深感欣慰，但是我不會隨意顯露自己的情緒。甚至連跟我的閨密，我也極少談起他。」

她在自己的生活中，也體會過一點點身為名人的滋味。有時候，她走在巴塞隆納、倫敦，或是紐約的街頭，會被曾經在電視轉播上看到她在觀眾席上的身影的觀眾給認出來。但她自己對於陌生人的搭訕感到很不自在。另一方面，她知道兒子只要一離開馬納科，踏進外面的世界，就會不斷在街上被人群包圍；她光看就覺得自己彷彿幽閉恐懼症要發作了。

「在他出門去比賽的期間，唯一能保有一點隱私的地方，就是飯店房間，這是他唯一的藏身處。他不管走到哪裡，都會引起一陣騷動。媒體和贊助商對他百般要求，比賽又會給他帶來極高的緊張情緒。他在錦標賽的一週或兩週期間，必須不斷克服自己內心的恐懼和不安全感，才能繼續贏球，保持霸主地位。他是我兒子，看他得表現得多麼堅強，看到他實際上有多麼堅強，總是讓我一邊擔心受怕，又一邊感到不可思議。」

要不是能夠時不時回家喘口氣，他不可能像今天這樣堅強。家，是讓納達爾能夠上岸喘息的地方。而這個家的中心，以及代表著這個家的象徵，就是他的母親；尤其是在父母離異，父親搬出去之後。塞巴斯提安比安娜瑪麗亞更常陪著納達爾四處征戰各大國際賽事，讓他不論去到何方，身邊都有個靠山。他甚至和團隊裡其他專業成員一樣，跟納達爾的網球生涯有了緊密的連結。在安娜瑪麗亞的世界，激烈的網球競技，以及隨著納達爾世界第一的排名而來的廣告和媒體工作，都無足輕重。她極少跟兒子討論工作的事，但這不是因為她不關心，而是因為她知道，她能為兒子做的最好的事，就是做個母親，和他保持普通的母子互動關係。她對納達爾在網球場上的成就，或是世人眼中偉大的「拉法．納達爾」沒有一絲敬畏，她就是以自己的溫柔和慈愛來對待他；她眼中所見，依舊是自己一手生育撫養，拉拔長大的那個拉斐爾。她就是納達爾面對外界各種阿諛諂媚時的特效解藥，讓他腳踏實地，時時刻刻看清自己的真實身份。

「但最重要的是，我現在知道他沒有被名氣沖昏了頭，而且也永遠不會如此，所以，我現在最重要的工作，就是要讓他在家的時候能覺得安心平靜，」安娜瑪麗亞說道，「他需要一點平靜，不僅因為那是他在外比賽時最欠缺的東西，也因為他的個性是如此。身旁有人生氣或是脾氣暴躁時，他總是會感到很不舒服，他會被影響而感到生氣或是暴躁。在情緒這一塊，他很需要身邊的一切都完美有序。」

「因此，當我們在一起時，我總會像其他母親一樣，覺得自己有責任，要盡一切努力，來確保他心情愉悅、健康無恙，並且在他不快樂、狀態不佳時，在他身邊給他支持的力量。而給他支持——比如說在他受傷的期間——常常表示不多說什麼，而僅僅確保他知道無論如何，我都會在他身邊支持他。這樣一來，他在家時可以感到自在；他隨時可以邀請朋友過來，我不會有異議。如果他需要我開車帶他去哪裡，或是在出遠門前幫他打包行李——有時候他真的是一團亂，完全沒辦法自己處理這些事——我都很樂意幫忙。」

安娜瑪麗亞家的客廳，是納達爾回家時，大夥朋友們的聚會據點。而這群朋友之中，從不錯過任何一次午夜狂歡或釣魚之旅的核心人物，就是納達爾的妹妹，瑪麗貝；她比納達爾小五歲。納達爾很愛自己的妹妹，而且儘管他們隨時都能靠電話和網路保持聯繫，他每次出門離家，都還是會特別想念她。瑪麗貝知道她和哥哥的兄妹情誼特別親，也指出她其他朋友和自己的弟弟妹妹，要不是常有摩擦，就是相敬如賓。「大部分的男生在小時候都視妹妹為討厭鬼，尤其是在他們的青少年時期，」她說道，「但拉斐爾從來沒有那樣對待過我。他每次要跟朋友出門時，總是再三邀請、鼓勵我一起同行。雖然其他人有時候也會覺得有點奇怪，但這對我們兩個來說非常自然，這是我們兩個人感情好的秘密之一。」

安娜瑪麗亞相信，兩個孩子感情這麼好的另一個原因，是因為自從納達爾在青少年時期開始投入網球世界的征戰後，他們兩人就聚少離多。他們並不視對方的存在為理所當然，她認為，兩人因為不常相見，心中的牽掛反而更加強烈。不過，要是瑪麗貝讓自己被哥哥的名氣給沖昏了頭，情況恐怕也不會是如此。相反地，她跟隨母親的腳步，「真要說的話，她比我還要更小心不引起別人的注意，」安娜瑪麗亞說道，並指出，她在巴塞隆納的大學攻讀運動教育時，過了兩年，在她的密友圈之外的大家，才漸漸發現她哥哥的身份。「直到一個老師看電視轉播拉斐爾在巴黎的一場比賽時，無意間看到她在場邊的身影，這件事才傳了開來。」

另一方面，瑪麗亞．法蘭西斯卡得比其他人更努力，才能維持匿名的身份。不過，不是因為她在場邊觀賽的身影，因為她其實很少到現場看比賽（她第一次到現場觀看的大滿貫賽事，是二〇一〇年的溫布頓錦標賽），而是因為狗仔們總是處心積慮想拍到她和納達爾一同度假時的身影，最好還是在海灘上的照片。她的照片大大地刊登在名人八卦雜誌上的次數，多到她自己都記不清。但是，卻從來沒有任何報導引用過她的發言。一名對此百思不得其解的西班牙電視主播觀察到，兩人已經交往了五年，卻還沒有任何外人聽過她發表任何言論。她整個人有如一個謎團，神秘到電視節目和報章雜誌連她的名字都搞不清楚。世界各大媒體曾經向大眾介紹她名叫「西斯卡」（Xisca），但她身邊所有親朋好友，沒有一個人會這樣叫她。納達爾和他的一些家人親暱地喊她瑪麗（Mary），但對於絕大多數的其他人而言，她就僅僅是瑪麗亞・法蘭西斯卡。

一般大眾只知道她是個高雅、端莊的年輕女性，也因此，各家媒體由於沒有什麼別的好說，常常形容她為嚴肅、冷漠、穩重，甚至是神秘。她恐怕是和那些在刻板印象中，個性輕率，一心想成名的大嫂團（WAG）——這是由英國媒體開始的用語，意指高知名度又有錢的運動員的太太和女友（wives and girlfriends）——成員個性相差最遠的人了。事實是，儘管她對納達爾非常忠誠，也願意和他一起度過每一次成功和失敗，她還是非常珍視自己的獨立性，不願意被自己和納達爾的關係所定義。她擁有企業管理學位，並任職於馬約卡首都帕爾馬的一間保險公司。也就是說，她沒有時間陪著納達爾全世界到處跑，而且就算她有時間，她也不想這麼做。「一起在世界各地到處跑，就算我的時間允許，我也不覺得這對他或對我來說是件好事。他在比賽期間需要有自己的空間，而光是想到要我整天在那跟前跟後，等著給他做牛做馬，我光想就累。那種生活會讓我窒息。然後他得反過來要擔心我。不，要是我真的跟著他到處跑，我想我們恐怕會鬧翻。」

當她陪同納達爾一起出席錦標賽時，通常是因為安娜瑪麗亞和瑪麗貝也會一起同行；而她也會格外小心，盡量避免在公開場合和納達爾一起現身。她還記得有一次，他們在巴黎，納達爾得出席一場由贊助商主辦的晚宴。「他問我想不想一起去，但我選擇不去，」她說道，「我就留在飯店房間裡。拉斐爾回來之後說，『感謝老天妳沒有一起來』，因為現場被攝影師擠的水泄不通。要是我去了，就表示我得正式踏入名流的世界。那不是我想進入的世界，而且我想，他也不會想跟一心想加入那個世界的女人在一起。」

安娜瑪麗亞全心贊同瑪麗亞・法蘭西斯卡想為自己打造和納達爾無關的職業生涯的願望，她也同意，納達爾絕對沒辦法和一心想博取鎂光燈焦點的女孩維持穩定的交往關係。此外，她也想像不到，除了瑪麗亞・法蘭西斯卡之外，還有更沉著、脾氣更好，或是跟兒子的性情更加匹配的人了。她和瑪麗亞・法蘭西斯卡一見如故，瑪麗貝也是一樣，她們三個人的共通點除了對納達爾的愛，還有她們對安娜瑪麗亞常態「教條」的一致信仰。「就連我的家人問我有關拉斐爾的事，我也不喜歡多說，」瑪麗亞・法蘭西斯卡說道，「事實上，我就是不太喜歡討論這種事，就算在私底下也一樣。這對我比較好，也對我和拉斐爾這對情侶有利。我們不會改變這樣的行事風格。」這段話有幾分安娜瑪麗亞的口吻，也帶著一點瑪麗貝的感覺。

第九章 站上世界之巔

獲勝的秘訣在於，能夠在你最需要的關鍵時刻，做到你知道自己該做的事。喬科維奇是非常優秀的選手，但在大滿貫賽事決賽上，靠五盤比分決定高下時，內心的力量和體能耐力就和才華一樣重要。我在賽前對自己有的任何疑慮，都隨著我前兩盤的表現而煙消雲散了。至於美國網球公開賽決賽帶來的壓力，要怎麼說呢，我手上可是握有八座大滿貫獎盃，而他只有區區一座，這一點給了我足夠的信心，讓我知道我確實有能力拿下冠軍，至少有和他相等的能力。另外一件讓我佔有優勢的事，就是他過去的比賽紀錄顯示，比賽時間拉長時，他的體能消耗得很快。再說，他從來沒有在以五戰三勝決勝負的比賽中擊敗過我。他確實，這是千真萬確的，是個有過不少精彩表現的選手，但我穩紮穩打，柴油引擎轟轟作響。我心想，要是我拿下了第三盤，他就會立刻感到自己眼前彷彿有座難以攻克的高山。

但是他在第三盤一開始，就馬上進入了狀況，延續他在第二盤尾聲的氣勢。此時此刻，比賽來到最勢均力敵的狀態，雖然真要說的話，聲勢可能是稍微偏向他一點。我瞄了一眼觀眾席上的家人和團隊，他們這次全坐在一起，在我左手邊的方向。托尼、柯斯塔、狄丁、我父親和土子排排坐，在他們後面的，是我母親、我妹妹瑪麗貝，以及瑪麗亞．法蘭西斯卡，她看上去比誰都要緊張。她才第二次到現場看我打大滿貫決賽。她通常都是像二〇〇八年溫布頓時那樣，自己一個人在家看轉播，有時候，她父母也會一起加入。她曾經向我坦承，當比賽戰況太過激烈時，她會先轉台一陣子，或是離開房間到別的地方。但是這一次，在紐約，她說她得一直努力壓抑自己想起身離開的衝動。現在，比賽戰況正考驗著她的決心。

瑪麗亞．法蘭西斯卡也打過網球，她跟我一樣清楚，剛才的因雨暫停給喬科維奇助了陣。他在這一盤的第一分就充分表現出這一點，他打得無懈可擊，把我調動到左側外角，然後以迅雷不及掩耳的速度，擊出一記反手拍致勝球，從我右側穿越到底線。然後他在第二分時又重複了一樣的把戲，把球打得更深遠，也把來回對打拉得更長。他實在太厲害了。

我應對得很好。有些球員在被對方掌控全局，壓著打的時候，會生氣爆走。但這毫無意義，只會對你自己更加不利而已。在這種時候，你只能告訴自己，「現在我無能為力，所以有什麼好擔心的呢？」他打得很大膽，而且也取得了成果。至少目前為止是如此。我還是成功地將比賽維持在我想要的強度，用力把球打到底線，但是也打得相對保守，容許自己有比較大的失誤空間。

「先求安全渡過難關，」我對自己說，「要是我沒辦法在下一分扭轉情勢，再下一分就可以。」

結果我在這一局中都沒辦法成功扭轉情勢。他贏下了這一局，只送了我一分；那是因為他在四十比〇領先時，出現令人費解的雙發失誤——他似乎是想挑戰在二發時打出Ace球。好吧，這一局丟了，運氣真背。他取得領先，現在我得靠守住發球局來追趕比分，而且，可能還得一路追下去。

贏得接下來這一局對我來說至關重要。如果把第二盤的最後兩局也算進去的話，他已經連續贏了三局，現在，我得想辦法阻止他繼續連莊，否則就會面臨被超越的風險。第一分，我很聰明地把球打高。因為，面對喬科維奇時，尤其當他的視線像當時那般敏銳時，要是把球打在中低高度，他都能完美回擊。但是，要是球反彈到他的肩膀高度，你就成功把他推出了舒適圈，讓他有所遲疑，打亂了他的陣腳。我就靠這樣拿下了第一分，十五比〇領先。沒有擊出致勝球，而是靠不斷對他施壓，導致他出現意外的失誤。這讓我找回了自信，更積極應戰，大膽冒險，靠著一記打在角落的深遠正手拍，再下一城。他點了點頭，彷彿是在說，「我無能為力。」我從不這麼做，我不會對對手的漂亮好球表示敬佩。這不是因為我沒禮貌，而是因為這種行為，會威脅到我的比賽策略。但是，他的態度非常正確：虛心接受無可避免的打擊，隨即放下，面對新的篇章。

我一分未失，拿下了這一局的勝利，然後又提前收到意外大獎，破了他的發球局，靠著我整場比賽最精彩的一球，取得二比一領先。我從底線後方約兩公尺處，邊跑邊揮拍，擊出漂亮的反手拍對角球。當時他已經上到網前；那是非常合理的反應，因為他打出了上網球，深入到我反手拍角落，但是，我卻成功把球抽起來，回擊越過他，他甚至來不及嘗試截擊。我忍不住慶祝起來，對著空氣連續揮了好幾拳，對自己大喊「*Vamos*！」也就是西班牙文的「加油！」我打亂了喬科維奇的氣勢，重新將主控權抓了回來，並向自己——還有他——證明，我也可以打出幾何學上看似不可能的致勝球。

現在，我感覺自己的心理量能來到整場比賽的巔峰，我覺得我漸漸在心理戰這方面取得了領先地位。從我們過去交手的經驗來看，喬科維奇很容易隨著比賽的推展而變得沮喪，尤其是當他發現自己每一分都得全力以赴，把自己逼到極限時。此外，一般來說，他也比我更容易累。這是我潛意識裡的想法。但是，在我的主觀意識中，我全心全意只想著接下來眼前的這一分。

在第三局的旋風過後，現在我得鞏固自己的領先地位，好好利用剛才破發的優勢。我總是邊打邊盤算，試圖根據我自己當下的感覺，對手的士氣，以及比分狀況，來判定最佳戰略。而根據我的判斷，我現在得做的，就是保持耐心，繼續維持來回對打，不要勉強，在看到機會時好好把握，但也不強求，不主動尋覓。我得試著消耗喬科維奇的體力，並利用他的緊張情緒，等待他出現失誤。這也是我在第四局漫長的第一分所採用的策略，而我也順利拿下了這一分。此時，我還發現了另一條有關他心理狀態的線索，因為他在我放出誘人的小球時，居然都沒有試圖打致勝球。我的自信心逐漸增長，而喬科維奇的信心，在當時，似乎則在消退之中。我保住了自己的發球局，給喬科維奇抱了個鴨蛋，比分來到三比一，我依舊保持領先，現在，我感覺自己好像有機會再破一次他的發球局。

機會來了，他在自己的發球局以十五比四十落後。我沒有採取什麼特別的策略，就只是專心回擊，把每一球打得又深又遠，不斷變換擊球的節奏，從正手拍上旋球換到反手拍下旋球，打擊他，等著他失去耐心。而他也確實漸漸失去了耐性。不過，他現在已經沒有退路了，喬科維奇改變了自己的戰略。他一直在漫長的來回對打中失分，於是他改採發球上網的策略，第一次就奏效了。他靠著截擊贏得接下來這一分。但是，我將他一改過去的大膽作風，視為狗急跳牆的徵兆，沒想到，接下來一記強勁的發球，讓他把比分追成了平手。接著，我來到破發點，但是卻沒有把握住。我有點生自己的氣，不是因為我那一球打得太外角，而是因為我冒了太大的險，試圖打個非常刁鑽的角度，但是我現在應該採取的正確策略，很明顯，不是勉強得分，而是要把球留在場上。我一時不小心分了心，這讓我非常鄙視自己。他現在動作略顯遲疑，但隨時都有可能恢復手感，再拿出最佳表現，而我卻浪費了一個大好機會，去拉開我在這一盤的領先幅度，創造更有優勢的領先地位。我確實浪費了。我沒有把握住自己在第五局所獲得的三個破發點，而他卻一舉拿下局末點，保住了發球局。

不過，整個比賽的氣勢還是站在我這邊。他得辛苦奮戰才能保住發球局，而我卻能輕鬆拿下──就像現在這一局，我再度一分未失就保住發球局，取得四比二的領先。又是破他發球局的機會了，我感覺自己手上握有一千個局末點，但是我還是沒辦法取得決定性的突破。毫無疑問地，我打得比他好，而他命懸一線——但還努力撐著。接下來兩局，我們都各自保住了自己的發球局。比分來到五比四，我還差一局就能拿下這一盤。換我發球。

現在我可緊張了。我好像總在勝利唾手可得時，陷入一陣暈眩。要是我拿下這一局，取得二比一的領先，我邁向第四個大滿貫的長征，就完成了三分之二。到時候，喬科維奇必須連續拿下兩盤，而且，他很清楚，我是絲毫不會讓步的。儘管我努力想將這個想法完全逐出腦海，它還是不斷在角落徘徊，牽制著我。因此，繼續打安全牌非常重要，我得比過去都更堅守自己天生的防守型打法，並一邊祈禱他的內心比我更加緊張。

這一局以連續兩分冗長的來回對打揭開序幕，分別都有超過二十次的來回。第一分他回擊過猛出界，由我得分；第二分，他擊出漂亮的正手拍致勝球，順利拿下。我們各拿十五分平手，我可以感覺到比賽的氣氛變得更加緊繃，但我還是努力保持冷靜，提醒自己，儘管他可能因為剛才的精彩得分而沾沾自喜，他也很清楚，要扭轉當前局面，他還得加好幾把勁才有可能成功。他可能心想，「天呀！要從這傢伙身上攢下一分，要花好大的功夫！」同時，我看的出來他已經累了，有點喘不過氣，我心想，「我很懷疑他能馬上再打出像剛才那樣的精彩好球。」無論如何，那是我想說服我自己的想法。

我因為正手拍打得太過草率而丟了下一分，但是馬上又靠著外角偏高的發球，把比分追回三十比三十平手。一般來說，我的發球都是走保守路線，我會專心把第一球發進，以免自己第二發打得拖泥帶水，平白給對方拱手送上大禮。但是，在這次美國公開賽中，我對自己發球的信心前所未有的高，我覺得是時候放手一搏了。事實證明，我的決定是正確的！下一發，我打出了Ace球，來到盤末點，接下去的發球也非常不錯——偏外角、強而有力，在他的反手拍方向且難以回擊。我以六比四，贏得了這一盤的勝利。

這樣的表現，為我在網球生涯這二十年來，奉行刻苦勤奮原則的堅持，提供了最佳佐證。這是非常有力的因果關係證據，證實想獲勝的意念和刻苦準備的意念兩者是一體的。我在美國公開賽之前，花了非常多時間，努力訓練加強自己的發球技巧。而現在，在我最需要的時刻，我的付出有了回報，在我內心的緊張情緒即將威脅到比賽表現時，出手拯救了一切。偉大的成就近在咫尺。我能夠走到這一步，靠的是我多年來所有犧牲和付出的集大成，而這一切都墊基於一項堅若磐石的前提，那就是「成功沒有捷徑」。在頂尖菁英的運動殿堂，作弊是不可能的。光靠天生的才華也沒辦法長久，那只是第一塊基石罷了，然後在那之上，你得堅持不懈地疊加無數重複性的訓練，健身房、球場上，還得仔細鑽研自己和對手的比賽錄影，不斷追求讓自己的體能更強健、技術更完善、思緒更敏捷。我選擇成為職業網球選手，而伴隨這個選擇而來的，就是從不懈怠的紀律和對進步的渴望。

要是我在贏下法國公開賽或溫布頓的時候，就放鬆下來，認為自己的表現已經很完美了，不用再加強什麼就能保持成功，那麼，我絕對沒有機會像現在這樣，踏上亞瑟艾許球場，爭取將美國網球公開賽獎盃也納入個人戰利品的機會。我能夠走到今天這一步，都是因為我從沒忘記自己的優先次序。對我來說，真正的考驗，是在前一晚熬夜玩到很晚，隔天一早醒來的那一刻；這個時候，你最不想做的事，就是早起去訓練，因為你知道去訓練的時候得火力全開，會汗流浹背，汗水要以水桶數計。此時，你會在心裡開啟一陣與自己的論戰。「還是今天不要去呢？就這一次。」但是，你選擇不聽內心那個海妖魅惑人心的吟唱，因為你知道那是一條危險的不歸路。要是你放過自己一次，就會有第二次。

有時候，我的內心也會萌生更深層的疑慮。當我在馬約卡和家人共度聖誕節後，我決定給自己放一個月的假，不參加任何比賽，但是，我卻對新的一年有著很矛盾的心態。我的興奮熱情之上，籠罩了一層烏雲。我想再翻越新的山頭，但它們終究只是山。我很清楚，在新的一年等著我的，也是同樣嚴酷、苛刻的辛勞。在各方面都一樣：訓練、旅行、比賽、媒體訪問、贊助商、球迷。而且，我大多數的時間都得離家很遠，但是家卻是我最想待的地方。通常，我在搭上每年開工的第一班飛機，往東飛向澳洲時，心情都很沉重。雖然只要等到飛機一起飛，籠罩在我身上的烏雲就會隨之煙消雲散，我馬上就會帶著無比的興奮，把注意力完全集中到眼前的任務之上。不過，在打網球之餘，我也有自己的私人生活，而在個人需求和職業要求兩者的對抗中取得平衡，也是讓我能在球場上威震八方的要素之一。雖然有時候，我寧願自己不必面對這樣的抗衡。

我妹妹瑪麗貝還記得，大概三、四年前，有一次，她走進家門，卻發現我坐在樓梯上掉眼淚。當時，我正處於受傷療養的最後階段，差不多要準備重回網球場巡迴比賽了。她問我，發生了什麼事，我說，突然之間，我覺得很後悔，很後悔小時候沒有給自己多一點跟朋友玩耍的時間。妹妹對我的回答感到很意外。因為，除了我父母剛分開的那陣子，我在家的時候，有九成的時間我們都是有說有笑，我從來沒有向她透露過這個想法。然而，那一時的意志消沉，儘管稍縱即逝，還是讓我認清了，我之所以能有今天的成就，是犧牲了很多東西換來的，我的成就是有代價的。

不過，真要說起來，這一切恐怕也都是註定好的。我的天性中最突出的一點，在更早之前，大概我十歲時的一個小插曲中就完全展露無遺了。當時我在父親車上，坐在後座懊惱地啜泣。瑪麗貝和我永遠不會忘記，當時我跟父親說，我在無憂無慮的八月跟朋友玩得再怎麼開心，都彌補不了我輸給不該輸的對手時所感受到的痛苦。這種痛苦源自於知道自己沒有全力以赴的自知之明，知道要是我八月時把握時間好好訓練，而不是一直玩，就能順利贏得比賽。就在那一天，我給自己訂定了人生的優先次序，同時，儘管當時的自己並沒有意識到，我在同一時間，其實也做出了人生的重大抉擇。起手無回，做出了這個決定後，就沒有回頭路了。當時沒有，現在也沒有。我的人生道路已定，儘管一路上偶爾軟弱、有疑慮，我從沒離開過這條道路。無論眼前的誘惑多麼強大，我也堅定不移。

我面對這種強大誘惑的其中一次案例，出現在我跟來自馬納科的一群孩提時代好友，一同到泰國度假的時候。那是我彌補過去遺憾，和大夥盡情享樂的大好時機，但我卻讓自己天生的好勝心佔了上風。

有一場錦標賽即將在曼谷展開，在參賽之前，我決定讓自己先放一個禮拜的假，好好享受沙灘假期。我們一行總共十個人，包括我交情最老的朋友穆納爾，我們小時候曾一起接受托尼的網球訓練。在我們準備出門時，我還有點猶豫，不確定長途跋涉飛到曼谷，克服時差，只為了參加在我的必勝名單中，排名不太高的錦標賽，究竟值不值得。但我在八個月前就答應要參加了，總不能在這最後關頭，讓主辦單位失望。

這個假期確實過得非常開心。我們騎了水上摩托車，也打了高爾夫球。但我還記得，最讓穆納爾訝異的，是在我們歷經三次轉機的長途旅行最後，當飛機終於降落在曼谷時，我所做的第一件事，居然是直奔飯店園區的網球場，做一個小時的訓練。畢竟，他從沒有在任何錦標賽開始前一週，跟我朝夕相處過。後來，讓他更大吃一驚的是，他發現，就算前一晚我們玩到凌晨五點才上床睡覺，我也會非常準時地在每天早上九點鐘起床，去做訓練——然後每天下午還會再去做一小時的訓練。

但是穆納爾不知道，儘管我們每個人都玩得很開心，我心裡老覺得有個疙瘩。雖然我撥出了足夠的時間進行訓練，但訓練狀況卻不夠全面，至少以錦標賽就迫在眉睫的情況而言，我知道這樣的訓練有所不足。此時，我們深處熱帶國家的核心，天氣太潮濕炎熱，導致我沒辦法隨心所欲地發揮。因此，我做了一個讓朋友們不太開心的決定。老實說，我也不太喜歡這個決定，但是，這是唯一辦法。我們原訂星期二傍晚返回曼谷，但是我決定星期一一早就出發。儘管這不會是我生涯中最重要的錦標賽，但是，既然決定要參賽了，我就一定要全力以赴。要是我按照原訂的行程走，就會錯過整整兩天可以充分練習準備的時間，我覺得我不能冒這個風險。結果，我在準決賽被擊敗。我很清楚，要是我少在海邊玩一點，我就能在球場上更加盡興。

另外，我還發現一件事：要是工作太輕鬆，我反而無法從中得到任何滿足感。勝利帶來的興奮感，和我所投入的努力成正比。另外，從過往一直以來的經驗，我也知道，要是你可以在不太想去的時候堅持進行訓練，你的回報，就是可以在感覺自己狀態不是太好的時候，依舊拿下勝利。而這就是贏得冠軍的方法，這就是一般優秀選手和偉大選手間的最大分別。準備的周全與否，就是箇中關鍵。

毫無疑問地，喬科維奇絕對是當代的偉大選手之一，但是，隨著紐約的天色漸暗，我也以二比一領先了這場比賽。當他在第四盤比賽開始發球時，時間已經來到晚上九點十五分了。他打得很好，但是我打得非常好。我知道，他現在一定感受到許多壓力，因為他從比賽一開始，就一直屈居下風，一路苦追，從來沒有領先過。而現在，他又落後得更多了。要是我在這一盤再度領先，那對他的心理狀態會是非常大的打擊。我自己也壓力很大，但我有足夠的大滿貫決賽經驗，有信心能繼續維持好表現。

這一盤的第一分，我走了個狗屎運。他第一發發得很好，馬上讓我進入防守狀態，我們來回對打了幾球之後，他迅速上到網前；我試圖用反手拍切個對角球，但我揮拍沒揮好，意外打成了高吊球。他本來想追上去殺球，但卻決定放棄，因為他覺得球應該會出界；但是，他誤判了下旋的力道，球就這樣剛剛好落在底線之內。贏下那一分固然很棒，但更重要的是，這件事反應出了喬科維奇的心理狀態。他的反應證實了我的想法，他的自信心確實不斷下滑，他已經黔驢技窮。否則，他應該會試圖追過去殺球才是。而且無論如何，他都不會那麼急忙地結束來回對打，上到網前，因為他跟我一樣，都是極少選擇上網的選手。他的作風越來越大膽，我的直覺告訴我，只要我繼續對他施加壓力，他很快就會被我擊垮。

他靠著再次上到網前而贏下了第二分，這一次，他切出了角度非常刁鑽的截擊。我死命狂奔，對角線切過整個半場，差一點就趕上了。但是，讓他看到我的拼勁是好的，這樣，他下次想再打這樣的截擊時，就會三思。這可能會讓他因為太過努力而出現失誤。十五比十五平手，我們接著各自在底線來回了好一陣子，直到他終於沉不住氣，決定挑戰打個正手拍致勝球，這個決定不太明智，球打得太外角，出界。接下來，他因為我把球打出界而得下一分，但是，在他下一次正手拍又失誤之後，比分來到三十比四十，我取得了破發的機會。他忍不住大聲咒罵，這是比賽開始到現在的第一次。也許他需要這麼做，也許這對他有幫助。但是，那對我來說，只是又一顆定心丸罷了。

我現在最大的問題，是他手上還握有一項強大的武器，那就是他的發球，他到現在都一直發得很好。從比賽開始到現在，他完全沒有出現過發球失誤。而且，接下來三球，他也都沒有失誤。他取得了一比〇領先，但我還是有個預感，我覺得他就快要彈盡援絕，再也變不出什麼把戲了。

我發球不差，打得也很好，很快就在下一局把比分追平了。他拿下了一分，靠的是力道其大無比，簡直是人類極限的一球正手拍，打在深遠的底線上得分；但卻失掉了其他四分，一次是打得太外角的反手拍，打完之後他馬上發出痛苦的哀嚎，提振了我的士氣。接著，我以兩個精彩的發球解決了他，拿下這一局。

一比一，喬科維奇發球，我意識到機會來了。從第三盤開始，比賽的氣勢就一直站在我這邊，我現在也不會放手。雙腿精神抖擻，我感覺到一股自信心爆發。相反地，他則是身心俱疲，這一點在這局一開始的頭兩分就展露無遺。這兩分他輸得很慘，打出了全場比賽最糟糕的兩球。他第一發還算及格，勉強給了他自己一線生機，但是，在我打出一記正手拍致勝球，狠狠越過他的防守線之後，他就潰不成軍，只拿了三十分就丟了這一局。我先是破了他的發球局，又保住自己的發球局，取得三比一領先。

當我處於領先地位時，通常會選擇防守型的打法，但我感覺到隨著這一盤比賽的推展，我的手感越來越好，也因此球風越來越偏攻擊性，一分又一分，不斷牢牢緊抓著主導權。我在第四局的第一分就是如此，不斷調動喬科維奇，往右、往左，再往右，不斷對他窮追猛打，直到他體力盡失，以一記虛弱的正手拍，把球打到了網上。我一分未失就拿下了這一局，還打出了兩記Ace球。靠著保住自己的發球局，鞏固了剛才破發取得的優勢。此時的我，感覺到——處於三比一領先——自己對這場比賽擁有絕對的支配權。

網球比賽有一條不成文的規定，就是要盡全力隱藏自己疲憊的樣子。但是，他已經放棄抵抗。他的肢體語言說著放棄，彷彿他對我的百般挑戰已經完全無力招架。現在正是我搶攻二度破發的好時機，一舉將比賽推入定局。我的直覺反應還是要打安全牌，但我的理性判斷卻告訴我，拿出攻擊性的時機成熟了。我連一秒都不想放鬆自己給喬科維奇施加的壓力。我知道喬科維奇是個反覆多變的人，因此，我得盡一切努力避免的，就是讓他有空檔，找回自己的信心，恢復到最佳狀態。我往上瞄了一眼觀眾席，看向我的團隊和家人所在的那個角落，看到土子咧嘴而笑，托尼則一如往常的嚴肅和專注。我和他對上了眼，他對我咕噥了幾句，我勉強從人群的嘈雜聲中聽出他的話，說放手一搏的時候到了。那正是我想聽的。聽到我最嚴苛的教練，認可我對比賽走向的判斷。

我不必像預期的那樣拼命，就成功二度破發。他第一分就因為正手拍揮得太大力，把球打出了界，而我更以一記正手拍抽球，讓他站位改變不及，順利得分，進一步確立了領先優勢。然後，他出現雙發失誤，讓自己落入〇比四十的落後局面。我錯失了第一個破發機會，正手拍打得太遠了，出界。但是，他卻像完全放棄抵抗一般，把一個單純的正手拍擊球打上了球網，並隨之發出一聲絕望的怒吼。我在這一盤取得四比一領先，並以兩盤比一盤的比分領先，輪到我發球。

當發球表現像我那時候那麼好時，在比賽中就能除去一大部分的焦慮感。當你在每一局開始，要發球時，腦袋不用想著，「拜託、拜託不要讓我失望。」發球的節奏自動化了，身體幾乎能完全靠自己完成任務。對心理狀態而言，這是非常有價值的能力。你能感到內心更加平靜，讓自己有更多力氣去專注在比賽的其他部分。

理論如此，在實際面上應該也是如此。但卻沒有。因為這個時候，我的腦袋開始對自己玩起了奇怪的把戲。我站在場上，準備展開自己的發球局，追求取得五比一領先，而對手很明顯已經兩腿發軟，體力不支，但是，我卻突然變得超級緊張，內心充滿了恐懼，就像在兩年前溫布頓決賽關鍵的第四盤上一樣。和當時一樣，對於獲勝的恐懼影響了我。任何理性邏輯推理的結果，都顯示這場比賽的勝利已經是我的囊中之物。那麼，我的生涯中有幾次，是在二度破發，處於領先地位的這種情況下輸球的呢？可能有四次？不，頂多兩次吧。很顯然，只要沒有什麼天大的意外，我就可以順利拿下這一盤，贏得比賽。

但是，在現在這種時候，讓自己耽溺於這種思緒之中，是不對的行為。我試圖把這些充滿我腦海的勝利思緒推出腦中；我試著做我知道該做的事，也就是完全專心在眼前這一分之上，把自己和所有一切事物隔絕開來。但我辦不到，至少沒辦法完全做到，而當我站上準備位置，要發這一局的第一球時，我只有一個感覺，那就是害怕。

這對我的發球表現產生了立即的影響。一直到現在，我的發球都有如發條般順暢，現在卻突然卡住了。我對擊落地球的信心突然垮台，肢體動作全亂了套。我越打越偏防守，開始沒頭沒腦地在場上亂竄。我的身體緊繃了起來，手臂也變得僵硬。清楚知道只要贏下這一局，就能將比數拉到五比一領先，而美國公開賽冠軍的獎盃基本上就已經到手了；但是，知道這些根本沒有幫助。我即將取得的成就太大了，讓我突然覺得，自己彷彿是要和準備將我吞噬的巨大怪物正面對決。我整個人僵住了，或幾乎完全僵住了。

我第一分的第一發成功發進了。這是對提升一發進球率有幫助的一記發球，保守、沒有什麼攻擊性，但足以讓我們開始進行來回對打，並抹除雙發失誤的風險，這件事本身就已經很了不起了。幸運的是，喬科維奇的士氣已經完全被擊垮，來回對打最後，以他毫無來由地把球打得太外角而出界做終。下一分我為了搶打直線前進的正手拍致勝球而失了分。這一盤開始直到現在，我每一個發球局都贏得相當輕鬆，但這一局簡直是個折磨。我們比分來到平手，後來甚至又兩度來到平手。我救下了一個破發點。然後，他突然打出了兩記極具殺傷力的致勝球。但他的表現還是很不穩定：每一記雷霆萬鈞的抽球，都伴隨一個非受迫性失誤。我還是堅守崗位，沒有出現任何非受迫性失誤。在我們第三度平手時，他往我的反手拍角落打出強勁的正手拍後，迅速上到網前，我幾乎要整個人跪地才能把球鏟起來，但我還是成功將手臂所有力量集中到這一球之上，擊出了對角致勝球。最後，我的直覺反應還是佔了上風，壓制了緊張，幫助我打出這場比賽最精彩的球之一。

下一分，他終於招架不住我的發球了。他回擊出界，這一局結束，我取得五比一領先。

緊張感消退了。輪到喬科維奇發球，我不預期要贏下這一局，而是等著要贏得再下一局。我有種暴風過後風平浪靜的感覺，而確實，我像是半夢半醒般打完了這一局。我對此一點都不感到驕傲。我只得了三十分，他就贏下了這一局，最後以帶點角度的截擊小球結束這一局，但我根本直接放棄追球。在比數來到五比二，換我發球時，緊張感又回來了。其實緊張感一直都在，就像球網另一邊的對手一樣難纏，而且也跟對手一樣，有時候佔上風，有時候居劣勢。現在，緊張感是我和勝利之間的最後一道屏障。我再次抬頭看向觀眾席，看到那些熟悉的面孔，歡欣鼓舞地向我大喊加油。在我內心，我真的非常想為他們，為我們大家贏下這一場比賽，但是我的臉——我的好臉色——牢牢守著這個秘密。

大家都開始緊張了起來。喬科維奇在第一分時，回擊發球出了界，接著，線審又把他明顯壓線的球誤判為出界，那一分因此得重來。現在，所有一切都是生死攸關的關鍵，這一次改判更是重大打擊。我只能立刻把這件事拋諸腦後，不斷提醒自己要穩穩地打，不要耍小聰明，只要給他足夠的空間發生失誤就好了。

第二分的時候，他又放了一次小球。這一次，我確實追上去，也成功救到了球。他再把我的截擊球救起來，而我，鼻子都幾乎要貼上球網了，趕緊起身，再次截擊，贏下了這一分；三十比〇領先。難以按耐興奮之情的觀眾，一如之前其他精彩好球出現時那樣，因為這精彩的一分開始鼓譟——托尼又比其他人更加激動。我望向觀眾席，看到在我左手邊的他，整個人站了起來，雙手握拳，努力忍著不要哭出來。結果我自己倒是哭了。我用毛巾擦去眼眶中的淚水，在視線模糊之中，我終於看見了，看見勝利就在我面前。我知道我不該有這個念頭，但我控制不了。

不過，還沒這麼快。他以幸運的觸網球贏得下一分，球翻過網，落到我這一邊的場地，我在心裡默默罵了一句髒話。我本來可以取得四十比〇領先，在知道一切即將結束的情況下，讓自己更冷靜地面對下一分。結果，壓力反而更大。因為我太急著出手，試圖打個正手拍致勝球卻打壞了，讓他把比分追成了三十比三十平手。我的心跳加快，內心的緊張和歡騰互相抗衡。只要再兩分我就成功了。我很努力保持專心，跟自己說，「輕鬆打，不要冒險，把球打在界內就對了。」

這一次，我照著自己的劇本走。來回對打持續了很久，一共十五次來回。我們互相打了十幾次深遠的底線球，然後他隨著往我反手拍角落打去的一記深遠抽球，上到網前。這一次，換我走運了。球掠過球網頂端，喬科維奇成功將球打回我這邊，我以對角線向網前直奔，以正手拍把球撈了起來。他預期我會打對角球，相反地，我選擇了往前穿越，帶著重度上旋力道的球在底線下沉、翻滾、落地，剛剛好壓在線上。喬科維奇完全不敢置信。他提出挑戰，但是失敗了。螢幕顯示球沒有出界，而是以釐米之差，壓在底線的外緣。喬科維奇蹲了下來，低著頭，一副垂頭喪氣的挫敗模樣。托尼、狄丁、我父親全都握緊雙拳，大喊「加油！」土子、我母親、我妹妹三個人則一邊開懷大笑，一邊鼓掌叫好。瑪麗亞・法蘭西斯卡則是雙手抱頭，彷彿不敢相信接下來要發生的事是真的。

賽末點。冠軍點。所有一切的點。我往上看向我的團隊，彷彿在懇求他們賜予我勇氣，向他們尋求一絲沉著冷靜。我再次強忍住淚水，準備發球。按照計畫，我把這一球發向他反手方向的外角。我們來回對打了六次。在第六次，他把球打向外角，太外角了，結果出界。我的雙腳再也撐不住了，球都還沒落地，我就整個人癱倒在地上，就在那趴了好一陣子，低聲啜泣，身體止不住的顫抖。

整個人癱軟在地上，可不是什麼可以精心計畫的舉動。我甚至沒有察覺自己倒在地上。我的腦袋瞬間停止運作，整個人完全被不經修飾的情緒綁架，緊繃的神經放鬆，身體也隨之鬆懈，突然再也撐不住自己的重量。突然之間，就好像昏倒之後忽然恢復意識那樣，我突然意識到自己整個人躺平在場上，籠罩在群眾的喧嘩聲之下，然後我才明白自己完成了什麼壯舉。年僅二十四歲的我，完成了生涯大滿貫，我打破了歷史紀錄，完成了我連想都不敢想的偉大成就。這會是我一生的成就，誰也奪不走。無論接下來事情會怎麼發展，我在有朝一日離開網壇後，也永遠會是網球界曾經叱吒風雲的重量級人物，曾經的頂尖好手，而且我希望——我在成功的當下也如此希望——人們會認為我是個好人。

諾瓦克．喬科維奇——我跟他的球迷、朋友、家人一樣，都叫他「小諾」——便是擁有這項特質的人。在對他而言如此難過的時刻，他還是保持著相當的風度，他不是在球網邊等著我走過去，而是繞過球網，走到我身邊，擁抱我，祝賀我取得歷史性的成就。我走到休息區放下球拍，回到場中央，雙手握拳高舉。群眾的歡呼聲淹沒了我，我雙膝跪地，忍不住又低聲啜泣，我低下頭，將額頭頂在堅硬的球場地面，靜止不動。我付出了好多、好多，才能有今天的成就，而我也有數不清的感謝。

在頒獎典禮上，小諾率先發言，又一次，他表現出十足的風度，先是不停稱讚我的表現，然後感謝沒辦法到場的朋友。他證明了自己是最有尊嚴的輸家，也是網球界的一大資產。輪到我發言時，我先是感謝了來到現場觀賽的家人和團隊成員，並再次強調我人生中最重要的一件事：沒有他們我絕對做不到。我特別提了佛卡德的名字，他留在家裡看轉播。沒錯，佛卡德說的對，一加一可以大於二，而其中最重要的成分，就是我身邊的人。我在美國公開賽期間，感覺特別強壯，體能特別好，這讓我在今天面對小諾時佔有優勢，而佛卡德是背後的大功臣。我也特別指出並感謝小諾在輸球後的態度，可以給全世界各地的孩子做榜樣。我說道，我相信他很快就能贏下美國公開賽冠軍，我也確定他今後依然會是令人敬畏的對手。只是，今天榮耀歸我。儘管我確實付出了無比的熱情和努力，投入了非常多時間，用盡全力讓自己成為能力所及最優秀的網球選手，這依然是我從沒想過能達成的成就。當我舉起美國公開賽冠軍獎盃的那一刻，鎂光燈此起彼落，觀眾大聲歡呼，我明白，我完成了不可能的任務。就在那麼一瞬間，我成功站上了世界的巔峰！

馬納科

美國公開賽後的媒體訪問進行了三個小時，幾乎跟比賽本身一樣久。納達爾很有耐心地一一回答記者提問，而其中最常一再重複出現的一個問題，就是「拿下生涯大滿貫之後，下一個目標是什麼？」而他的回答也千篇一律都是，「繼續訓練，努力成為更好的選手，明年再回來。」

凌晨一點，納達爾終於離開會場，和家人及團隊成員到曼哈頓的一間餐廳共進晚餐，一行人直到三點過後，才離開餐廳。然後，隔天早上九點，他就準時出現，接受國家廣播公司（NBC）《今日秀》（Today Show）的街邊訪問。接著，他在越聚越多的大批球迷簇擁要求下，在時代廣場擺姿勢、拍照，以滿足紐約對所有到訪者的基本要求。汽車喇叭聲此起彼落，還得出動一隊警察在現場維持秩序，攔住四周激動歡呼、大聲尖叫的群眾。之後，他接受了幾個直播節目在攝影棚內的電視訪問，然後，又參加了由Nike主辦的活動，和頭號球迷，也就是充滿魅力的美國前網球冠軍馬克安諾會面。納達爾整個人徜徉在眾人吹捧的汪洋之中。每個人開口閉口，談的都是他所創下的各式紀錄：史上第一個在同一年內，連續在紅土、草地、硬地等球場奪下冠軍的選手；

在公開賽時代，第七個拿下生涯四大滿貫的選手，也是創下此紀錄最年輕的選手，他今年才二十四歲。

他的行程緊湊，還好勉強準時抵達了約翰·甘迺迪國際機場（JFK Airport），準備搭當天傍晚的飛機回家，預計隔天中午抵達馬納科。飛機落地後，現場沒有管樂隊吹奏，也沒有接機委員會，什麼騷動都沒有。那天晚上，他跟兒時好友一起到鎮上玩樂，然後，在紐約時間的隔天早上五點，他就已經來到球場上，和叔叔托尼進行對打訓練。兩個人都非常專注而嚴肅，彷彿他們一點成就都沒有達成，還有許多要努力的目標。

他們進行訓練的市立運動中心，幾乎一個人也沒有。停車場裡，納達爾的跑車，在旁邊其他三台車的陪襯之下，顯得特別突兀；田徑場的跑道上，納達爾獨自一人進行短跑練習；運動中心的十二個硬地球場中，除了他們之外，另外只有一個球場上有人。當地沒有人願意花時間去場邊看他們練習，更別說是對鎮上百年難得培養出的一代世界名人表示敬意，儘管在當時，世界上有許多人將他視為當前還在世的運動員中，最偉大的一個。場邊只有兩個旁觀者，他們是一對來自德國的老夫妻，他們在安全距離之外，靜靜地拍照，他們確實體認到這對叔姪正在進行活動的地方，是禁地。納達爾的父親，塞巴斯提安，後來也出現了，但他很清楚不能打斷兒子和弟弟，這兩個人全心投入自己的世界，彷彿靈魂出竅一般，根本連瞧都沒瞧他一眼。

在他們身旁的另一個球場上，兩個穿著短褲的中年男子正陷入激戰，在場上到處亂竄，就像一般的俱樂部球員那樣，無謂地追著輕飄飄的球，完全沒有注意圍籬另一邊，網球界的最高霸主正在演奏著他流暢的表演曲目。他們對他沒有什麼欽佩之情，或者，就算有，他們也不打算表現出來。這正是納達爾的家人一直以來對待他的方式，也正是他回到家鄉馬納科時，期待從他人身上獲得的態度。

生涯亮點回顧

一九九四	八歲，贏得巴里亞利群島U12青年錦標賽冠軍。
一九九七	西班牙U12全國青年錦標賽冠軍。
二〇〇〇	西班牙U14全國青年錦標賽冠軍。
二〇〇二	十五歲，第一次贏得男子職業網球協會（ATP）賽事冠軍。
二〇〇四	十八歲，代表西班牙出賽，贏得台維斯盃冠軍。
二〇〇五	十九歲，贏得第一座大滿貫賽冠軍：法國網球公開賽。
二〇〇六	法國公開賽冠軍。
二〇〇七	法國公開賽冠軍。

二〇〇八　法國公開賽冠軍。
溫布頓錦標賽冠軍。
登上世界排名第一。
北京奧運金牌。
二〇〇九　澳洲公開賽冠軍。
二〇一〇　法國公開賽冠軍。
溫布頓錦標賽冠軍。
贏得美國公開賽冠軍，達成生涯大滿貫的成就。
二〇一一　二十五歲，拿下個人第十座大滿貫：法國公開賽冠軍。
二〇一二　法國公開賽冠軍。
二〇一三　法國公開賽冠軍。
美國公開賽冠軍。
重返世界排名第一。
二〇一四　法國公開賽冠軍，達成法網五連霸。

二〇一七	法國公開賽冠軍，為其生涯第十座法網冠軍。
	美國公開賽冠軍。
二〇一八	法國公開賽冠軍。
二〇一九	法國公開賽冠軍，第三度完成法網三連霸。
	美國公開賽冠軍。
二〇二〇	法國公開賽冠軍，追平由費德勒締造的生涯二十座大滿貫冠軍。
	史上唯一三度於單一賽事中達成四連霸的球員。
二〇二二	澳洲公開賽冠軍，達成雙輪大滿貫，並超越費德勒與喬科維奇，達成男子網壇史上首位奪得二十一座大滿貫冠軍球員。
	法國公開賽冠軍，將生涯大滿貫冠軍數推進至二十二座，為目前最多大滿貫冠軍的男子選手。

入魂 25

RAFA：拉法・納達爾回憶錄

Rafa : my story

作者　拉法・納達爾（Rafael Nadal）、約翰・卡林（John Carlin）
譯者　楊玲萱

堡壘文化有限公司
總編輯　簡欣彥
副總編輯　簡伯儒
行銷企劃　許凱棣、曾羽彤、游佳霓、黃怡婷
封面設計　廖勁智
責任編輯　簡伯儒
內頁構成　李秀菊

出版　堡壘文化有限公司
發行　遠足文化事業股份有限公司（讀書共和國出版集團）
地址　231新北市新店區民權路108-3號8樓
電話　02-22181417　傳真　02-22188057
Email　service@bookrep.com.tw
郵撥帳號　19504465 遠足文化事業股份有限公司
客服專線　0800-221-029
網址　http://www.bookrep.com.tw
法律顧問　華洋法律事務所　蘇文生律師
印製　韋懋實業有限公司
初版1刷　2023年6月
定價　新臺幣550元
ISBN　978-626-7240-60-1

國家圖書館出版品預行編目（CIP）資料

RAFA：拉法・納達爾回憶錄／拉法・納達爾（Rafael Nadal）、約翰・卡林（John Carlin）著；楊玲萱譯. -- 初版. -- 新北市：堡壘文化有限公司出版：遠足文化事業股份有限公司發行, 2023.06
　面；　公分. --（入魂；25）
譯自：Rafa : my story
ISBN 978-626-7240-60-1（平裝）

1.CST: 納達爾(Nadal, Rafael, 1986-)　2.CST: 網球　3.CST: 運動員
4.CST: 回憶錄

784.618　　112007267

嬰兒時期的我，可以一窺未
來的熱情所在。

學步時期的我，在馬約卡的
豔陽下偷個涼。

穿著皇家馬德里制服的我，
那是我畢生支持的足球隊。

初嚐人生另一嗜好：
航行。

我和米格安赫爾叔叔，
他是職業足球員。

扮裝。

我和朋友們，我們都是托尼叔叔的學生。

賽間省思。

和鮑里斯・貝克（Boris Becker）
及朋友合照。

我和打網球的高飛狗。

十六歲時，在馬納科做速
度和敏捷度訓練。（照片
版權：瓊安・佛卡德）

在馬約卡的健身房進行測試和訓練（照片版權：瓊安．佛卡德）

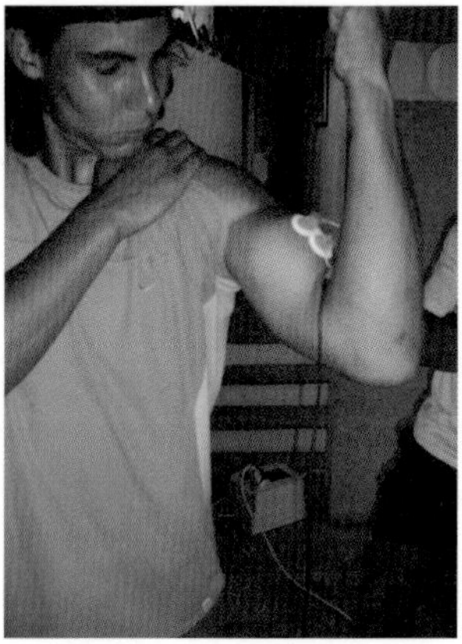

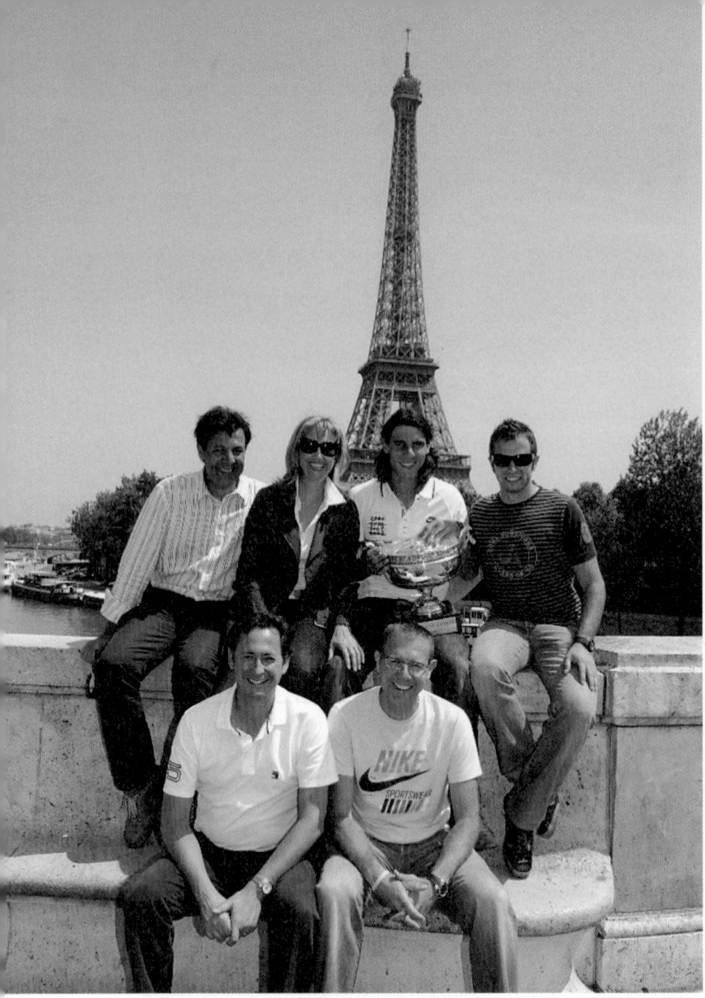

我在巴黎和二〇〇八年法國公開賽冠軍獎盃合影，身旁由左至右為：父親、母親、拉斐爾「狄丁」・梅莫；前排左至右為班尼托・佩雷茲・巴巴迪尤和裘帝「土子」・羅伯特。（照片版權：裘帝・羅伯特）

二〇〇八年法國公開賽前，狄丁、土子、我、柯斯塔、托尼（左至右）在凡爾賽宮前合照。（照片版權：裘帝・羅伯特）

二〇〇九年澳洲公開賽期間，土子、狄丁、我（左至右）在墨爾本一間日本餐廳合影。（照片版權：裘帝·羅伯特）

二〇〇九年，狄丁、土子、柯斯塔、我、我父親、托尼（左至右）在澳洲墨爾本合影。（照片版權：裘帝·羅伯特）

二〇一〇年，我父親、佩雷茲·巴巴迪尤、土子、柯斯塔、我、我妹妹、我母親（左至右）和認證我升上世界排名第一的獎盃合影。（照片版權：裘帝·羅伯特）

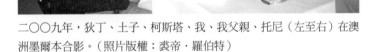

我和女友瑪麗亞．法蘭西斯卡．佩雷羅，在二〇一〇年贏得溫布頓冠軍後的正式晚宴上合影。（鮑伯．馬汀／全英俱樂部）

二〇一〇年六月，和團隊在溫布頓租的房子合照。佩雷茲．巴巴迪尤、狄丁、土子、我。（照片版權：裘帝．羅伯特）

二〇〇五年，即將贏來人生中第一座大滿貫法國公開賽獎盃前於阿卡普科留影。我、瓊安．佛卡德、卡洛斯．莫亞（當時排名世界前十）。（照片版權：瓊安．佛卡德）

二〇〇五年於羅蘭加洛斯球場：
我的第一座大滿貫賽冠軍。

我的第一座法國公開賽冠軍獎盃，攝於二〇〇五年。

邁向溫布頓決賽，攝於二〇〇八年。

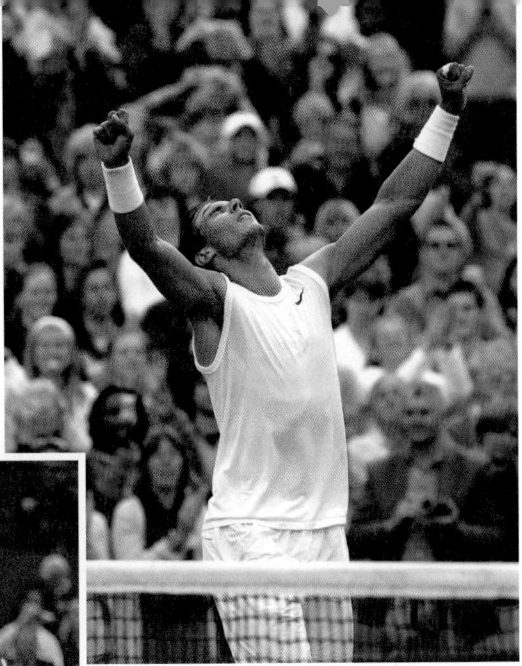

二〇〇八年溫布頓奪勝的瞬間。

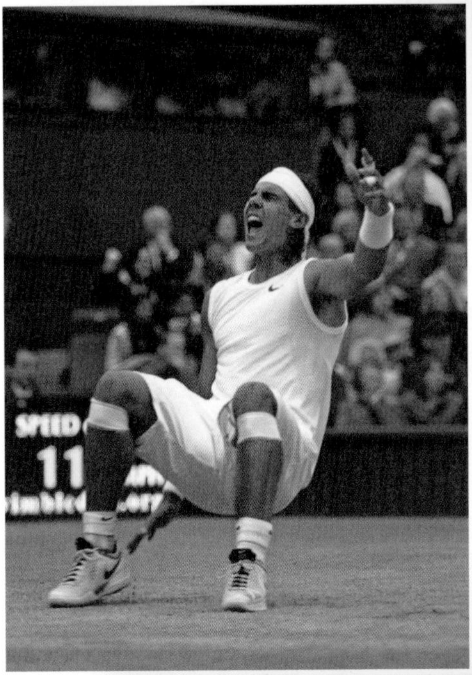

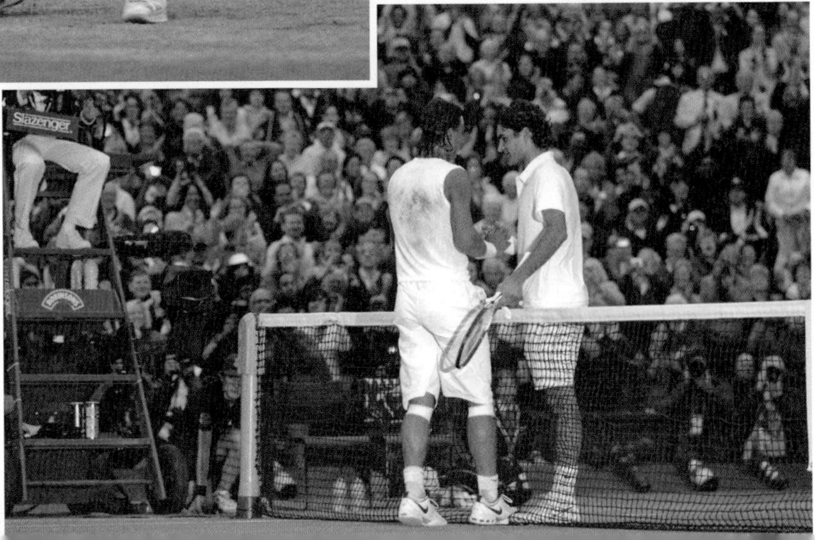

二〇〇八年溫布頓決賽後和費德勒握手。

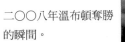

二〇〇八年在溫布頓中央球場，擁抱家人後拿著西班牙國旗。照片中還有：我父親、我母親、托尼、土子，還有只露出半顆頭的狄丁。

二〇〇九年澳洲公開賽決賽，對戰費德勒，筋疲力盡依舊咬牙硬撐。

二〇〇九年澳洲：
奪下人生中第三座
大滿貫賽冠軍。

我在二〇〇九年澳洲公開
賽決賽後安慰費德勒。

二〇一〇年，我狀態最好的
一年。對戰羅賓・索德靈，
輕鬆邁向法國公開賽冠軍。

二〇一〇年，贏得法國網球公開賽決賽，當年三座大滿貫賽冠軍的第一座。

二〇一〇年贏得法國網球公開賽後輕鬆一下。

二〇一〇年溫布頓決賽，擊敗湯瑪斯．貝爾迪赫，再下一城大滿貫賽事。

二〇一〇年，贏得生涯
第二座溫布頓冠軍。

二〇一〇年，贏得溫布頓
冠軍後的慶祝。

決賽日當晚，帶著溫布頓
獎盃出席晚宴。

二〇一〇年，對戰諾瓦克．喬科維奇，在四盤內獲勝，慶祝自己贏得美國公開賽冠軍。

二〇一〇年，在紐約法拉盛的亞瑟艾許球場（Arthur Ashe Stadium）跪地留影。

嘴咬美國公開賽冠軍獎盃留影，正式晉升生涯大滿貫球員之列。